Sortir du management panique

Tome 1 : Préserver la santé des cadres et promouvoir celle de leur équipe

Ouvrage coordonné pour la collection
Fonction cadre de santé par Corinne Sliwka

Gestion
des ressources
humaines

Sortir du management panique

Tome 1 : Préserver la santé des cadres et promouvoir celle de leur équipe

Sous la direction de Philippe Delmas
et Martine Mayrand Leclerc

Éditions Lamarre
1, rue Eugène-et-Armand-Peugeot
92500 Rueil-Malmaison

Dans la même collection

Gestion des ressources humaines

M. Pengam, C. Sliwka, *Changement de poste, changement de fonction : les compétences des cadres de santé à l'épreuve de la mobilité*, 2006.
I. Sainsaulieu, *La communauté de soins en question*, 2006.
J.-M. Fesler, *L'hôpital que nous aimons*, 2004.
P. Prayez, *Distance professionnelle et qualité du soin*, 2003.
M. Vial, O. Thuillier, *L'évaluation au quotidien des cadres de santé à l'hôpital*, 2003.
F. Gonnet, S. Lucas, *L'hôpital en question(s)*, 2003.
J. Hart, S. Lucas, *Management hospitalier*, 2002.
J. Hart, A. Mucchielli, *Soigner l'hôpital*, 2002.

Gestion de la qualité et des risques

M. Sfez, *Qualité et gestion des risques en établissement de santé*, 2005.
M. Michel, J.-F. Thirion, *Faire face à la violence dans les institutions de santé*, 2004.
D. Peljak, *Les droits du patient hospitalisé*, 2003.
I. Poullain, F. Lespy, *Gestion des risques*, 2002.

Gestion des ressources

J.-M. Fessler, P. Frutiger, *La tarification hospitalière à l'activité*, 2003.

Formation

Collectif, *Formateurs, formation professionnelle*, Tome 2, 2006.
A.-C. Allin-Pfister, *Formation à la recherche : une approche globale*, 2005.
C. Eymard, *Initiation à la recherche en soins et santé*, 2003.
Collectif, *Formateurs, formation professionnelle*, 2003.

Les auteurs tiennent à remercier chaleureusement Madame Sliwka et Madame Viens pour leurs conseils avisés et leurs contributions à la lecture minutieuse des manuscrits.

ISBN 2-7573-0059-8

Présentation de la collection

La collection « Fonction cadre de santé » a pour ambition d'aider les cadres de santé à atteindre leurs objectifs à court et moyen termes. Pour cela, elle propose des ouvrages classés par séries selon leurs grands domaines d'activité :

- gestion des ressources humaines (en vert) ;
- gestion des risques et de la qualité (en rouge) ;
- gestion des moyens (en bleu) ;
- formation (en violet).

Ces ouvrages présentent les caractéristiques suivantes :

- concrets, ils sont illustrés par des cas et comprennent de multiples outils utilisables quotidiennement ;
- de nombreux conseils permettent non seulement des pistes de réflexion pour le développement de projets mais également des orientations pour leur mise en œuvre ;
- les différents points de vue exposés facilitent une mise en perspective des thèmes traités et l'ouverture des champs d'investigation ;
- leur format permet un usage nomade, en dehors de son bureau.

Cette collection souhaite ainsi être une force de propositions pour les cadres et interpeller les responsables de la « gouvernance » de la santé.

Pour conduire ce projet, la direction de collection s'est voulue collégiale pour mutualiser les compétences. Elle fait appel à des auteurs recrutés pour leur savoir-faire et reconnus par leurs pairs dans leur domaine d'expertise.

Les directrices de la collection
- Claudine Dechamps
- Nicole Loraux
- Marie Claude Moncet
- Corinne Sliwka

Préface

« Sortir du management panique », ou comment « préserver la santé des cadres et promouvoir celle de leur équipe », nous amène à reconsidérer dans une perspective salutogénique, les concepts articulés autour de la santé au travail.

Les cadres sont soumis à de multiples pressions, qu'elles soient issues du milieu externe ou du milieu interne.

Dans le milieu externe, les politiques de santé sont en perpétuels remaniements. L'évolution du marché du travail s'observe notamment à travers la pénurie des infirmières, en manque de reconnaissance et en quête identitaire. La demande de soins devient dépendante de facteurs sociodémographiques tel que le vieillissement de la population, l'impact de l'opinion publique et le poids des médias. La prise en compte du droit des patients fait aussi l'objet de multiples référentiels, y compris de textes de lois.

Dans le milieu interne, plusieurs facteurs deviennent sources de stress pour les manageurs. Tout d'abord, les facteurs administratifs sont interdépendants des politiques des établissements de santé (financière, qualité, ressources humaines, soins), en mouvance permanente, ce qui implique des efforts permanents d'adaptabilité de la part des cadres. Puis, les facteurs opérationnels recouvrent les modes de gestions (gestion des soins, gestion du temps, organisation du travail) et les modes de managements nécessitant la mise en œuvre de multiples compétences peu reconnues, parce que souvent décrites comme non productives et contraignantes pour les équipes de soins. Les facteurs socio-environnementaux, ensuite, en lien avec les différentes cultures des acteurs de santé, doivent s'articuler pour fonctionner en interdisciplinarité. Ils sont source de conflits et d'insatisfaction pour les cadres de santé, à l'interface de l'interstructuration des acteurs et des institutions. Enfin, les facteurs personnels concernent la qualité de vie au travail et le vécu des cadres dans l'espace de vie au travail et de vie hors travail. Ils les conduisent le plus souvent à fonctionner dans l'urgence, avec un sentiment fréquent d'impuissance face à l'articulation complexe de ces deux sphères, *a priori* incompatibles en terme de socialisation et de personnalisation du sujet.

Face à ces pressions externes, source de tensions internes, le risque de vivre un stress continu et permanent est une réalité préoccupante en terme de santé au travail pour les cadres. Ce risque peut même aboutir à l'épuisement professionnel. Pour prévenir le *burnout,* il apparaît indispensable que les cadres s'approprient de nouveaux modes de management fondés sur des bases innovantes, afin de vivre ces situations comme un défi, un challenge plutôt qu'une menace.

Le temps de la soumission à l'autorité charismatique et ou traditionnelle est révolu. C'est le temps de l'autorité rationnelle légale, construite sur la base du contrat, qui probablement doit s'exprimer au travers de projets d'équipe co-construits par l'ensemble des acteurs des services hospitaliers. La démarche projet, le mode de leadership transformationnel placent bien le professionnel comme acteur dans le système hospitalier, permettant de relever le défi de sauvegarder l'essentiel : « le prendre soin », s'appuyant sur une philosophie du ***care*** bien comprise.

La satisfaction des acteurs de santé au travail doit résulter de la prise en compte des éléments organisationnels qui permettent de créer un environnement positif, tel que l'autonomie, l'*empowerment,* le développement professionnel, la reconnaissance par les pairs, la hiérarchie et les médecins, le soutien des directions des établissements de soins, l'esthétique, caractéristiques regroupant celles des modèles des hôpitaux aimants. Ce type d'organisation positionne le cadre de santé comme pilote, animateur, relais de la politique de l'établissement, favorisant une meilleure qualité de vie au travail, pour lui et son équipe, et en conséquence, une meilleure satisfaction des patients et de leur entourage.

Préface

Dans cet ouvrage, les auteurs, de formation infirmière, experts dans leur regard sur le management, nous amènent à réfléchir sur les pratiques, à les revisiter et peut-être à mieux tirer parti du contexte actuel. En effet, il est souhaitable que ce dernier ne devienne pas un obstacle, mais bien un défi de nous centrer sur l'essentiel de notre mission, « penser le soin comme tentative de venir en aide à autrui, dans la singularité de son existence ».

Anne-Marie Pronost
Présidente de l'UFR-SI
(Unité de Formation et de Recherche en Sciences Infirmières)

Présentation des auteurs

Alderson, Marie, inf., Ph.D. Après une pratique belge d'infirmière tant à domicile qu'en milieu hospitalier et à la suite de la licence en Sciences médico-sociales et hospitalières, madame Alderson a réalisé une maîtrise et un doctorat en Sciences Infirmières (Université de Montréal) ainsi qu'un stage post-doctoral (Université Laval). Elle exerce depuis 2002 à titre de professeur adjointe à la Faculté des Sciences Infirmières de l'Université de Montréal. Son domaine d'intérêt est l'interrelation entre l'organisation du travail infirmier et la santé mentale des infirmières. Marie Alderson est actuellement en charge des cours « Développement du rôle de l'infirmière » et « Infirmière en santé ».

Arnol, Chantal. Titulaire d'un DESS, cadre supérieur de santé, elle a exercé en qualité de formateur à l'Institut de Formation des Cadres de Santé du CHU de Toulouse. Responsable des modules Management et Recherche, elle a, à ce titre, assuré la formation à l'initiation à la recherche et la guidance des mémoires professionnels. Par ailleurs, elle a participé à la mise en œuvre de l'indicateur d'activité SIIPS au CHU de Toulouse. Elle est membre actif de l'UFR SI (Unité de Formation et de Recherche en Sciences Infirmières).

Delmas, Philippe, inf., Ph.D. Titulaire d'un doctorat en Sciences Infirmières de l'Université de Montréal, il exerce comme cadre gestionnaire à l'Hôpital Vaugirard (AP-HP) en France. Il est professeur associé à la Faculté des Sciences Infirmières de l'Université Laval-Québec et de l'Université du Québec à Rimouski ainsi qu'à l'Université Saint-Joseph à Beyrouth. Ses domaines d'intérêt portent sur les déterminants psychosociaux de la santé des infirmières au travail, sur les problématiques liées à l'observance au traitement des patients VIH et sur les questions disciplinaires. Il complète sa formation doctorale par un master 2 en Philosophie et Histoire des Sciences à la Sorbonne. Il est un des membres fondateurs de l'UFR SI (Unité de Formation et de Recherche en Sciences Infirmières) dont il anime la section Recherche et développement.

Degrémont, Marie-Claude. Cadre de santé à l'IFSI de Thonon, praticienne en focusing et thérapeute Gestalt.

Delon, Simone. Infirmière, cadre supérieur de santé, titulaire d'une maîtrise en Sciences sanitaires et sociales, option Santé publique, elle exerce au CHU de Toulouse en mission transversale, en qualité de cadre expert dans les domaines de la recherche en soins infirmiers et des indicateurs d'activités. Elle utilise les indicateurs d'activités pour évaluer et optimiser les organisations. Elle contribue au développement de nouveaux indicateurs de soins. Elle participe également à l'évaluation des pratiques professionnelles, en qualité d'auditeur interne. Elle est membre fondateur de l'UFR SI (Unité de Formation et de Recherche en Sciences Infirmières).

Dupuis, Louise, inf., M.Sc. Infirmière cadre, coordonnatrice clinique, bloc opératoire et clinique de pré-admission à l'Hôpital Montfort, Ottawa. Ses intérêts d'étude et de recherche portent, entre autres, sur les attitudes des infirmières envers l'informatisation et leurs habiletés en informatique afin d'élaborer un plan de formation qui rencontre les besoins identifiés lors de l'implantation d'un système informatisé infirmier.

D'Hoore, William Md. Ph.D. Médecin et docteur en santé publique de l'Université catholique de Louvain. Il est actuellement professeur à l'École de santé publique de l'Université catholique de Louvain. Ses intérêts de recherche incluent les relations entre la gestion des services de santé et la qualité des soins, ainsi que les modèles d'intégration des soins et services de santé.

Gagnon, Louise, Inf., Ph.D, elle est titulaire d'un doctorat en Sciences cliniques de l'Université de Montréal et exerce comme professeur titulaire à la Faculté des Sciences Infirmières de l'Université de Montréal. Ses domaines d'intérêts sont liés aux soins aux adultes ainsi qu'aux problématiques touchant le handicap et la réadaptation.

Guillaudeau, Françoise. Directrice de l'organisation et de la qualité des soins aux hôpitaux d'Espalion et de Salles-la-Source (Aveyron, France), elle est titulaire d'une maîtrise de Gestion (Paris Dauphine) et d'un DESS de Philosophie option éthique hospitalière (Université de Marne-la-Vallée, France). Co-fondatrice de l'Espace éthique des hôpitaux de l'Assistance publique de Paris avec le Professeur Emmanuel Hirsch, elle a été l'initiatrice des formations continues et universitaires de philosophie et d'éthique pour les personnels de la communauté hospitalière de l'AP/HP.

Grenier, Lucie, inf., M. AP. Cadre supérieur, directrice générale adjointe aux affaires cliniques du Centre hospitalier affilié de Québec (CHA). Gestionnaire depuis vingt ans, elle a œuvré dans divers secteurs dont la chirurgie et les services d'urgence en tant qu'infirmière et infirmière-chef. C'est une gestionnaire reconnue pour son dynamisme, sa gestion participative, son esprit mobilisateur et sa grande capacité de travail. Elle est également un membre actif au centre d'expertise en organisation des soins, des services et du travail de l'AQESSS (Association québécoise des établissements de santé et des services sociaux).

Hamelin Brabant, Louise, inf., Ph.D. Titulaire d'un doctorat en sociologie. Professeur agrégé, Faculté des Sciences Infirmières, Université Laval, Québec. Ses intérêts de recherche portent sur les transformations et l'organisation du système de santé québécois et sur la promotion de la santé des communautés. Elle est l'auteur de plusieurs publications et elle a été invitée comme conférencière dans des universités européennes. Elle participe également au développement des grandes orientations du programme de maîtrise en santé communautaire.

Holmes, Dave, inf., M.Sc., Ph.D. Professeur agrégé à la Faculté des Sciences de la Santé, École des Sciences Infirmières ainsi qu'à la Faculté de Médecine, département de Psychiatrie de l'Université d'Ottawa. Son programme de recherche s'articule autour de la gestion du risque chez les populations vulnérables en milieux de psychiatrie légale et en santé publique. Il s'intéresse par ailleurs aux aspects politiques des soins infirmiers.

Lamboy, Bernadette, Ph.D en Psychologie. Titulaire d'un doctorat de Psychologie à l'Université de Grenoble (France), elle exerce comme psychothérapeute, superviseur et formatrice. Elle est directrice de l'Institut de Focusing d'Europe francophone (IFEF) et coordinatrice en France pour l'Institut international de Focusing de New York. Elle enseigne le focusing et l'approche centrée sur la personne de Carl Rogers. Elle intervient particulièrement dans la formation des soignants et bénévoles pour l'accompagnement des personnes en fin de vie. Elle a publié, entre autres, *La mort réconciliée* (Paris, 1989) et *Devenir qui je suis* (Paris, 2003).

Lavoie-Tremblay, Mélanie, inf., M.Sc., Ph.D. Professeur adjoint à l'École des Sciences Infirmières de l'Université McGill. Ses intérêts de recherches incluent le développement des ressources humaines infirmières, le transfert des connaissances et la gestion optimale des milieux de travail dans le domaine de la santé. Elle a collaboré au livre *Optimisez votre environnement de travail en soins infirmiers,* publié en 2002 et à la monographie *Organisation des soins et du travail,* publié en 2005.

Le Beau, Gilles, ing., D.O.H., M.G.P. Adjoint à la direction des ressources humaines et du développement des compétences, coordonnateur de projets spéciaux, Centre hospitalier universitaire de Québec. Détenteur d'un diplôme en Génie chimique, d'un DESS en Hygiène du travail et d'une maîtrise en Gestion de projet. Il est actuellement coordonnateur de projets sur l'amélioration des conditions d'exercices du travail au Centre hospitalier universitaire de Québec. Il assure la cogestion avec les gestionnaires infirmiers de projets d'organisation des soins et du travail, en tant qu'adjoint à la direction des ressources humaines. M. Le Beau enseigne au deuxième cycle dans des universités au Québec et au Brésil : la gestion de projet, la gestion de projet de santé, la gestion des changements organisationnels et la gestion totale de la qualité.

Leblanc, Sonia, inf., M.Sc (étudiante). Elle est étudiante à la maîtrise en Sciences Infirmières. Ses intérêts de recherche actuels sont l'empowerment en lien avec la santé au travail chez les infirmières. Elle travaille à titre d'auxiliaire d'enseignement et de recherche au Département des Sciences Infirmières de l'Université du Québec à Rimouski (UQAR).

Maes, Blandine, inf., Ph.D. Titulaire d'un doctorat en Sciences de l'éducation, consultante et cadre infirmier de santé, ses intérêts portent sur la psychologie sociale, les représentations professionnelles et l'évaluation de la qualité des soins dans les établissements de santé. Elle est chargée de cours dans différents modules Management et Recherche, à l'Université Paul-Sabatier de Toulouse. Elle est membre actif de l'UFR SI (Unité de formation et de recherche en Sciences Infirmières).

Mayrand Leclerc, Martine, inf., MGSS/MHA, Ph.D. Professeur au département des Sciences Infirmières, Université du Québec en Outaouais. Ses intérêts d'étude et de recherches portent, entre autres, sur l'optimisation de l'environnement psychosocial du travail, l'organisation des services de santé, les environnements de santé guérissants, la pratique professionnelle infirmière, la gestion basée sur des résultats probants, le leadership infirmier. Elle est membre de plusieurs comités professionnels et d'experts dont celui du Centre d'expertise en organisation des soins et du travail (CEOST) de l'Association québécoise des établissements de santé et services sociaux (AQESSS). Elle est l'une des trois éditrices, avec Chantal Viens et Mélanie Lavoie-Tremblay, du livre *Optimisez votre environnement de travail en soins infirmiers* publié en 2002.

Michaud, Suzanne, L., inf., M.Sc. Titulaire d'une maîtrise en Sciences Infirmières de l'Université de Montréal, ses travaux de maîtrise, orientés vers l'efficacité et l'efficience des soins infirmiers, la promotion du leadership et le développement d'une pratique infirmière de niveau avancé, l'ont amenée à assumer des fonctions d'expert en administration des services infirmiers, en développement des organisations et sur des questions liées aux enjeux sociopolitiques de la profession. Maintenant conseillère principale en politiques internationales et développement de l'Association des infirmières et infirmiers du Canada (AIIC), elle collabore avec diverses organisations internationales afin de faire valoir l'expertise infirmière dans les politiques qui touchent les soins infirmiers, la santé et le développement. Elle contribue aussi à l'établissement de partenariats internationaux de la santé visant à accroître la capacité des infirmières et des associations nationales d'infirmières dans le renforcement de la profession infirmière et, par conséquent, les systèmes de santé. Avant de joindre l'AIIC, elle a travaillé comme adjointe à la direction de la Faculté des Sciences Infirmières de l'Université Laval à Québec. Elle a aussi acquis une expérience professionnelle diversifiée dans le réseau de la santé et des services sociaux québécois, notamment, à titre de cadre infirmier à l'Association des hôpitaux du Québec et au sein d'établissements de santé universitaires. Enfin, elle a enseigné aux premier et deuxième cycles d'études universitaires dans son domaine d'expertise.

Pérez, Paule. Philosophe et psychanalyste, elle a apporté son concours aux programmes de réorganisation et restructuration d'entreprises multinationales et d'administrations. Elle a été impliquée également dans la conception de lourds dispositifs de formation pour jeunes en difficulté, dispositifs au sein desquels elle a mis en œuvre des approches pédagogiques innovantes. Dans ces différents contextes, son souci principal est d'inventer des passerelles effectives entre les projets des individus au travail et ceux des collectivités. Elle valide cette grande expérience par un master en Histoire et Philosophie des sciences à la Sorbonne.

Perron, Amélie, inf., PhD (c). Infirmière en psychiatrie communautaire à Ottawa et Montréal, elle est également candidate au doctorat en Sciences Infirmières à l'Université d'Ottawa et, à ce titre, elle est récipiendaire d'une bourse doctorale des Instituts de recherche en santé du Canada (IRSC). Son domaine d'intérêt inclut les soins infirmiers psychiatriques de même que les soins aux populations vulnérables. Sa recherche doctorale porte sur les soins infirmiers en milieu correctionnel et s'attarde sur les relations de pouvoir qui investissent ce milieu et modulent les soins prodigués aux patients.

Potvin, Martine, inf., M.Sc. Elle est chef d'unité de soins au Centre de santé et services sociaux de Gatineau. Ses intérêts d'étude et de recherche portent, entre autres, sur la confiance entre les infirmières soignantes, les gestionnaires infirmiers.

Pronost, Anne-Marie, inf., Ph.D. Directrice des soins et des ressources humaines à la Clinique Pasteur de Toulouse, elle est titulaire d'un doctorat en Psychologie sociale et du Développement. Elle est professeur associé à la faculté des Sciences Infirmières à l'Université Laval à Québec et à la faculté des Sciences Infirmières à l'Université Saint-Joseph à Beyrouth. Elle est chargée de cours en Psychologie à l'Université Toulouse-le-Mirail et à l'Université de médecine Paul-Sabathier, enseignant les matières Soins palliatifs et Accompagnement. Ses domaines d'intérêts portent sur la santé au travail des infirmières, sur les soins palliatifs, sur la crise de l'adolescence, sur la gestion des soins, des ressources humaines et de la qualité dans les établissements de santé. Administrateur d'associations telles que l'ASP (Association de soins palliatifs, Toulouse), dont elle est membre fondateur, du GRASSPHO, de l'association Enfance Adolescence, dont elle est présidente, elle s'implique dans la promotion de la profession d'infirmière, étant membre fondateur et présidente de l'UFR-SI (Unité de Formation et de Recherche en Sciences Infirmières).

Richer, Marie-Claire, inf., Ph.D (c). Infirmière et étudiante candidate au doctorat en Sciences Infirmières, Université McGill, Centre FERASI. Ses champs d'intérêts et recherches : interrogation appréciative (*Appreciative Inquiry*), changements organisationnels, organisation des services infirmiers, innovation sociale, leadership infirmier, approches participatives, rétention du personnel, collaboration interprofessionnelle.

Ritchie, Judith, inf., Ph.D. Elle est titulaire d'un poste de directrice de la recherche en Sciences Infirmières au centre de Santé de l'Université McGill (CUSM) à Montréal et professeur adjointe à l'École des Sciences Infirmières de l'Université McGill. Ses recherches et ses publications portent principalement sur les questions de soins axées sur la famille, particulièrement les enfants et les familles aux prises avec des maladies chroniques, l'hospitalisation et la douleur. Ses activités de recherche récentes ont porté sur le transfert des connaissances et la recherche en matière de services de santé.

Rivard, Claudette, M.Adm. Santé. Au moment d'initier le projet de transformation des rôles des cadres gestionnaires infirmiers, Madame Rivard était directrice des soins infirmiers au Centre hospitalier universitaire de Québec (CHUQ). Elle a participé à la mise en œuvre de la révision des pratiques professionnelles cliniques et de la pertinence des actes posés dans différentes organisations. Elle a instauré une gestion partagée médecins-infirmières dans quelques centres hospitaliers. Elle a élaboré différents projets tels que la mise en place du concept de soins hospitaliers ambulatoires, la vision organisationnelle en vue d'un nouveau plan d'organisation et la vision partagée à la direction des soins infirmiers du CHUQ. Elle est l'initiatrice de nombreuses transformations afin de re-professionnaliser les infirmières du réseau de la santé. Elle a reçu le prix d'excellence Hector-L. Bertrand pour l'année 2004, prix décerné par l'Association des cadres supérieurs de la santé et des services sociaux qui reconnaît la contribution personnelle et novatrice à la pratique de la gestion.

Stordeur, Sabine, inf., Ph.D. Elle est infirmière, licenciée en Administration de la santé et docteur en Sciences de la santé publique (Université catholique de Louvain, Bruxelles, Belgique). Elle a mené une recherche doctorale sur le thème des compétences de leadership en soins infirmiers et poursuit ses recherches sur l'offre et la demande de travail dans le champ de la santé, la brièveté de la carrière infirmière en Europe (étude européenne NEXT : *Nurses early exit study*, 2002-2005) et l'attractivité des institutions hospitalières. Chargée de recherche et chargée d'enseignement à l'Université catholique de Louvain, elle est également engagée comme collaborateur scientifique auprès du ministère belge de la Santé publique.

Sylvain, Hélène, inf., Ph.D. Elle est directrice du Département des Sciences Infirmières et Professeur en Sciences Infirmières à l'Université du Québec à Rimouski (UQAR). Elle est détentrice d'un doctorat en Sciences Infirmières du programme conjoint des Universités de Montréal et McGill depuis 2000. Ses intérêts de recherche portent notamment sur le concept d'empowerment, tant auprès des infirmières que des personnes vivant avec une maladie chronique. Dans cet esprit, elle s'intéresse actuellement à l'adhésion thérapeutique des personnes vivant avec le VIH, dans un programme de recherche franco-québécois. Elle s'intéresse également à la pratique infirmière dans les services de première ligne.

Tremblay, Lucie, inf., M. Adm. Directrice des soins infirmiers du Centre de soins de longue durée Maimonides et chargée de cours au département des Sciences Infirmières de l'Université de Sherbrooke. Elle est reconnue pour son leadership clinico-administratif et plus particulièrement pour son « advocacy » dans la cause du milieu de vie chez les aînés. Elle est également un membre actif au Centre d'expertise en organisation des soins, des services et du travail.

Présentation des auteurs

Viens, Chantal, Inf., M.A., Ph.D. Elle est professeur titulaire à la faculté des Sciences Infirmières de l'Université Laval. Professeur et chercheur depuis 1995, elle participe à de nombreuses recherches sur la qualité de vie et le bien-être au travail des soignants ainsi que sur les transformations organisationnelles en santé. Elle est responsable scientifique du Centre d'expertise en organisation des soins, des services et du travail de l'Association québécoise des établissements de santé et services sociaux (AQESSS). Infirmière depuis 1975, elle occupe différentes fonctions en milieu clinique : infirmière soignante, infirmière clinicienne, coordonnatrice de centres d'hébergement et chef d'unité de soins de longue durée.

Sommaire

Sommaire

Avant-propos

Le but du 1er chapitre est de rendre compte de l'état des connaissances sur la santé des infirmières et des cadres gestionnaires infirmiers. La première partie de l'ouvrage va permettre une actualisation des connaissances sur la santé au travail des infirmières. Les indicateurs de santé comme la détresse psychologique, l'épuisement professionnel, la qualité de vie seront examinés. Les résultats obtenus seront aussi comparés aux autres professionnels de la santé pour voir si les infirmières manifestent davantage de problèmes de santé mentale que les autres professionnels de l'aide. Des rubriques supplémentaires seront ajoutées comme le taux de suicide et les résultats de l'étude Press-Next. Enfin, nous examinerons les quelques études qualitatives sur le sujet et un bilan sur la santé des infirmières sera dressé. La deuxième partie du chapitre identifie, dans un premier temps, l'état des connaissances de la santé des cadres gestionnaires infirmiers en France, au Québec et ailleurs dans le monde. Par la suite, un bilan de santé des cadres gestionnaires infirmiers, issu d'une recherche récente auprès de 84 chefs d'unité(s) de soins infirmiers de la région de Montréal, est rapporté et commenté. Quelques pistes de réflexions, d'interventions et de préventions primaires et secondaires sont exposées. Ces dernières permettent au cadre gestionnaire infirmier de s'outiller pour prendre en charge sa santé et accompagner le personnel infirmier dans cette démarche de santé optimale.

Lors de l'examen des différentes approches du stress et des théories s'y rapportant, il apparaît qu'à l'heure actuelle pour expliquer ce phénomène, l'approche interactionniste est la plus opérante. Elle est la résultante d'une interaction entre la personne qui est exposée aux stresseurs et son environnement. En revanche, ce courant interactionniste est né à partir d'une nouvelle approche de la personnalité qui fut inaugurée, entre autres, par les travaux d'Antonowsky (1973, 1974, 1979). En effet, cet auteur propose une nouvelle conception de la personnalité en apportant une dimension positive à celle-ci, qui, selon lui, a la capacité de développer de l'empathie envers les autres et d'accepter la différence. Il souligne qu'il semble plus intéressant de favoriser la recherche de facteurs maintenant la santé plutôt que de rechercher les causes provoquant la maladie. Il développe ainsi le modèle salutogénique (stress-santé) par opposition au modèle classique pathogénique (stress-maladies), proposant ainsi un nouveau regard sur la nature humaine. Dans son modèle, le stress et les ressources de la personne contribuent à maintenir ou à améliorer sa santé. Cette ouverture vers une approche positive de la santé et la mise en lumière de l'action possible de la personne comme acteur de sa santé a permis d'ouvrir la voie vers l'étude des caractéristiques de la personnalité qui permettent à l'individu de faire face aux stress, tout en s'opposant à la notion de déterminisme. Cette section du livre va, d'une part, retracer la progression de la pensée des auteurs sur la notion du stress en retraçant les théories de Selye jusqu'à l'approche interactionniste et, d'autre part, décrire une caractéristique de la personnalité, le sens de la cohérence, issue de l'approche d'Antonowsky. En effet, ce changement de conception semble très important car les approches actuelles conceptuelles et théoriques du stress s'appuient sur cette notion salutogénique.

Le stress (chapitre 2) désigne les réactions physiologiques et psychologiques dont l'origine provient de situations menaçantes pour un individu et de la façon dont il perçoit les rapports problématiques. Les facteurs de stress (stresseurs) pour les professionnels de santé sont d'ordre intrapersonnels, avec la notion de crise personnelle, interpersonnels (relation trop forte avec le patient) et extrapersonnels (cause institutionnelle). Dans ce contexte, le *coping* (de *to cope* : faire face) intervient comme une réponse au stress. Le coping est un double processus cognitif qui fait intervenir pour le sujet la signification de la situation menaçante en fonction de ses propres capacités à y faire face. Le processus de coping mobilise les ressources personnelles (hardiesse, estime de soi, anxiété-trait, etc.) et les ressources de l'environnement (soutien social, perception des stresseurs situationnels, etc.). Le concept de coping permet de mieux comprendre la souffrance des soignants, génératrice de conflits, et nécessitant une adaptation, une défense intra ou extrapersonnelle contre les effets du stress, défini comme une interaction personne-environnement. Les modes de « faire face » ou stratégies de coping permettent de contrôler la situation stressante. S'il s'agit de stratégies centrées sur le problème ou de recherche de soutien social, l'utilisation de ce type de stratégies permet d'autant plus aux soignants d'avoir une bonne qualité de vie au travail. En revanche, si les soignants font face aux situations stressantes avec des stratégies centrées sur l'émotion (addictivité, retrait mental, retrait comportemental, refus), l'effort de re-personnalisation devient plus problématique et les soignants peuvent développer un état d'extrême souffrance ou *burnout*. La compréhension, par les manageurs, des concepts qui sous-tendent la santé au travail permet de mieux prévenir l'épuisement professionnel, de donner un sens aux actes personnels et collectifs, et de favoriser la relance du processus de personnalisation. La personnalisation implique des processus psychologiques et sociaux qui, au travers d'une pluralité de conduites, amènent le sujet à construire ses modes d'adaptation, d'ajustement, d'orientation dans le temps et dans les multiples milieux de sa socialisation.

Le concept d'*empowerment* est de plus en plus utilisé dans la discipline infirmière autant en recherche qu'en formation, en pratique clinique qu'en gestion (chapitre 3). Une revue des écrits sur ce concept fait ressortir que l'empowerment est étudié dans deux domaines différents en Sciences Infirmières. Le premier, et le plus prolifique, concerne l'empowerment dans le contexte de la santé des individus ou de la relation infirmière-patient. Le second domaine est plus étroitement lié au développement de la profession, à la gestion et à la santé au travail, c'est l'empowerment des infirmières en tant que groupe professionnel. C'est ce second domaine qui retiendra notre attention dans le chapitre 4. Il sera donc question de présenter, en premier lieu, le concept d'empowerment et ses référents théoriques. Par la suite, les différents modèles d'empowerment seront associés à certains courants sociaux tout en s'attardant plus amplement sur les théories de gestion et d'organisation ainsi que sur leur lien avec la santé au travail. Nous verrons notamment la théorie du pouvoir structurel dans l'organisation de Kanter et des recherches en soins infirmiers dans le domaine de la gestion et de la santé au travail. Nous terminerons par une analyse critique du concept et de son apport en santé au travail.

Pour contrer la pénurie infirmière actuelle, des chercheurs étudient les caractéristiques de nature organisationnelle qui seraient favorables à la fois à la satisfaction au travail des infirmières et à la qualité des soins. L'étude conduite en 1982 par l'ANA a permis de définir les qualités des hôpitaux capables de recruter et de garder des infirmières dans un marché concurrentiel. Ces hôpitaux qualifiés d'*attractifs* (*Magnet Hospitals*) ont en outre amélioré la qualité des soins. L'objectif du chapitre 5 est de relater l'expérience des hôpitaux magnétiques américains en les replaçant dans leur perspective historique, de développer les trois pôles d'excellence qui leur sont communs et qui leur ont valu la reconnaissance (management et leadership, pratique professionnelle et développement professionnel), de présenter les recherches qui ont démontré la plus-value de l'organisation des *Magnet Hospitals* sur la qualité des soins et la gestion du département infirmier. Enfin, une illustration de l'hôpital attractif belge sera présentée, afin de démontrer qu'en dehors des États-Unis, des initiatives d'identification des *best practices* managériales mobilisent politiciens, chercheurs et gestionnaires d'établissements.

Le chapitre 6 propose de décrire et d'analyser les conditions de travail de 56 chefs d'unité de soins infirmiers (CGI) œuvrant au sein de cinq centres hospitaliers de soins généraux et spécialisés (CHSGS) de la région de Montréal, dans un contexte de pénurie de main-d'œuvre qualifiée et de réductions budgétaires qui grèvent le budget de la santé. Un répertoire descriptif des dimensions caractéristiques de l'environnement psychosocial du travail des chefs d'unité de soins infirmiers est présenté. La discussion relève les dimensions de l'environnement de travail qui, aux dires des participants, présentent de fortes tensions sociales et psychologiques et doivent être bonifiées.

Le chapitre 7 présente un projet novateur et mobilisateur de transformation des rôles, des fonctions et des responsabilités des cadres gestionnaires infirmiers. Le défi du projet est de créer, avec et pour les cadres gestionnaires infirmiers, un contexte leur permettant d'assumer un leadership renouvelé et de retrouver un nouvel équilibre entre les fonctions cliniques et administratives. Les prémisses du projet sont exposées : l'historique, le rôle et les responsabilités du cadre gestionnaire infirmier sont brièvement abordés. La vision, le cadre de référence et les méthodologies appliquées au projet sont détaillés. Les objectifs du projet et les indicateurs de résultats sont identifiés. Les approches de co-création et de codéveloppement sont décrites en utilisant des exemples concrets. Ce 7e chapitre permet aux cadres des organisations de santé et aux cadres gestionnaires infirmiers de décider et d'initier leurs propres scénarios de transformation des rôles.

Après avoir très brièvement rappelé les principales approches existantes pour investiguer les problématiques de santé vécues par les infirmières, l'auteur du chapitre 8 présente plus en détail l'une d'entre elles : la psychodynamique du travail. Moins connue des infirmières et gestionnaires infirmiers alors qu'elle permet une compréhension renouvelée des expériences de travail vécues, le texte fait état des tenants et des aboutissants de cette approche utile en santé mentale au travail. Outre le fait d'expliciter les concepts centraux de l'approche, tels le travail, la normalité, l'identité et l'organisation du travail, le texte circonscrit également les notions de charge et de souffrance psychiques, de plaisir et de sublimation, de reconnaissance, de collectifs de travail et de stratégies défensives. La contribution de la psychodynamique du travail au développement de connaissances utiles dans le champ de la santé mentale au travail est ensuite discutée, de même que les limites de l'approche.

Au moyen des résultats d'une étude réalisée auprès d'infirmières œuvrant dans un centre d'hébergement et de soins de longue durée, le 9e chapitre illustre comment la psychodynamique du travail offre, par le biais de la parole même des infirmières, des données probantes aux gestionnaires infirmiers, contribuant ainsi à une prise de décision éclairée. Ladite étude constitue la toute première thèse doctorale réalisée en Sciences Infirmières au moyen de l'approche de la psychodynamique du travail. La démarche se voyait motivée par l'accroissement considérable des problèmes de santé mentale des infirmières au point de constituer la première cause d'absence de ces dernières. Le but de l'étude était de contribuer à la mise en lumière des raisons qui sous-tendaient ce fait. Il ressort des résultats que la transcendance des expériences difficiles de travail et la sublimation de la souffrance vécue, dans la relation d'aide et d'accompagnement avec les résidents et les familles, permettent au travail infirmier d'ouvrir sur le plaisir, d'avoir un effet structurant en termes d'identité et ainsi, de soutenir la santé mentale des infirmières. Il s'agit là d'un résultat d'importance en termes d'avancement des connaissances relatives aux déterminants de la santé mentale des infirmières. L'étude révèle, en effet, les processus de sublimation et de transcendance en tant que moyens de transformation des tensions vécues au travail en sources de plaisir et de construction identitaire. Des pistes de réflexion visant la transformation de l'organisation du travail en place, de manière à accroître le plaisir au travail, sont identifiées par les participantes.

Sous l'effet d'une révolution informatique importante (l'invention du microprocesseur et la diffusion de la micro-informatique), les sociétés ont connu des bouleversements importants. Plusieurs auteurs (Bell, 1973 ; Castell, 1996) n'hésitent pas à dire que nous vivons à l'ère de la société post-industrielle dite aussi société du savoir. L'économie a profondément changé, bien sûr, mais aussi l'organisation du travail et l'art de gérer dans un nouvel environnement teinté de complexité et de turbulence. À la verticalité des hiérarchies succède l'horizontalité de la communication, d'où l'importance de redéfinir les rapports d'autorité et les réseaux professionnels. Cette nouvelle économie du savoir nous oblige à gérer un flux d'informations sans cesse croissant, à penser de nouvelles approches organisationnelles pour dispenser les soins. Pour initier et mener à bien ces changements, les gestionnaires en soins infirmiers doivent développer des compétences et des habiletés pour soutenir le personnel impliqué dans cette mouvance. Après avoir fait un bref tour d'horizon des différentes théories en lien avec l'économie du savoir, nous décrirons les éléments importants à considérer pour la réussite des changements organisationnels, à savoir le développement d'une culture participative, le leadership organisationnel, la gestion des résistances et l'adaptation des individus. Un certain fondement théorique appuyé de pratiques concrètes outillera mieux les gestionnaires à relever les défis actuels que pose le monde du travail.

Dans le vaste domaine des Sciences Infirmières, le pouvoir en tant que levier politique indispensable demeure un concept très peu exploré alors que l'exercice du pouvoir traverse l'ensemble des champs d'exercice infirmier (pratique, enseignement, recherche et gestion). Le chapitre 11 offre un survol des diverses théories politiques existantes et illustre, de manière critique, la mesure dans laquelle le pouvoir constitue un élément structurant des rapports sociaux entre les acteurs exerçant en milieux hospitaliers, notamment entre les infirmières et les infirmières gestionnaires.

Dans le contexte hospitalier actuel, le leadership infirmier devient plus complexe, requérant connaissances et expertise, pensée critique et facultés relationnelles. Cette complexité des rôles rend plus difficile le choix de personnes qualifiées pour occuper les postes de leader. Pour être efficaces à long terme, les leaders infirmiers ne peuvent plus se contenter de fixer des objectifs à court terme mais doivent bouleverser les attitudes et les valeurs fondamentales des équipes soignantes pour tendre à la réalisation d'une mission commune. Le but du 12e chapitre est de développer l'approche du leadership transformationnel et son impact sur l'équipe soignante, d'envisager les différentes facettes du leader en situation et de présenter les modes d'acquisition de nouvelles compétences de leadership. L'introduction s'attache à définir le rôle du cadre et de la surveillante dans la gestion de l'équipe. Une approche théorique du leadership transformationnel et de son application au milieu infirmier précède les résultats d'une recherche sur l'adoption des comportements de leadership transformationnel dans les hôpitaux belges. Ce dernier chapitre se clôture sur l'adoption des facettes du leadership et de la prise en considération du contexte du travail.

I

Les professionnels de santé sont-ils en santé ?

1

Le travail, est-ce encore la santé pour les infirmières et les cadres gestionnaires infirmiers ? Bilan des connaissances sur le sujet

Philippe Delmas, Martine Mayrand Leclerc et Anne-Marie Pronost

Le stress associé à la profession infirmière a été et demeure le sujet de nombreux écrits depuis ces dix dernières années, ce qui n'est pas surprenant puisque les différentes études sur ce thème tendent à montrer que la profession infirmière se caractérise par un fort roulement du personnel, un absentéisme et un épuisement professionnel important (Kirkcaldy et Martin, 2000). D'ailleurs, Lambert et Lambert (2001), lors d'une revue des écrits sur le sujet, trouvent près de 100 articles en anglais. De ce fait, le contexte de travail infirmier, pourtant lieu privilégié de socialisation et d'appartenance à un groupe, apparaît depuis quelques années un milieu pourvoyeur de stress avec les répercussions sur la santé physique et psychologique de ces professionnels. Ce constat est aussi transposable aux cadres gestionnaires infirmiers (communément appelés en France « cadres de santé ») qui sont aussi menacés par de multiples sources de stress, ce qui peut avoir des répercussions importantes et peu évaluées sur l'environnement de travail. La restructuration du système de santé apporte son lot de profonds changements. Les attentes des patients, les avancés des technologies de pointe dans le domaine de la santé, le courant puissant de l'amélioration de la qualité des soins et de la sécurité des patients et, enfin, l'accent mis sur l'imputabilité des intervenants ébranlent le rôle traditionnel et professionnel des infirmières (lire indifféremment infirmiers et infirmières) et des cadres gestionnaires infirmiers. Shain et Kramer (2004) mentionnent que devant cette situation, la communauté européenne a proposé en 1997 une déclaration sur la promotion de la santé au travail qui propose deux pistes de réflexion. La première est centrée sur la personne elle-même et fait appel à ses comportements individuels en lien avec les situations stressantes. Cette approche oriente les recherches sur les caractéristiques de la personnalité, les stratégies utilisées par l'individu pour faire face au stress. D'ailleurs, les programmes proposés pour favoriser l'ajustement de la personne aux situations de stress sont en lien avec des interventions sur la gestion du stress utilisant des techniques comme la relaxation, l'affirmation de soi mais aussi des formations en lien avec la cessation de fumer, le réapprentissage de l'exercice physique, la nutrition, soit finalement l'adoption de comportements de santé. La seconde piste nous propose d'examiner les forces qui sont en dehors du contrôle de la personne et plus particulièrement liées à l'environnement psychosocial du travail. Ces recherches mettent l'accent sur l'organisation de travail et les différents acteurs. Ainsi, cet article a pour objectif de dresser un portrait actualisé de la santé au travail des infirmières et des cadres gestionnaires infirmiers en tenant compte des aspects liés à l'ajustement de la personne aux situations stressantes mais aussi aux problématiques en lien avec l'environnement de travail. De plus, des ouvertures seront proposées avec des concepts issus du management d'entreprise. Pour apporter des réponses les plus précises à nos questionnements, nous avons choisi de retenir les études les plus récentes, complètes et rigoureuses sur le sujet.

La santé des infirmières au travail

La santé au travail vue selon l'approche du stress

Notre investigation s'inscrit dans le paradigme du stress, de l'adaptation, de la santé ou de la maladie. Selon ce paradigme (Mechanic, 1999), le stress ne dépend pas seulement de la situation ou de la personnalité mais de l'interaction de la personne avec son environnement. Une situation est perçue comme stressante, lorsqu'une tension ou une menace est ressentie face à l'incapacité de répondre aux exigences d'une situation. Un stress intense ou prolongé peut altérer la santé et induire des symptômes de maladie (Lazarus et Folkman, 1984). Ce modèle du stress fait aussi référence à l'adaptation de l'individu à un environnement de travail comportant de nombreux changements et exigences. Ainsi la santé mentale de l'infirmière serait aussi tributaire des ressources qui permettraient l'utilisation de stratégies de coping efficaces (Lazarus et Folkman, 1984) pour faire face aux stresseurs des milieux de soin. La finalité des études est orientée vers la prise en charge du stress et vers la découverte de moyens pour y faire face, s'y adapter et le gérer. Duquette et Delmas (2001), lors d'une revue des écrits sur la santé au travail des infirmières, laissent entrevoir que trois indicateurs sont le plus couramment utilisés en lien avec cette approche : l'épuisement professionnel, le bien-être et la qualité de vie. À la lumière des écrits les plus récents, il s'avère que les concepts les plus employés sont le stress, l'épuisement professionnel, la satisfaction au travail (qui englobe parfois la qualité de vie). On peut s'apercevoir que d'autres variables émergent en lien avec le stress, comme l'absentéisme, l'intention de quitter la profession, le taux de suicide. Aussi, dans cette première partie, nous examinerons l'ensemble des concepts précédemment cités.

La notion de stress au travail

La notion de stress a fait l'objet de multiples études d'où se dégagent plusieurs courants théoriques. Les principales orientations du concept sont l'approche stimulus-réponse qui comprend différentes branches comme l'approche physiologique du stress (Selye, 1958) et l'approche causaliste (modèle de Karaseck et Theorell, 1990 ; modèle de Siegrist, 1996). Puis nous retrouvons l'approche centrée sur l'analyse de l'activité au travail (psychodynamique du travail) et l'approche interactionniste (Lazarus et Folkman, 1984). Dans cette perspective interactionniste qui guide notre étude, Schopenhauer disait que : « Ce qui est important pour l'homme, ce n'est pas tant ce qui lui arrive mais ce qu'il pense qu'il lui arrive ». De même, pour les tenants de l'approche interactionniste, le stress ne réside ni dans l'environnement, ni dans l'individu, mais dans la transaction entre l'individu et l'environnement. Par conséquent, l'expérience de stress apparaît quand une situation est perçue par la personne comme excédant ses ressources (Lazarus et Folkman, 1984). La particularité de la théorie cognitive du stress est de mettre en évidence l'influence de la perception de la situation par l'individu sur le stress professionnel, ainsi que la mise en œuvre par ce dernier de mécanismes d'adaptation, aussi appelés stratégies de coping. Par exemple, un individu peut percevoir une mutation professionnelle comme un problème insurmontable tandis qu'un autre la percevra comme un défi. Dans cette optique, ce ne serait donc pas l'intensité du stresseur qui explique la réponse de la personne, mais l'évaluation de la situation par l'individu et la signification que l'individu donne au stimulus qui détermineraient s'il y a ou pas présence de stress (Lazarus et Folkman, 1984). En effet, les agents stressants varient également en intensité et sont perçus différemment selon les personnes. La réaction individuelle face au stress dépend alors de certains facteurs tels que la personnalité, les expériences personnelles, le soutien social, l'appartenance socioculturelle et les valeurs. L'évolution éventuelle vers une pathologie du stress résulte alors de la capacité du sujet à faire face à une situation stressante. La réponse à un agent de stress serait alors fonction de chacun et des facteurs tels que les expériences antérieures, le niveau d'attente, l'autoévaluation ou la motivation influençant le processus d'adaptation.

Le stress au travail des infirmières

Au niveau des soins infirmiers, Phillips (1996) mentionne que la profession infirmière est une profession soumise à un haut niveau de stress. En effet, l'exigence d'un niveau élevé de compétence, la nécessité de travailler en équipe multi- et pluridisciplinaire avec la possibilité de conflits, des roulements de travail qui vont parfois à l'encontre d'une vie familiale, une profession orientée vers la relation d'aide nécessitant une écoute active sont autant de facteurs de stress potentiels. À ce sujet, French *et al.* (2000) identifient plusieurs sources de stress rencontrées par les infirmières : les conflits avec les médecins, une préparation insuffisante à l'exercice professionnel, des problèmes avec ses collègues, des problèmes avec le ou les cadres gestionnaires infirmiers, la discrimination, la surcharge de travail, l'incertitude face aux traitements, faire face à la mort et à la morbidité, la prise en charge des patients difficiles et de leur famille. Plusieurs auteurs, comme Williams *et al.* (1998), Stordeur *et al.* (2001), reconnaissent qu'il existe une certaine constance dans les stresseurs perçus par les infirmières à travers le temps et que les plus importants à considérer semblent être : la surcharge de travail, les conflits professionnels et interprofessionnels, la relation interpersonnelle avec le patient ou le travail émotionnel, ce qui permet de mieux nous renseigner sur les actions à apporter. De plus, certaines études (Foxall *et al.*, 1990 ; Tyler et Ellison, 1994) nous renseignent sur certains stresseurs à prendre en compte en fonction des milieux d'exercice (par exemple, faire face à la mort des patients dans les services de réanimation). Afin d'explorer le concept de stress au travail, Gray-Toft et Anderson (1981b) ont proposé une échelle de mesure qui permet d'apprécier les différentes dimensions du stress en lien avec la profession infirmière.

En effet, Gray-Toft et Anderson (1981b) ont identifié sept sources majeures de stress qui sont associées aux environnements physiques, psychologiques et sociaux. Au regard de l'environnement physique, les auteurs mettent en évidence une source principale de stress : la surcharge de travail. Au regard de l'environnement psychologique, ils décrivent quatre sources de stress : la mort et la morbidité des personnes soignées, la préparation insuffisante de l'infirmière pour faire face aux demandes émotionnelles, le manque d'appui et l'incertitude face au traitement. Au regard de l'environnement social, il apparaît deux sources de stress : les conflits avec les médecins et les conflits intraprofessionnels. Le stress occupationnel en soins infirmiers est mesuré à l'aide de **l'échelle des stresseurs en soins infirmiers** (ESSI), traduction française de l'échelle du *Nursing Stress Scale* (NSS) de Gray-Toft et Anderson (1981a). Cette échelle présente des indices psychométriques tout à fait satisfaisants et permet d'explorer dans le contexte francophone à la fois la fréquence et l'intensité des stresseurs les plus fréquemment rencontrés par les infirmières.

Il est maintenant admis que le travail infirmier est soumis à un haut niveau de stress. De plus, il semble que les différents agents stresseurs identifiés précédemment sont similaires dans plusieurs pays : l'Australie (Tarnow-Mordi *et al.*, 2000), la Belgique (Stordeur *et al.*, 2001), les États-Unis (Santos *et al.*, 2003), la France, (Delmas *et al.*, 2004), la Grande-Bretagne (Payne, 2001), l'Irlande (Wynne *et al.*, 1993), la Suisse (Jakob et Rothen, 1997) et Taïwan (Lee et Wang, 2002). Ces différents auteurs montrent aussi que depuis ces dernières années les situations stressantes rencontrées par les infirmières s'intensifient. D'ailleurs, Gray (2000) souligne que le stress perçu par les infirmières est un des problèmes les plus importants du travail infirmier. Ce constat n'est pas sans conséquence. En effet, Shader *et al.* (2001) montrent que la surcharge de travail perçue par les infirmières augmente de façon importante le taux de roulement des unités de soin. De même, un stress élevé induit une diminution très importante de la qualité des soins infirmiers (Bailit et Blanchard, 2004 ; Sochalski, 2004). De façon plus inquiétante, les résultats de l'étude de Tarnow-Nordi *et al.* (2000) mettent en lumière qu'une surcharge importante de travail peut induire des conséquences sur la santé et la sécurité des patients et peut, dans certaines unités comme les réanimations, être un facteur explicatif de l'augmentation du pourcentage de mortalité des patients. De plus, il apparaît qu'un haut niveau de stress entraîne une diminution de la satisfaction au travail (Blegen, 1993) qui peut expliquer l'intention de quitter la profession (Hegney *et al.*, 2003). Au niveau de la santé mentale, les études montrent que l'intensification du stress produit une augmentation de l'épuisement professionnel (Lavanco, 1997 ; Stordeur *et al.*, 2001). D'ailleurs, les écrits de Duquette et Delmas (2001) ainsi que Lavanco (1997) tendent à montrer que l'épuisement professionnel est plus important chez les infirmières que chez les autres professionnels de l'aide comme les enseignants. Bref, il apparaît que les situations de travail des infirmières de différentes nationalités seraient pourvoyeuses de nombreux stresseurs et pourraient avoir un effet délétère sur la santé mentale de ces dernières, et induire un épuisement professionnel. D'ailleurs, il semble que ce dernier soit un des indicateurs les plus étudiés en lien avec le stress perçu.

L'épuisement professionnel des infirmières

Plusieurs auteurs (Bédard et Duquette, 1998 ; Freudenberger, 1974, 1980 ; Jones, 1981, 1982 ; Maslach, 1976, 1979, 1982 ; Maslach et Jackson, 1981 ; Pines *et al.*, 1981) ont proposé diverses approches pour décrire l'épuisement professionnel. Dans le cadre des études sur les infirmières, c'est l'approche de Maslach (1982) qui a été la plus retenue.

Selon cet auteur, l'épuisement professionnel est un syndrome affectant les sujets s'investissant profondément vis-à-vis d'autres personnes dans le cadre de leur profession. Les personnes sujettes à l'épuisement professionnel développent trois symptômes : l'épuisement émotionnel, la dépersonnalisation, ainsi que la perte d'accomplissement personnel. La dimension de l'épuisement émotionnel concerne le sentiment d'être drainé, vidé et exténué sur le plan émotif (le sujet ne peut plus rien donner de lui-même). La dépersonnalisation se rapporte au développement d'attitudes et de sentiments négatifs envers les clients (déshumanisation de la relation et cynisme). La perte de l'accomplissement personnel s'applique au développement d'une image négative de soi, plus particulièrement au regard de la relation avec les personnes soignées, et au sentiment d'insatisfaction face aux accomplissements réalisés au travail. L'épuisement professionnel est le résultat d'une accumulation à moyen ou à long terme des effets du stress professionnel. L'instrument de mesure de l'épuisement professionnel le plus référencé est celui proposé par Maslach et Jackson (1981) : le *Maslach Burnout Inventory* (MBI) qui fut réactualisé en 1986. Le **MBI** a été traduit et validé en plusieurs langues (anglais, français, chinois, japonais, hollandais et italien). Les indices psychométriques des différentes traductions et de l'échelle originale sont satisfaisants. De plus, des normes proposées par les auteurs du MBI permettent d'établir des comparaisons précises entre les résultats des études.

L'épuisement professionnel a été mesuré auprès de milliers d'infirmières exerçant dans différents pays et milieux de soin. Après plus de 20 ans, l'épuisement professionnel demeure encore un objet d'investigation par les chercheurs, ce qui dénote un intérêt certain pour ce phénomène en soins infirmiers. Billeter-Koponen et Fredén (2005), qui ont expérimenté au long cours le stress ou/et l'épuisement professionnel, montrent, lors d'une étude qualitative auprès d'infirmières suédoises, que les premiers symptômes relatés par celles-ci sont en lien avec le sentiment que le travail les vide, les frustre, les « stresse » et les épuise sur le plan émotionnel (« je n'avais pas d'énergie pour écouter » ; « aucune énergie pour arranger quoi que ce soit ou progresser dans un problème » ; « je n'étais pas capable de faire face à de nouveaux problèmes »). C'est précisément cet aspect de l'épuisement émotionnel qui est le plus important et significatif parmi les manifestations de l'épuisement professionnel. Maslach et Jackson (1981) montrent que la dimension émotionnelle est la première affectée lorsque la personne développe un épuisement professionnel. Il semble que l'épuisement émotionnel conditionne l'émergence des deux autres dimensions : la dépersonnalisation envers les personnes soignées et le manque d'accomplissement personnel. L'épuisement émotionnel apparaît donc comme l'indicateur le plus sensible et le plus prépondérant parmi les manifestations de l'épuisement professionnel et représente, selon Shiron (2003), le symptôme central du syndrome d'épuisement professionnel. D'ailleurs, de multiples études tendent à réduire la mesure de l'épuisement professionnel à celle de l'épuisement émotionnel.

Il faut souligner aussi que la dimension de la dépersonnalisation renseigne peu sur le niveau d'épuisement professionnel des infirmières. Dans la plupart des études réalisées auprès d'infirmières, les sentiments négatifs et de dépersonnalisation à l'égard des personnes soignées restent peu intenses et peu fréquents, quel que soit le niveau d'épuisement professionnel observé dans les autres dimensions. Ce fait peut s'expliquer par les valeurs centrales de la profession d'infirmière, des valeurs humanistes profondes qui sont au cœur du prendre soin des personnes qui vivent des expériences de santé, incluant la maladie. Même si l'infirmière vit de l'épuisement professionnel, elle aura tendance à conserver le plus longtemps possible ses valeurs professionnelles et à offrir un soin personnalisé. On a donc pu observer que cette dimension est peu sensible à l'expression de l'épuisement professionnel chez les infirmières. On peut croire cependant que cela risque d'exacerber les réactions d'épuisement dans les autres dimensions. La dimension du manque d'accomplissement professionnel obtient dans la plupart des études des scores qui traduisent un épuisement professionnel modéré. En fait, ces résultats suggèrent que les infirmières sont en général plus ou moins satisfaites de leur travail. Elles ont assez souvent un sentiment de perte et d'insatisfaction face aux accomplissements réalisés au travail.

Duquette et Delmas (2001), à partir d'une revue des écrits, montrent que 10 à 48 % des infirmières présentent un niveau élevé d'épuisement émotionnel. Les données actualisées amènent à voir une augmentation certaine du niveau d'épuisement professionnel auprès de la population infirmière. En effet, si la borne supérieure augmente peu (soit 48 %), on retrouve au niveau de la borne inférieure des chiffres systématiquement supérieurs à 10 % d'épuisement émotionnel élevé. D'ailleurs l'étude Next (Nurses Early Exit Study) montre que l'épuisement professionnel affecte 25 % de la population infirmière, avec des chiffres pouvant atteindre près de 64 % pour certains pays comme la France.

Gillespie et Melby (2003) mentionnent que les écrits tendent à considérer parfois que l'infirmière est la principale responsable de son épuisement professionnel car elle n'est pas capable de gérer les situations de stress qui se présentent à elle. D'ailleurs, on peut remarquer que les différents programmes de santé proposés aux infirmières sont basés sur des approches visant à diminuer leur perception des stresseurs. Plus récemment, il a été émis que le cadre gestionnaire infirmier pouvait avoir une action sur la diminution du stress au sein de ses équipes. Stordeur *et al.* (2001) soulignent que certains styles de management pourraient renforcer la satisfaction au travail des infirmières contrairement à d'autres. Schmitz *et al.* (2000) montrent que les cadres gestionnaires infirmiers ont du mal à reconnaître la souffrance de leurs employés ainsi qu'à admettre leurs erreurs. Bref, il semble pertinent d'accorder de l'importance à la place du cadre dans la gestion du stress des employés mais aussi dans sa propre gestion du stress.

L'épuisement professionnel peut avoir des effets négatifs importants sur les comportements et la santé des infirmières. En effet, Gillespie et Melby (2003) notent que les infirmières qui manifestent un haut degré d'épuisement sont plus sujettes à un manque de confiance en soi, une diminution importante de leur satisfaction au travail, une incapacité à se relaxer et à être heureuse dans la vie et enfin une diminution importante de leur estime de soi. De même, l'étude Next montre que les infirmières qui manifestent un niveau élevé d'épuisement professionnel pensent très fréquemment à quitter leur emploi. Les auteurs montrent aussi que ces infirmières développent plus facilement des conduites addictives : consommation d'alcool, de tabac, et même parfois de drogue. De plus, l'épuisement professionnel apparaît comme l'un des principaux facteurs de la pénurie des infirmières (Stundin-Huard et Fahy, 1999).

Il n'est plus à démontrer que le stress et les stresseurs occupationnels en soins infirmiers sont les grands responsables de l'épuisement professionnel. Par ailleurs, il semble exister d'autres facteurs comme le manque de contrôle de l'infirmière sur les situations de travail qui se présentent. En effet, Dolan (1998) montre que le manque de contrôle (l'incapacité de l'infirmière à résoudre les problèmes quotidiens de travail) est une des caractéristiques centrales des infirmières qui ont été confrontées à l'épuisement professionnel. De la même façon, l'étude de Schmitz *et al.* (2000) montre que les infirmières qui croyaient avoir peu ou pas de contrôle sur leurs vies étaient plus vulnérables au stress et à l'épuisement professionnel comparativement aux infirmières qui avaient un fort contrôle interne. D'autres auteurs comme Coffey (1999) suggèrent que les milieux où il y a une prévalence d'agressions verbales et physiques génèrent, chez les personnes qui y sont confrontées, des niveaux d'épuisement professionnel élevés. Il semble aussi que l'effet délétère des stresseurs en milieu de travail peut être accentué par le manque de certaines ressources comme le soutien social. En effet, Melchior *et al.* (1996) indiquent que le manque de soutien est un élément central des infirmières qui ont vécu un épuisement professionnel. De plus, la diminution de ce soutien conduit très rapidement, selon l'auteur, à une augmentation de l'absentéisme ainsi qu'à la réduction de la productivité. Par conséquent, il apparaît comme une ressource importante qui peut réduire ou modérer les manifestations de l'épuisement professionnel (Duquette *et al.*, 1997 ; Michaud, 1991). Selon ces auteurs, le soutien au travail, offert par les pairs et le cadre gestionnaire infirmier, permettrait à l'infirmière de demeurer en santé malgré la présence de nombreux stresseurs occupationnels. De même, Bédard (1998), en étudiant le concept de « soi professionnel », montre que les infirmières sont moins sujettes à l'épuisement professionnel quand elles ont une perception positive d'elle-même, tout particulièrement en ce qui concerne leur pratique professionnelle et les communications qu'elles entretiennent avec les personnes soignées. D'autres chercheurs (Delmas, 1999 ; Langemo, 1990 ; Major, 1995) ont exploré les relations entre l'épuisement professionnel des infirmières et la hardiesse. Cette caractéristique de la personnalité (Kobasa, 1977), qui se rapporte aux croyances et valeurs de la personne, permettrait de renforcer l'évaluation cognitive et positive des situations stressantes, induisant ainsi l'adoption de stratégies actives de coping. Ce sont ces stratégies qui semblent être les plus efficaces pour faire face aux nombreux stresseurs des milieux de soin et réduire ainsi l'occurrence de l'épuisement professionnel. D'ailleurs, le programme de renforcement de la hardiesse développé par Delmas *et al.* (2004) sur des infirmières françaises amène des résultats très intéressants sur la diminution du stress, l'adoption de stratégies actives de coping par les infirmières et l'augmentation de leur niveau de qualité de vie au travail.

L'épuisement professionnel des infirmières a retenu l'attention de nombreux chercheurs. Il importe cependant de souligner qu'il n'est pas considéré comme une maladie, mais qu'il se rapporte davantage à des réactions qui traduisent une inadaptation à un travail fort exigeant. C'est un signal d'alerte auquel il faut être attentif car un épuisement prolongé et intense constitue une menace à la santé (Duquette et Delmas, 2000). En revanche, depuis peu les chercheurs se sont penchés sur le phénomène intéressant de la propagation de l'épuisement professionnel au sein des équipes de soin. En effet, l'étude de Groenestijn *et al.* (1992) montre que les infirmières qui ont un besoin élevé de comparaison sociale (contrairement à celles qui n'en ont pas besoin) manifestent un haut niveau d'épuisement professionnel lorsqu'elles perçoivent des attitudes ou des plaintes liées à ce syndrome chez leurs collègues. Plus récemment, l'étude menée par Bakker, Blanc et Schaufeli (2005) auprès de 2 000 infirmières européennes œuvrant dans 80 services de soins intensifs (ou « réanimation » suivant l'appellation de certains pays) de 12 pays d'Europe montre que l'épuisement professionnel se comporte comme un virus au sein des équipes de soin. Il semble que les infirmières soient sensibles aux comportements cyniques, aux plaintes, aux ressentis négatifs de leurs collègues qui manifestent un haut degré d'épuisement. De plus, cette étude souligne que l'effet de « contamination » est valable pour les trois dimensions de l'épuisement professionnel malgré une prépondérance des dimensions de l'épuisement émotionnel et de la dépersonnalisation. Cette contagion possible auprès des équipes doit rendre les cadres gestionnaires beaucoup plus vigilants à la détection de ce syndrome et à la mise en place rapide d'actions correctives et, dans le meilleur des cas, de proposer des programmes de prévention.

D'autres professions de l'aide ont fait l'objet d'études sur l'épuisement professionnel, comme les enseignants (Jaoul et Kovess, 2003) et les médecins (Mc Manus, Winder et Gordon, 2002). L'étude de Mc Manus, Winder et Gordon (2002) sur 551 médecins avec plusieurs temps de mesure montre que cette profession est aussi très exposée au stress et à l'épuisement professionnel. De plus, il semble y avoir un cercle vicieux entre le stress perçu et l'épuisement émotionnel. En effet, le médecin qui manifeste un épuisement émotionnel élevé aura tendance à percevoir de façon plus intense les stresseurs qui se présentent à lui. Bref, il apparaît que l'épuisement professionnel touche plus particulièrement les professionnels de l'aide, ce qui peut avoir des répercussions importantes sur leur niveau de satisfaction au travail et d'engagement professionnel, concepts qui vont être explorés au paragraphe suivant.

Satisfaction au travail des infirmières

La satisfaction au travail apparaît comme la variable la plus étudiée dans les recherches dont les thèmes portent sur l'organisation de travail. Selon Lu, While et Barriball (2004), elle apparaît être un concept de grand intérêt dans l'étude de la santé des infirmières au travail. Le modèle traditionnel de la satisfaction au travail se centre sur les ressentis de la personne face à son travail. Cependant, il semble à l'heure actuelle que les motifs de satisfaction et d'insatisfaction au travail ne dépendent pas seulement de la nature du travail mais aussi des attentes que les individus peuvent avoir à l'égard de ce dernier. Plusieurs théories se sont succédées afin de pouvoir apporter un éclairage sur le concept de satisfaction au travail. De façon plus explicite, nous retrouvons les travaux de Maslow (1954) qui suggèrent que les besoins humains sont hiérarchisés en cinq niveaux, des besoins physiologiques à l'actualisation de soi. Selon cette approche, la satisfaction au travail est vue comme la réalisation de ses besoins (Kulhen, 1963 ; Worf, 1970 ; Conrad *et al.*, 1985). Selon Lu, While et Barriball (2004), cette approche devient de plus en plus contestée au fur et à mesure de l'attention portée par les chercheurs sur les processus cognitifs. Par conséquent, d'autres propositions ont émergé comme l'approche théorique de Herzberg et Mausner (1959) qui postule que la satisfaction et l'insatisfaction au travail sont deux facteurs séparés, voire même non reliés. Cette approche considère ainsi des facteurs intrinsèques liés à la satisfaction comme la reconnaissance au travail, l'autonomie, la réussite et des facteurs extrinsèques d'insatisfaction comme les conditions de travail, les relations de travail, les salaires, la supervision de l'encadrement. La théorie de Herzberg et Mausner (1959) a dominé les études en lien avec les recherches sur la nature de la satisfaction et de l'insatisfaction et a donné lieu à l'élaboration d'un certain nombre d'instruments de mesure. Plus tard, Seo, Ko et Price (2004) proposent que la satisfaction au travail peut être considérée comme une orientation affective que l'employé a envers son travail. On prend ainsi en considération un ressenti global de la personne face à son travail et cette approche est retenue pour avoir finalement un aperçu macro de la situation de travail. Enfin Spector (1997), en se basant sur une revue des écrits sur les instruments les plus couramment utilisés, résume les différentes facettes de la satisfaction au travail comme par exemple les conditions de travail, la croissance personnelle, la rémunération, les opportunités de promotion, la reconnaissance, la sécurité. Bref, il apparaît que le concept de satisfaction au travail semble parfois difficile à circonscrire car il fait appel à de nombreux éléments. De plus, les différentes échelles de mesure ne prennent en compte qu'une partie de ces différentes dimensions. Par conséquent, les résultats obtenus sont parfois difficiles à comparer car il ne semble pas exister une standardisation de la mesure de la satisfaction au travail. Malgré ces limites, il n'en demeure pas moins que le concept demeure un sujet d'étude dans le domaine de la santé des infirmières au travail. D'ailleurs Lu, While et Barriball (2004) comptabilisent près de 1 189 articles publiés sur le sujet, ce qui est assez considérable. L'analyse de cette revue des écrits a permis, d'une part, de comparer les niveaux de satisfaction et d'en examiner les facteurs et, d'autre part, de mettre à jour les effets délétères de l'insatisfaction au travail sur le personnel soignant.

Depuis que Landeweerd et Boumans (1988) ont montré que le niveau de satisfaction au travail des infirmières pouvait avoir une influence sur leur performance au travail, cette dernière a suscité l'attention de nombreux chercheurs qui ont tenté d'en identifier les nombreux composants ainsi que les liens avec la productivité du travailleur (Burnard *et al.*, 1999). Dans les mesures globales sur la satisfaction au travail, Aiken *et al.* (2001) montrent que le niveau le plus élevé d'insatisfaction se retrouve aux États-Unis (41 %) puis en Angleterre (36 %), au Canada (33 %) et enfin en Allemagne (17 %). Stordeur *et al.* (2001), lors de l'étude européenne NEXT qui vise, entre autres, à examiner l'état de santé des infirmières dans dix pays, soulignent des variations importantes entre les pays. D'ailleurs, les pays d'Europe du Nord enregistrent un taux de satisfaction oscillant entre 57 et 65 % (Norvège, Pays-Bas). En revanche, il existe un grand nombre de pays qui présentent des taux faibles de satisfaction comme la Pologne (35 %), la Slovaquie (25 %) mais aussi l'Italie (25 %) et la France (31 %). Par conséquent, il apparaît, par le biais de ces deux études d'envergures, que la proportion d'infirmières satisfaites au travail est peu importante dans certains pays, ce qui nécessite une attention particulière des directions des ressources humaines. De plus, il semble exister des facteurs de satisfaction qui diffèrent en fonction des pays et des lieux d'exercices des infirmières. À ce sujet, Adamson *et al.* (1995) montrent que les infirmières anglaises se perçoivent moins satisfaites que les infirmières australiennes. En effet, elles rapportent que leur relation avec l'administration est plus pauvre, que leurs conditions de travail sont moins intéressantes que celles des infirmières australiennes. D'autres auteurs comme Tovey et Adams (1999) montrent que la source majeure d'insatisfaction des infirmières est en lien avec les relations de travail d'une part, avec la hiérarchie d'autre part et enfin avec la cohésion d'équipe.

Nolan *et al.* (1995) identifient comme source de satisfaction la capacité de l'infirmière à prodiguer des soins de qualité et une relation de travail collégiale entre collègues. Bref, il apparaît intéressant de s'attarder à examiner les facteurs en lien avec la satisfaction des infirmières au travail.

Des facteurs liés à la satisfaction

De la même manière que le concept de satisfaction fait appel à de multiples variables pour le définir, il existe selon Lu *et al.* (2004) une multitude de facteurs ayant une contribution à son renforcement ou bien à sa diminution. À partir des facteurs étudiés, les chercheurs ont enrichi les modèles théoriques existants qui deviennent d'ailleurs de plus en plus complexes. Nous allons retracer quelques études sur le sujet sans avoir l'objectif d'une quelconque exhaustivité. Lors d'une méta-analyse, Blegen (1993) retrouve que les variables stress et engagement organisationnel apparaissent comme les plus fortement reliées à la satisfaction au travail. Il apparaît sept autres variables qui ont un lien plus modéré avec la satisfaction : la communication avec le cadre, l'autonomie, la reconnaissance, la routine, la communication avec les pairs, le contrôle interne, l'équité. Enfin, les variables sociodémographiques semblent jouer un rôle minime comme l'âge, les années d'expérience, l'éducation. D'autres chercheurs comme Chu *et al.* (2003) ont proposé un modèle causal de la satisfaction au travail en proposant près de 11 variables indépendantes comme, par exemple, l'engagement professionnel, l'équité, l'autonomie, le stress, qui comprend ici les variables suivantes : l'ambiguïté de rôle, les conflits, la surcharge de travail et les ressources insuffisantes. En revanche, le salaire perçu a peu d'influence sur la satisfaction au travail bien que dans le discours classique de revendication professionnel, il apparaisse comme un des éléments les plus importants. D'autres chercheurs comme Al-Aameri (2000) se sont préoccupés de l'engagement organisationnel et du sentiment d'appartenance en lien avec la satisfaction. De façon plus explicite, Blau et Boal (1987) montrent que l'engagement organisationnel fait appel aux notions de loyauté envers l'organisation et ses buts. L'engagement d'une personne se caractérise par trois facteurs : une forte croyance de la part de cette dernière aux buts et valeurs de l'organisation, la capacité à produire un effort supplémentaire pour le compte de l'organisation, un désir de maintenir sa place d'acteur dans l'organisation. Les différentes études sur le sujet (Blegen, 1993 ; Al-Aameri, 2000 ; Knopp, 1995) montrent que l'engagement organisationnel est un déterminant important de la satisfaction des infirmières au travail (elle en explique 41 % de la variance). De façon similaire, Fang (2001) aborde le concept d'engagement professionnel qui est lié à une implication, une promesse ou une résolution envers sa profession. Cette notion d'engagement professionnel, qui n'a rien de comparable avec la notion de vocation, est un facteur qui joue un rôle important dans l'intention de quitter la profession (Blau et Lunz, 1998). Selon certains auteurs comme Cohen (1998, 1999), il semble intéressant de renforcer l'engagement professionnel des infirmières afin d'augmenter leur satisfaction au travail et d'éviter ainsi leur départ de la profession. Bref, comme le souligne Lu *et al.* (2004), les variables clefs qui ont un rôle dans l'explication de la satisfaction au travail seraient le stress, les conflits dans le travail et l'ambiguïté des rôles, ainsi que l'engagement professionnel et organisationnel. Finalement ces études confirment le fait qu'il faut agir à la fois sur la personne, pour renforcer ses capacités à faire face au stress et sur l'environnement de travail, élargissant ainsi les moyens d'action. Ces deux approches semblent indispensables pour mieux appréhender la complexité des situations vécues par le personnel soignant.

Avant d'examiner les effets de la satisfaction au travail, il nous semblait important de revenir à la notion d'engagement organisationnel qui apparaît être très importante dans le monde du travail et pas seulement dans les soins infirmiers mais plus largement dans la gestion des ressources humaines. À ce sujet, Paillé (2004) montre que l'engagement organisationnel selon le modèle de Meyer et Allen (1991) sur des employés occupant un poste de directeur d'établissement de formation a un effet important sur leur niveau de satisfaction. Cet auteur utilise une variable peu explicitée au niveau des soins infirmiers mais qui mérite toute notre attention, c'est le comportement citoyen (Organ, 1988). Organ (1988) définit les comportements citoyens comme « des comportements individuels de type discrétionnaire, non directement ou explicitement reconnus par le système formel de récompense, et qui contribuent au fonctionnement effectif de l'organisation ». Selon Paillé (2004), ces comportements sont importants car ils dépassent le cadre de la prescription des relations de travail et objectivent ainsi l'engagement personnel. Pour l'essentiel, ils renvoient à des actes altruistes ainsi qu'à la mise en conformité individuelle à l'égard des règles et des normes implicites de l'organisation (Meyer et Allen, 1997). L'étude de Paillé (2004) montre que l'engagement organisationnel permet de renforcer ces comportements citoyens, ce qui peut-être induit aussi un renforcement de l'engagement organisationnel. À l'heure où l'éthique fait une irruption croissante dans les soins, il semble intéressant d'intégrer dans notre réflexion cette notion de comportements citoyens qui mériterait d'ailleurs une plus ample investigation dans le domaine des soins infirmiers.

Les effets récurrents de la satisfaction au travail des infirmières

Il est intéressant de noter que les principales recherches sur le sujet ont porté sur les aspects pathogènes liés à l'absence de satisfaction au travail et non pas une approche plus « salutogène » (Delmas, Gagnon, Pronost, 2006) qui aurait consisté à examiner les effets induits par des niveaux élevés de satisfaction chez les infirmières. Selon Lu *et al.* (2004), il apparaît que la satisfaction au travail a été étudiée en lien avec le taux d'absentéisme, le taux de roulement et l'intention de quitter la profession.

Yin et Yang (2002) montrent, à travers les résultats d'une méta-analyse, que les facteurs individuels et environnementaux les plus importants, en lien avec le taux de roulement des infirmières, sont la satisfaction au travail, l'autonomie, l'opportunité d'avancement, le stress au travail, le salaire, la cohésion du groupe, le statut marital, le niveau d'éducation. De la même façon, Cavanagh et Coffin (1992) trouvent que la satisfaction au travail ainsi que la participation aux décisions sont deux variables importantes dans le processus du turn-over. Selon cette étude, certaines variables seraient en lien avec l'intention de rester comme la satisfaction au travail, la prise de responsabilité, le salaire, les opportunités de progression. Siu's (2002), en examinant les prédicteurs de l'absentéisme des infirmières de Hong-Kong, s'aperçoit que l'insatisfaction au travail joue un rôle important dans ce phénomène ainsi que les variables détresse psychologique et degré d'engagement dans l'organisation. Shader *et al.* (2001), en examinant les facteurs prédictifs de l'intention de quitter la profession, s'aperçoivent que l'insatisfaction au travail est une des variables les plus importantes à considérer. De ce fait, il apparaît que la variable satisfaction au travail est une composante importante de la rétention des infirmières dans les unités de soins et plus largement dans la profession, qui connaît d'ailleurs une pénurie chronique.

Dans le contexte de l'entreprise mais aussi des soins, Guérin, Wils et Lemire (2002) et Mathieu et Mayrand Leclerc (2002) relèvent un processus de démobilisation des employés en lien avec leur insatisfaction. En effet, selon Mowday *et al.* (1982), chaque individu arrive dans l'organisation avec un désir de s'impliquer qui est variable selon ses caractéristiques personnelles, mais ce désir ne se concrétisera que si l'individu adhère. Lorsque cette adhésion ne s'effectue pas ou plus par le fait que la personne prend conscience que ce qu'elle reçoit de l'organisation est insuffisant, un processus de démobilisation peut se mettre en route. Ce fait peut être dû à des pratiques de gestion non appropriées ou à une rupture dans le contrat moral qui lie la personne avec son organisation. Il se peut aussi que l'organisation change de mode de management et de valeurs sans prendre le temps de les intégrer auprès de ses employés, ce qui peut provoquer des conflits de valeur. Dans l'alternative où la personne ne peut quitter physiquement son emploi, elle le quitte intérieurement, c'est le phénomène du *« inner quitting »* décrit par Nicholson et Arnold (1991). La personne est qualifiée de démissionnaire, un présent absent (Thévenet, 1992), un désillusionné (Raelin *et al.*, 1985), un indifférent (Joinson, 1996), voire un frustré (Keenan et Newton, 1984). Raelin (1984) montre que cette personne se met en retrait, avec parfois un comportement cynique et surtout des comportements contre-productifs. Guerin *et al.* (2002) montrent que ce phénomène est onéreux pour les organisations puisqu'il se traduit par des coûts élevés en absentéisme, retard, perte de productivité et de créativité avec des difficultés d'adaptation au changement. En revanche, les études qui tentent d'objectiver les coûts de l'absentéisme ne tiennent pas compte des coûts cachés comme les coûts dus à la non-qualité. Par conséquent, le concept de satisfaction au travail apparaît aussi comme un concept important dans le domaine de l'entreprise car il est un levier de sa compétitivité et de sa productivité. Ce constat peut aussi expliquer l'engouement des cadres gestionnaires infirmiers à s'intéresser à ce concept. Il semble pertinent, dans un souci d'enrichir nos pratiques de management à l'hôpital, d'intégrer des innovations venant d'autres domaines et qui prennent sens. Ce transfert de concept d'un domaine à un autre est un travail très important qui est malheureusement peu fait dans le domaine de la santé au travail du personnel soignant où nous retrouvons toujours les mêmes variables étudiées. Par conséquent, il apparaît important de développer des recherches auprès d'infirmières et de cadres gestionnaires de soins qui permettront l'intégration ou non de ces nouveaux concepts. Enfin, comme l'absentéisme est un phénomène récurrent et souvent montré du doigt par les gestionnaires, il semble intéressant de l'aborder dès à présent.

L'absentéisme

Depuis quelques années, l'absentéisme est un facteur important à prendre en compte, d'autant plus chez les professionnels de l'aide qui sont exposés de façon importante au stress. En effet, dans toutes les professions, le coût de l'absentéisme est important car il comprend le salaire de la personne mais aussi son remplacement sur le lieu de travail. L'absentéisme est un phénomène complexe dont les déterminants sont souvent autres que des problèmes médicaux. En effet, Jansen *et al.* (2003) montrent qu'il existe une série de facteurs pouvant expliquer l'absentéisme comme les facteurs sociaux (par exemple, le système de sécurité sociale du pays), les facteurs liés au travail (les conditions de travail, la satisfaction au travail), les facteurs organisationnels (le type de management, l'existence de programme de prévention des absences, etc.) et les facteurs individuels (la personnalité, la santé). L'absentéisme peut être considéré aussi comme un mécanisme d'adaptation face à une situation professionnelle ou personnelle. Dans cette perspective, il peut être considéré comme une attitude négative par rapport au travail, induite par une diminution de sa satisfaction, de sa motivation ou de son engagement. Chadwick-Jones, Nicholson et Brown (2002) suggèrent que les absences de courte durée et répétitives sont liées principalement à une attitude négative envers le travail. Marmot *et al.* (1995) montrent que les absences de longue durée sont liées de façon importante à une incapacité à faire face aux exigences du poste de travail. De nombreuses études ont été effectuées auprès de multiples professions comme les employés municipaux (Vathera *et al.*, 2000), les pompiers (Nuwayhid, Steward et Johson, 1993), les postiers (Voss, Floderus et Diderichsen, 2001). Lors d'une revue des écrits sur le sujet, Ericksen, Bruusgaard et Knardahl (2002) soulignent que la profession infirmière est une des plus sujettes à l'absentéisme, lié à une série de facteurs comme le type d'unité de soins (Bourbonnais *et al.*, 1992), le ratio patient/infirmière (Bourbonnais *et al.*, 1992), la pénibilité du travail physique (Fuortes *et al.*, 1994), le stress au travail (Arsenault et Dolan, 1983), la tension au travail (Bourbonnais et Mondor, 2001) et le soutien social (Bourbonnais et Mondor, 2001). De plus, il apparaît que les absences des infirmières par rapport à d'autres professionnels se singularisent par leur durée car en majorité elles sont de courtes durées. En outre, selon l'étude de Ericksen, Buusgaard et Knardahl (2003), l'absentéisme des infirmières serait plus en lien avec un manque d'encouragement et de soutien au travail, ce qui peut-être relié au management du cadre. Bref, il semble intéressant que cet indicateur de santé au travail devienne un objet d'étude et que l'absence au travail soit considérée comme un signal d'alarme nécessitant une investigation de la part de l'encadrement autrement que par le remplacement de la personne. L'absentéisme de courte durée est souvent un appel/signe d'un mal-être pouvant être aussi le reflet d'un début d'épuisement professionnel. D'autres études se sont penchées sur les répercussions possibles d'un malaise continu au travail qui pouvait provoquer des troubles mentaux, comme nous allons l'exposer maintenant.

Des troubles mentaux chez les infirmières

Dionne-Proulx (1993) a réalisé une étude sur les causes d'invalidité de la population québécoise à partir du fichier de la Régie des rentes du Québec qui est un organisme payeur de rentes d'invalidité. Ces fichiers contiennent toutes les causes d'invalidité permanente au regard de la classification internationale des maladies de l'Organisation Mondiale de la Santé. L'ensemble des dossiers étudiés était au nombre de 43 071. Selon les résultats obtenus par Dionne-Proulx (1993), il apparaît que, sur l'ensemble des causes d'invalidité, les désordres pour troubles mentaux sont prépondérants chez les infirmières (26,2 %) par rapport aux professions libérales (20 %), ainsi qu'à la population québécoise dans son ensemble (12,1 %). Plus finement, parmi les infirmières qui obtiennent une rente pour invalidité permanente pour troubles mentaux, les résultats montrent que 30 % ont moins de 44 ans, alors que 39,5 % ont entre 45 et 54 ans. L'auteur émet l'hypothèse que le stress ressenti au travail serait l'une des causes principales des désordres mentaux chez les infirmières. Il faut souligner par ailleurs que ces études sur l'invalidité et la détresse psychologique ont toutes été réalisées au Québec, ce qui limite la perspective d'ensemble sur la santé mentale des infirmières. Il serait souhaitable de poursuivre ces travaux auprès d'infirmières d'autres pays et cultures afin de dégager un portrait plus global et exhaustif de la situation. Le stress chronique peut avoir aussi d'autres effets comme l'adoption de mauvais comportements de santé, voire de suicide, ce qui est exposé au paragraphe suivant.

Stress, conduites addictives et suicide des infirmières

Afin d'étudier les incidences du stress sur le comportement des infirmières, une étude épidémiologique (Feskanich *et al.*, 2002) a été menée aux États-Unis en 1976 qui regroupaient près de 121 700 infirmières dont l'âge variait de 30 à 55 ans. Le premier temps consistait à examiner leur santé physique puis, dès 1982, des questions en lien avec le stress et la consommation d'anxiolytiques ont été adjointes.

Les résultats montrent qu'en 1982, on reporte 73 décès par suicide, ce qui fait un pourcentage de 6,8 pour 100 000 personnes, chiffre qui correspond au taux de suicide des Américaines de race blanche âgées de 40 à 64 ans. En revanche, Il semble y avoir un pic au niveau des suicides dans la tranche d'âge de 55-59 ans (8,8 pour 100 000 personnes par année). Il apparaît que les infirmières qui se sont suicidées avaient un niveau très élevé de stress autant au niveau de leur vie personnelle (18 %) que professionnelle (21 %). De plus, dans une grande proportion, elles avaient déclaré une consommation continue d'anxiolytique (14 %). De plus, les infirmières qui manifestaient un haut niveau de stress autant personnel que professionnel déclaraient une consommation accrue de tabac (supérieure à 25 cigarettes par jour dans 13 % des cas) et de café (supérieure à deux tasses par jour dans 68 % des cas). De plus, les femmes qui consomment plus de deux verres d'alcool par jour sont celles qui manifestent un haut niveau de stress et une consommation importante d'anxiolytiques. Au niveau du taux de suicide, les chercheurs ont construit un index du risque de suicide (RR) en prenant comme niveau minimal le seuil minimal de stress perçu par les infirmières (RR = 1). Il apparaît que le risque de suicide augmente de façon parallèle à l'augmentation du stress perçu. Il semble que le stress personnel (RR = 3,7) soit un déclencheur plus important du risque de suicide que le stress au travail (RR = 1,9). En revanche, l'association des deux sources de stress est un facteur important de risque de suicide (RR = 4,9). De plus, la consommation d'anxiolytiques sur une longue période (supérieure à trois ans) est un indicateur dont il faut tenir compte (RR = 5,2). Enfin, la combinaison entre le stress et la consommation d'anxiolytiques augmente considérablement le potentiel de suicide des infirmières (RR = 8,1).

Cette étude montre toute l'importance de la prise en charge de la dimension du stress au travail. Les auteurs soulignent que cette étude n'a pas tenu compte des tentatives de suicides des infirmières, ce qui aurait sûrement apporté des données complémentaires sur les effets du stress. Selon Feskanich *et al.* (2001), une simple évaluation continue du stress au travail permettrait d'avoir un bon reflet de la santé des infirmières mais aussi des risques potentiels de suicide. Les auteurs suggèrent que les tableaux de bord des cadres devraient inclure cette dimension. D'ailleurs, les cadres gestionnaires infirmiers sont aussi soumis à de nombreux stresseurs devant l'augmentation croissante des responsabilités face à un environnement de travail de plus en plus exigeant. Ce fait est peu abordé dans la littérature et mérite aussi toute notre attention, ce qui sera le propos de notre deuxième partie.

La santé des cadres gestionnaires infirmiers

Le rôle, les fonctions et les responsabilités des cadres gestionnaires infirmiers se complexifient et s'alourdissent. De plus, la relève des cadres n'est guère présente. Le cadre gestionnaire infirmier est souvent recruté à partir de critères traditionnels comme l'expérience professionnelle, l'expertise technologique et la formation. Bien que plusieurs candidats du réseau de la santé rencontrent ces critères, il semble qu'un nombre croissant d'infirmières s'interroge sur la pertinence d'un plan de carrière en gestion ou s'y refuse tout simplement, invoquant les exigences démesurées et le stress associés aux responsabilités du poste de cadre gestionnaire infirmier. Ainsi, dans un contexte de pénurie de personnel infirmier et de restrictions budgétaires en santé, une pression énorme s'exerce sur le cadre gestionnaire infirmier. Une attention particulière doit impérativement être portée au travail et à la santé de ces cadres, tant pour contrer un désengagement socioprofessionnel massif, déjà amorcé, que pour créer un environnement psychosocial de travail sain.

Tel que mentionné dans le chapitre, des recherches récentes (Bourbonnais, Comeau et Vézina, 1999 ; Laschinger, Finegan, Shamian et Almost, 2001 ; O'Brien-Pallas, Thomson, Alksnis et Bruce, 2001 ; Wheeler, 1997) portant sur le stress des employés du secteur de la santé démontrent les effets extrêmement négatifs et coûteux que peut avoir la détresse psychologique dans les organisations : absentéisme croissant, taux de roulement élevé, accidents de travail à la hausse, augmentation des cotisations à l'assurance salaire, perte de rendement et de productivité. De plus, des recherches scientifiques utilisant les dimensions de l'environnement psychosocial de travail (Armstrong-Stassen, Cameron et Horsburgh, 1996 ; Armstrong-Stassen, Keil, Cameron et Horsburgh, 1995 ; Bourbonnais, Comeau, Dion et Vézina, 1998) et des rapports consultatifs ont été publiés afin d'expliquer et/ou de remédier à l'absentéisme et de rehausser la qualité de vie au travail (Baumann *et al.* 2001 ; Bureau de la politique des soins infirmiers, 2001). Ces études visent principalement les employés ayant un lien direct avec la clientèle, soit les infirmières, les infirmières auxiliaires (aide-soignant) et les préposés aux bénéficiaires (agents des services hospitaliers). Il faut tenter le même effort pour les cadres gestionnaires infirmiers, lesquels assument un rôle essentiel dans nos établissements de santé.

Des chercheurs de plusieurs pays industrialisés constatent un niveau élevé de stress affectant les cadres gestionnaires infirmiers. Ce niveau de stress aurait un impact négatif sur le recrutement et la préparation de la relève aux postes de cadre gestionnaire infirmier dans nos institutions hospitalières (Broughton, 2001). La section suivante permet d'identifier quelques avancées des connaissances sur la santé physique, mentale et psychosociale des cadres gestionnaires infirmiers.

État des connaissances sur la santé physique, psychologique et psychosociale des cadres gestionnaires infirmiers

Les études montrent que les cadres gestionnaires infirmiers ont été l'objet de peu d'études sur leur santé. Ce constat implique qu'à ce jour, il n'est pas possible de relever, dans les écrits, des données probantes permettant de nourrir une réflexion sur les dimensions caractérisant positivement et négativement la santé au travail des cadres gestionnaires infirmiers. D'ailleurs, Laschinger, Almost, Purdy et Kim (2004) résument ainsi l'état actuel des connaissances sur la santé et l'environnement psychosocial du travail des cadres gestionnaires infirmiers :

> *« Il est surprenant que peu d'études ont été entreprises pour examiner les impacts du changement organisationnel sur les chefs d'unité en soins infirmiers quant à leur qualité de vie au travail, à la satisfaction au travail ou à l'impact sur leur santé physique et mentale » (traduction libre, p. 89).*

En revanche il apparaît, au regard des quelques recherches sur le sujet, qu'une proportion alarmante de gestionnaires du réseau de la santé québécois dit subir les effets négatifs de leurs conditions de travail sur leur santé et sur leur vie personnelle. C'est ce que révèle un sondage effectué auprès des membres de l'association des gestionnaires[1] des établissements de santé et de services sociaux (Multi Réso, 1999). Les gestionnaires interrogés (*n* = 496) considèrent que le nombre d'heures de travail effectuées par semaine a des effets négatifs notables sur leur santé (56 % des répondants) et sur leur vie personnelle (57 %). Dans le même ordre d'idées, les résultats d'une étude récente (Bourbonnais, Vézina, Durand, Lavoie-Tremblay, Viens, Vinet *et al.*, 2001a et 2001b) brossent un portrait alarmant de l'environnement psychosocial de travail de plusieurs centres d'hébergement et de soins de longue durée (*n* = 14) de la région de Québec. Ils soulignent l'urgence de mieux connaître l'environnement psychosocial de travail des cadres gestionnaires infirmiers et ce, malgré la petite taille de l'échantillon de cadres (n = 34). En effet, 56 % des cadres interrogés rapportent un niveau des plus élevés de détresse psychologique par rapport aux autres intervenants participant à l'étude. Près de 12 % des cadres ont une santé moyenne ou mauvaise comparée aux autres professionnels du même âge. La perception d'une détérioration de la santé serait la plus élevée chez les cadres. De plus, 41,2 % des cadres répondent éprouver des problèmes de sommeil, le taux le plus élevé après celui de 43,6 % des professionnels de l'équipe multidisciplinaire (médecins, intervenants sociaux, pharmaciens, moniteurs de loisirs et conseillers en milieu de vie).

1. Gestionnaires de différents types d'établissements et détenant des postes de cadres dans le réseau québécois de la santé et des services sociaux.

Lindholm, Dejin-Karlsson, Ístergren et Uden (2003), pour leur part, rendent compte de résultats percutants issus d'une des rares études investiguant une dimension de l'environnement psychosocial de travail des cadres gestionnaires infirmiers : le soutien social. Après avoir étudié la santé et l'absentéisme des cadres gestionnaires infirmiers à l'aide d'un questionnaire auto-administré chez 205 gestionnaires infirmiers suédois, les auteurs rapportent que les gestionnaires, vivant une demande de travail élevée associée à un faible soutien du réseau professionnel, sont prédisposés à présenter une santé physique précaire. Les conclusions des auteurs apportent un éclairage intéressant sur les risques à la santé et sur l'absentéisme des cadres gestionnaires infirmiers lorsque la demande psychologique du travail est élevée et que le soutien social professionnel est faible. Laschinger, Almost, Purdy et Kim (2004) ont exploré, au niveau d'une province canadienne, les facteurs de l'environnement de travail qui affectent la santé et le travail des cadres gestionnaires infirmiers. Les résultats démontrent clairement, auprès de 286 gestionnaires, que ces derniers présentent un taux élevé d'épuisement professionnel et un taux relativement bas du niveau d'énergie. Plus récemment et au Québec, Mayrand-Leclerc (2006) a entrepris, dans le but de répondre aux nombreuses questions laissées en suspend par la revue des écrits sur la santé et l'environnement physique des cadres gestionnaires infirmiers, une étude sur l'exploration de l'environnement psychosocial de travail des cadres gestionnaires infirmiers. Les résultats obtenus auprès de 84 cadres montrent que plus de 13 % des participants rapportent une santé moyenne ou mauvaise, et 41,5 % d'entre eux déclarent avoir des problèmes de sommeil (s'endormir ou rester endormi).

Au niveau de la France, l'étude Presst-Next (2004) nous fournit un certain nombre de données pertinentes. En effet, même si les cadres de santé évoquent une satisfaction au travail équivalente aux infirmières, il s'avère que leur travail quotidien de manageur est souvent compromis par des activités connexes comme la recrudescence des réunions. Ce phénomène n'est pas nouveau mais a tendance à s'intensifier d'année en année devant les responsabilités grandissantes que les cadres doivent assumer. Par conséquent, ils se plaignent de ne plus être suffisamment à l'écoute du personnel, de ne pas connaître suffisamment les patients de leur service, de faire face à une pénurie de personnel sans cesse croissante. D'autres facteurs interviennent comme le manque de reconnaissance du travail par la hiérarchie, le manque de reconnaissance financière et l'augmentation de leur responsabilité sans contre-partie. Il semble que les cadres gestionnaires infirmiers les plus satisfaits exercent dans des structures privées ou dans des hôpitaux de petite et moyenne importance. En revanche, les cadres gestionnaires infirmiers les moins satisfaits œuvrent dans les CHU. Une variable explicative de ce phénomène peut être le soutien social au travail. En effet, il apparaît que la solidarité et l'aide entre équipe semblent être un facteur protecteur de la santé du cadre. Or, il s'avère que, dans certains cas, les cadres se plaignent de ne pas avoir de feed-back sur leur travail, de ne pas avoir accès aux informations en temps réel, de ne pas être écoutés par leur hiérarchie et surtout de ne pas bénéficier parfois d'aide et de supervision dans les situations difficiles (réorganisation de service, redéploiement, conflits avec un partenaire, absentéisme chronique dans des unités, problèmes éthiques, décisions imposées sans concertation avec l'encadrement, cloisonnement entre les services administratifs). Le personnel d'encadrement a souvent l'impression de servir d'enclume entre la direction et le personnel. Ces faits peuvent avoir des répercussions sur leur santé mentale, c'est d'ailleurs ce que l'étude Presst-Next (2004) montre. En effet, il apparaît qu'un cinquième des cadres interrogés se déclare épuisé émotionnellement. De plus, les cadres qui éprouvent des problèmes de santé mentale manifestent des difficultés à se concentrer sur leur travail et à le mener au bout. Ils décrivent aussi, comme les cadres québécois, des problèmes de sommeil, soit des insomnies, soit un sommeil de moindre qualité. Ce constat interroge de très nombreux cadres sur leur santé et le fait d'exercer cette fonction jusqu'à la retraite, ce qui explique le fait que les manageurs ont un désir de plus en plus important de quitter la profession. Bref, il semble que les soucis rencontrés par les cadres québécois et français soient similaires, ce qui laisse supposer, dans ces pays, une détérioration des conditions de travail et d'exercice de leur fonction. Les répercussions de ce constat sur la structure hospitalière, son organisation, sur la santé du personnel soignant et sur la qualité de soins et la sécurité du patient ne sont pas documentées, ce qui mériterait une plus ample investigation.

Dans un registre similaire, Cadet (2000) évoque le « malaise des cadres », lequel s'exprime par des démissions, l'expression de démotivation et du mécontentement et une baisse d'intérêt des infirmières en exercice à s'engager dans une carrière de cadre gestionnaire. C'est aussi ce qu'ont relevé des entrevues réalisées auprès de 15 infirmières chefs visant à explorer leurs besoins en formation continue (Gould *et al.*, 2001a). Sans aborder explicitement le sujet de la démotivation, les chercheurs ont noté une grande insatisfaction chez les cadres gestionnaires infirmiers interrogés, certains d'entre eux déclarant vouloir quitter ce poste trop exigeant ainsi que la profession infirmière.

Bref, il semble que la santé physique et mentale des cadres gestionnaires infirmiers n'a été, en somme, qu'effleurée par la recherche. Une prolifération d'articles anecdotiques ou d'opinions est plutôt notée, au détriment de recherches valides sur le plan méthodologique. En revanche, le portrait inquiétant des problèmes de santé des cadres gestionnaires infirmiers relevés par les études [2] souligne l'urgence de la situation actuelle. Pour mieux attirer et retenir ces derniers, il importe de mieux comprendre et tenir compte de leurs besoins et des aspects sociaux, psychologiques et physiques de l'environnement de leur travail.

Il faut tenter de combler, en partie, les lacunes en termes de littérature sur la santé physique, mentale et psychosociale des cadres gestionnaires infirmiers. Les facteurs d'attraction et de rétention des cadres gestionnaires infirmiers devront aussi être revus afin de préserver autant la qualité des soins que la santé organisationnelle des établissements (Moss & Garside, 2001 ; Simons, 2003). Ainsi, pour contrer l'épuisement et surmonter les difficultés d'attraction et de rétention des cadres gestionnaires infirmiers, il faudrait tenir compte d'un

2. Bartlett & Davidhizar, 1999 ; Bennett & Lando, 1999 ; Cadet, 2000 ; Darling & McGrath, 1983 ; Dooley & Hauben, 1979 ; Gould, Kelly et Maidwell, 2001b ; Jennings, 1986 ; Thornton, 1982.

éventail de besoins psychologiques, sociaux et physiques (McConville & Holden, 1999) actuellement non comblés. Simons (2003) rappelle aux directrices de soins et aux administrateurs l'importance d'identifier les circonstances favorables permettant de rencontrer les besoins des cadres. L'auteur rappelle qu'« aucune organisation ne peut se permettre de considérer les cadres comme une dépense parmi d'autres, mais plutôt un actif important dans le bilan organisationnel d'un établissement » (traduction libre, p. 70). Le besoin de relever le niveau de satisfaction des cadres gestionnaires infirmiers renvoie à l'urgence de mieux connaître leur santé et leur environnement de travail.

Conclusion

La santé au travail reste un sujet d'actualité et de préoccupation constante. En effet, au-delà de la pénurie grandissante dans différents pays, il n'en demeure pas moins que ces femmes et ces hommes qui prennent soin de leurs semblables doivent pouvoir espérer que leur travail soit source de développement, de questionnement, d'épanouissement et d'accomplissement. En effet, les métiers de la relation d'aide ne sont pas de simple choix d'orientation pour « gagner sa vie » mais reflètent une volonté d'implication personnelle dans une relation à l'autre. À l'heure actuelle, dans les pays industrialisés, il est aisé de constater, selon les différents indicateurs présentés, que les infirmières sont confrontées à des problèmes importants de santé mentale au travail trouvant leur origine à la fois dans la présence de multiples stresseurs physiques, psychologiques et sociaux, mais aussi dans un environnement de travail psychosocial qui n'apparaît pas optimal. De plus, la profession étant majoritairement féminine, la femme infirmière doit faire face à de multiples tâches en tant que femme, mère et infirmière. En outre, il semble que la hiérarchie de la profession soit aussi touchée par des problématiques de santé au travail, ce qui mérite aussi toute notre attention car les recherches sur le sujet sont peu nombreuses. Devant ce constat, plusieurs sources explicatives sont proposées dans ce livre, afin d'apporter une réflexion et proposer des actions non seulement pour soi, mais aussi pour les équipes de soins. Enfin, devant les défis à relever par les professionnels de l'aide au sein du système de santé, il apparaît urgent de « prendre soin » des professionnels qui « prennent soin » de leurs semblables, ce qui reviendrait à poser un regard humain sur ces personnes mais aussi sur les structures dans lesquelles elles exercent leur art. Les infirmières aiment leur profession, elles n'aiment pas leur poste de travail, alors faisons que ce monde du travail devienne un lieu de croissance.

Références

■ Adamson B, Kenny D, Wilson-Barnett J. The impact of perceived medical dominance on the workplace satisfaction of Australian and British nurses. *Journal of Advanced Nursing* 1995 ; 21 (1) . 172-183.

■ Aiken L, Clarke S, Sloane D, *et al.* Nurses' reports on hospital care in five countries. *Health Affaire* 2001 ; 20 (3) : 43-53.

■ Al-Aameri AS. Job satisfaction and organizational communient for nurses. *Saudi Medical Journal* 2000 ; 21 (6) : 531-535.

■ Armstrong-Stassen M, Cameron SJ, Horsburgh ME. The impact of organizational downsizing on the job satisfaction of nurses. *Canadian Journal of Nursing Administration* 1996 ; 9 (4) : 8-32.

■ Armstrong-Stassen M, Keil J, Cameron SJ, Horsburgh ME. *Predictors of nurses' reactions following hospital downsizing.* Washington DC: APA-NIOSH, 1995.

■ Arsenault A, Dolan S. The role of personality, occupation and organisation in understanding the relationship between job stress, performance and absenteeism. *Journal of Occupational Psychology* 1983 ; 56 : 227-240.

■ Bailit JL, Blanchard MH. The effect of house staff working hours on the quality of obstetric and gynecology care. *Obstetrics and Gynecology* 2004 ; 103 (4) : 613-616.

■ Bakker AB, Le Blanc PM, Schaufeli WB. Burnout contagion among intensive care nurses. *Journal of Advanced Nursing* 2005 ; 51 (3) : 276-287.

■ Bartlett D, Davidhizar R. What the nurse manager can do to avoid an ulcer. *Seminars for Nurse Managers* 1999 ; 7 (2) : 67-70.

■ Baumann A, O'Brien-Pallas L, Armstrong-Stassen M, *et al. Engagement et soins : les avantages d'un milieu de travail sain pour le personnel infirmier, leurs patients et le système* Ottawa: Fondation canadienne de la recherche sur les services de santé et The Change Foundation, 2001.

■ Bedard D, Duquette A. L'épuisement professionnel : un concept à préciser. *L'Infirmière du Québec* 1998 ; 6 (1) : 18-23.

■ Bennett SM, Lando AR. Manager, manage thyself! *Seminars for Nurse Managers* 1999 ; 7 (2) : 63-66.

■ Billeter-Koponen S, Freden L. Long term stress, burnout and patient-nurse relations: qualitative interview study about nurses'experiences. *Scandinavia Journal Caring Science* 2004 ; 19 (1) : 20-27.

■ Blau GJ, Boal KP. Conceptualizing how job and organizational commitment affect turnover and absenteeism. *Academy of Management Review* 1987 ; 12 (2) : 288-300.

■ Blau GJ, Lunz M. Testing the incremental effect of professional commitment on intent to leave one's professional beyond the effects of external, personal and work-related variables. *Journal of Vocational Behavior* 1998 ; 52 (2) : 260-269.

■ Blegen M. Nurses' job satisfaction: a meta-analysis of related variables. *Nursing Research* 1993 ; 42 (1) : 36-41.

■ Bourbonnais R, Comeau M, Dion G, Vézina M. Job strain, psychological distress, and burnout in nurses. *American Journal of Industrial Medicine* 1998 ; 34 (1) : 20-28.

■ Bourbonnais R, Mondor M. Job strain and sickness absence among nurses in the province of Québec. *American Journal of Industrial Medicine* 2001 ; 39 (2) : 194-202.

■ Bourbonnais R, Vézina M, Durand P, *et al. Portrait global de l'environnement psychosocial au travail et la santé des intervenant(e)s de la Résidence Le Faubourg.* Québec, 2001a.

■ Bourbonnais R, Vézina M, Durand P, *et al. Portrait global de l'environnement psychosocial au travail et la santé des intervenant(e)s du Centre d'Hébergement Saint-Joseph.* Québec, 2001b.

■ Bourbonnais R, Vinel A, Vezina M. Certified sick leave and work load: a case referent study among nurses. *Journal of Occupational Medecine* 1992 ; 34 (1) : 69-74.

■ Broughton H. *Leadership dans la profession infirmière : pour utiliser notre force.* Ottawa : Association des infirmières et infirmiers du Canada, 2001.

■ Bureau de la politique des soins infirmiers. *Healthy Nurses, Healthy Workplaces. Compte rendu de la réunion nationale de consultation des intervenants.* Ottawa : Santé Canada, 2001.

■ Burnard P, Morrison P, Phillips C. Job satisfaction amongst nurses in an interim secure forensic unit in Wales. *Australian and New Zealand Journal of Mental Health Nursing* 1999 ; 8 : 9-18.

■ Cadet D. Comment peut-on être cadre en l'an 2000 ? *Soins Cadres* 2000 : 41-42.

■ Cavanagh S, Coffin D. Staff turnover among hospital nurses. *Journal of Advanced Nursing* 1992 ; 17 (11) : 1369-1376.

■ Chadwick-Jones JK, Nicholson N, & C., B. *Social psychology of absenteeism.* New York : Praeger, 1982.

■ Chu C, Hsu HM, Priée JL, Lee JY. Job satisfaction of hospital nurses: an empirical test of a causal model in Taiwan. *International Nursing Review* 2003 ; 50 (3) : 176-182.

■ Coffe M. Stress and burnout. *Journal of Psychiatric and Mental Health Nurses* 1999 ; 6 : 433-443.

■ Cohen A. An examination of the relationship between work commitment and work outcomes among hospital nurses. *Scandinavia Journal of Management* 1998 ; 14 (1-2) : 1-17.

■ Cohen A. Relationships among flve forms commitment: an empirical assessment. *Journal of Organizational Behaviour* 1999 ; 20 (3) : 285-308.

■ Conrad KM, Conrad KJ, Parker JE. Job satisfaction among occupational health nurses. *Journal of Community Health Nursing* 1985 ; 2 (3) : 161-173.

■ Darling LA, McGrath LG. The causes and costs of promotion trauma. *Journal of Nursing Administration* 1983 ; 13 (4) : 29-33.

■ Delmas P. *Les relations entre la hardiesse, la perception des stresseurs et l'épuisement professionnel d'infirmières françaises*. Paper presented at the Recueil des résumés des communications du troisième colloque Alice Girard, Montréal, 1999.

■ Delmas P, Duquette A, Bourdeau M, Pronost AM. Effet d'un programme de renforcement de la hardiesse, sur la hardiesse, le stress perçu, les stratégies de coping et la qualité de vie au travail d'infirmières françaises. *Infirmière clinicienne* 2004 ; 1 (1) : 12-24.

■ Delmas P, Gagnon L, Pronost AM. Le stress : une histoire, des modèles. In : *Éviter le management panique, la santé au travail pour les cadres gestionnaires et leur équipe.* Paris : Éditions Lamarre, 2006.

■ Dionne-Proulx J. Bilan des causes d'invalidité chez les infirmières québécoises. *Canadian Journal of Nursing Research* 1993 ; 25 (3) : 59-63.

■ Dolan N. The relationship between burnout and job satisfaction in nurses. *Journal of Advanced Nursing* 1987 ; 12 (1) : 3-12.

■ Dooley SL, Hauben J. From staff nurse to head nurse: a trying transition. *Journal of Nursing Administration* 1979 ; 9 (4) : 4-7.

■ Duquette A, Delmas P. Le travail menace-t-il la santé mentale des infirmières (deuxième partie). *Soins cadre* 2001 ; 39 : 65-68.

■ Duquette A, Delmas P. Le travail menace-t-il la santé mentale des infirmières (première partie). *Soins cadre* 2001 ; 38 : 68-71.

■ Duquette A, Delmas P. Le travail menace-t-il la santé mentale des infirmières (troisième partie). *Soins cadre* 2001 ; 40 : 63-65.

■ Duquette A, Kérouac S, Sandhu B, Saulnier P. *Étude longitudinale de déterminants psychosociaux de la santé au travail de l'infirmière en gériatrie* (Rapport de recherche présenté au conseil québécois de la recherche sociale). Montréal : Université de Montréal, 1995.

■ Ericksen W, Bruusgaard D, Knardahl. Work factors as predictors of sickness absence: a three month prospective study of nurses'aides. *Occupational environmental Medecine* 2003 ; 60 : 271-278.

■ Fang Y. Turnover propensity and its causes among Singapore nurses: an empirical study. *International Journal of Human Resource Management* 2001 ; 12 (5) : 859-871.

■ Feskanich D, Hastrup JL, Marshall JR, *et al.* Stress and suicide in the Nurses' Health Study. *Journal Epidemiology Community Health* 2002 ; 56 (2) : 95-98.

■ Foxall M, Zimmerman L, R., S., & ., B. B. A comparison of frequency and sources of nursing job stress perceived by intensive care, hospice and medical-surgical nurses. *Journal of Advanced Nursing* 1990 ; 15 (5) : 577-584.

■ French SE, Lenton R, Walters V, Eyles J. An empirical evaluation of an expanded nursing stress scale. *Journal of Nursing Measurement* 2000 ; 8 (2) : 161-178.

■ Freudenberger HJ. Staff burnout. *Journal of Social Issues* 1974 ; 30 (1) : 159-165.

■ Freudenberger HJ, Richelson G. *The high cost of high achievement*. New York : Anchor Press, 1980.

■ Fuortes LJ, Shi Y, Zhang M. Epidemiology of back injury in university hospital nurses from review of workers' compensation records and a case-control survey. *Journal of Occupational Medecine* 1994 ; 36 (9) : 1022-1026.

■ Gillespie M, Melby V. Burnout among nursing staff in accident and emergency and acute medecine: a comparative study. *Journal Of Clinical Nursing* 2003 ; 12 (6) : 842-51.

■ Gould D, Kelly D, Goldstone L, Maidwell A. The changing training needs of clinical nurse managers: exploring issues for continuing professional development. *Journal of Advanced Nursing* 2001 ; 34 (1) : 7-17.

■ Gray P. *Mental Health in the Workplace; Tackling the Effects of Stress.* London : Mental Health Foundation, 2000.

■ Gray-Toft P, Anderson JG. The Nursing Stress Scale: Development of an instrument. *Journal of Behavior Assessment* 1981 ; 3 (1) : 11-23.

■ Gray-Toft P, Anderson JG. Stress among hospital staff: Its causes and effets. *Social Science Medicine* 1981 ; 15 : 639-47.

■ Groenestijn E, Buunk BP, W.B., S. Her besmettingsgevaar bij burnout: De rol van sociale vergetijkingsprocessen [The danger of burnout contagion: the role of social comparison processes]. In : B. A. P. Meertens RW, van Lange PAM, Verplanken B (eds), *In Sociale psychologie, beïnvloeding van inlermenseljjke en gezondheidsproblemen*. The Hague, The Netherlands : VUGA, 1992 : 88-103.

■ Guerin G, Wils T, Lemire L. Démobilisation chez les professionnels salariés : une mise à l'épreuve du modèle des attentes insatisfaites. *Revue de Gestion des Ressources Humaines* 2002 ; avril-juin : 64-79.

■ Hegney D, Plank A, Parker V. Nursing workloads: the results of a study of Queensland nurses. *Journal of Nursing Management* 2003 ; 11 (5) : 307-14.

■ Herzberg F, Mausner B. *The Motivation to Work* (second ed). New York : Wiley, 1959.

■ Hong Lu, Alison E, While K, Barribal L. Job satisfaction among nurses: a litterature rewiev. *International Journal of Nursing Studies* 2004 ; 42 (2) : 211-27.

■ Jakob SM, Rolhen HU. Intensive care 1980-1995: change in patient characteristics, nursing workload and outcome. *Intensive Care Medicine* 1997 ; 23 (11) : 1165-70.

■ Janssen N, Kant IJ, Swaen MH, Janssen PPM, Schoer CPA. Fatigue as a predictor of sickness absence: results from the Maastricht cohort study on fatigue at work. *Occupational & Environmental Medecine* 2003 ; 60 : 1-13.

■ Jaoul G, Kovess V. Le burnout dans la profession enseignante. *Annales Médico Psychologiques* 2004 ; 163 (1) : 26-35.

■ Jennings BM. Stress among head nurses: where's the evidence? *Journal of Nursing Administration* 1986 ; 16 (7-8) : 6, 12.

■ Joinson G. Re-creating the indifferent employee. *HR Magazine* 1996 ; août : 77-80.

■ Jones JW. *The burnout syndrom: current research, theory, interventions.* Park Ridge : London House, 1981.

■ Jones JW. Le syndrome de l'épuisement du personnel. *Revue de modification du comportement* 1982 ; 12 : 217-29.

■ Karaseck RA, Theorell T. *Healthy work, stress, productivity, and the reconstruction of working life.* New York : Basic Book, 1990.

■ Karasek R, Theorell T. *Healthy work: Stress, productivity and the reconstruction of working life.* New York : Basic Books, 1990.

■ Keeman A, Newton T. Some antecedents and consequences of frustration in organizations. *Journal of Occupational Psychology* 1984 ; 57 : 57-66.

■ Kirkcaldy BD, Martin T. Job stress and satisfaction among nurses: individual differences. *Stress Medecine* 2000 ; 16 (2) : 77-89.

■ Knoop R. Relationships among job involvement, job satisfaction and organizational commitment for nurses. *The Journal of Psychology* 1995 ; 129 (6) : 643-47.

■ Kobasa CS. *Stress, personnality and health. A study of an overlooked possibility.* Unpublished thesis, University of Chicago, 1977.

■ Kuhlen RG. Needs, perceived need satisfaction opportunities, and satisfaction with occupation. *Journal of Applied Psychology* 1963 ; 15 (1) : 56-64.

■ Lambert V, Lambert V. Literature review of role stress/strain on nurses: An international perspective. *Nursing Health Science* 2001 ; 3 (3) : 161-72.

■ Landeweerd JA, Boumans NPG. Nurses' work satisfaction and feelings of health and stress in three psychiatrie departments. *International Journal of Nursing Studies* 1988 ; 25 (3) : 225-34.

■ Langemo KD. Impact of work stress on female nurse educators. *Image* 1990 ; 22 (3) : 159-62.

■ Laschinger HK, Almost J, Purdy N, Kim J. Predictors of nurse managers' health in Canadian restructured healthcare settings. *Canadian Journal of Nursing Leadership* 2004 ; 17 (4) : 88-105.

■ Laschinger HK, Finegan J, Shamian J, Almost J. Testing Karasek's Demands-Control Model in restructured healthcare settings: effects of job strain on staff nurses' quality of work life. *Journal of Nursing Administration* 2001 ; 31 (5) : 233-43.

■ Lavanco G. Burnout syndrome and type a behavior in nurses and teachers in Sicily. *Psychological Reports* 1997 ; 81 (2) : 523-28.

■ Lazarus RS, Folkman S. *Stress, appraisal and coping.* New York : Springer, 1984.

■ Lee I, Wang HH. Perceived occupational stress and related factors in community nurses. *Journal of Nursing Research* 2002 ; 10 (4) : 253-60.

■ Lindholm M, Dejin-Karlsson E, Ístergren P, Uden G. Nurse managers' professional networks, psychosocial resources and self-rated health. *Journal of Advanced Nursing* 2003 ; 42 (5) : 506-15.

■ Lu H, While AE, Barribal L. Job satisfaction among nurses: a literature review. *International Journal of Nursing Studies* 2004 ; 42 (2) : 211-27.

■ Major A. *Relations entre les dimensions de la hardiesse et celle de l'épuisement professionnel d'infirmières nouvellement diplômées.* Unpublished Mémoire de maîtrise, Université de Montréal, 1995.

■ Marmot MA, Feeney MS. Sickness absence as a measure of health status and functioning: from the UK Whitehall II study. *Journal of Epidemiology and Community Health* 1995 ; 49 (2) : 124-30.

■ Maslach C. Burn-out. *Human Behavior* 1976 ; 5 (9) : 16-22.

■ Maslach C. The burnout syndrome and patient care. In : CA. Garfield (ed), *Stress and survival: the emotional reality of life threatening illness.* Saint Louis : Mosby, 1979 : 113-14.

■ Maslach C. *Burnout the cost of caring.* New Jersey : Prentile Hall, 1982.

■ Maslach C, Jackson SE. *Maslach Burnout Inventory, Research edition.* Palo Alto : Psychologist Press, 1981.

■ Maslach C, Jackson SE. *Maslach Burnout Inventory Manual* (2nd ed.). Palo Alto Consulting Psychologists Press, 1986.

■ Maslow A. *Motivation and Personality.* New York : Harper and Row, 1954.

■ Mathieu L, Mayrand Leclerc M. Gestionnaires mobilisateurs demandés. In : *Optimisez votre environnement de travail en soins infirmiers.* Cap-Rouge: Éditions Presses Inter Universitaires, 2002 : 127-47.

■ Mayrand-Leclerc M. *Descriptions et stratégies optimisant l'environnement psychosocial du travail des chefs d'unité(s) de soins infirmiers de centres hospitaliers de soins généraux et spécialisés de la région de Montréal.* Unpublished Thèse de doctorat, Université Laval, Québec, 2006.

■ Mc Conville T, Holden L. The filling in the sandwich: HRM and middle managers in the health sector. *Personnel Review* 1999 ; 28 (5-6) : 406-24.

■ Mc Manus IC, Winder BC, Gordon D. The causal links between stress and burnout in a longitudinal study of UK doctors. *Lancet* 2002 ; 359 (9323) : 2089-90.

■ Mc Vicar A. Workplace stress in nursing: a literature review. *Journal of Advanced Nursing* 2003 ; 44 (6) : 633-42.

■ Mechanic D. Mental health and mental illness: definitions and perspectives. In : SAV. Horwitz TL (ed), *A Handbook for the Study of Mental Health: Social Contexts, Theories, and Systems.* New York: Cambridge University Press, 1999 : 29-58.

■ Melchoir M, Philipsen H, Gassman P. The effectiveness of primary nursing on burnout among psychiatric nurses on long stay setting. *Journal of Advanced Nursing* 1996 ; 24 (4) : 694-702.

■ Meyer J, Allen N. A Three-component conceptualization of Organizational commitment. *Human Resource Management Review* 1991 ; 1 (1) : 69-81.

■ Meyer J, Allen N. *Commitment in the Workplace.* Thousand Oaks : Sage publications, 1997.

■ Michaud S. *Relations entre les caractéristiques de l'environnement de travail et l'épuisement professionnel d'infirmières en service d'urgence.* Unpublished Mémoire de maîtrise, Université de Montréal, Montréal, 1991.

■ Moss F, Garside P. Leadership and learning: building the environment for better, safer health care. *Quality in Health Care* 2001 ; 10 (Suppl 2) : ii1-ii2.

■ Mowday R, Porter L, Steers R. *Employée-organisation linkages: the psychology of commitment, absenteism and turnover.* New York : Académie Press, 1982.

■ Multi Réso. *Sondage sur les conditions de travail des membres de l'AGESSS.* Montréal : Multi Réso, 1999.

■ Nicholson N, Arnold J. From expectations to experiences: Graduates entering a large corporation. *Journal of Organizational Behavior* 1991 ; 12 (5) : 413-29.

■ Nolan M, Nolan J, Grant G. Maintaining nurses' job satisfaction and morale. *British Journal of Nursing* 1995 ; 4 (9) : 1148-54.

■ Nuwayhid IA, Steward W, Johnson JV. Work activities and the onset of first-time low back pain among New York City fire fighters. *American Journal of Epidemiology* 1993 ; 137 (5) : 539-48.

■ O'Brien-Pallas L, Thomson D, Alksnis C, Bruce S. The economic impact of nurse staffing decisions: time to turn down another road? *Hospital Quarterly* 2001 ; 4 (3) : 42-50.

■ Organ D. *Organizational citizenship behavior: The good soldier syndrome.* Lexington : Lexington books, 1988.

■ Paille P. Engagement organisationnel, intention de retrait et comportements citoyens : l'influence de la satisfaction au travail. *Revue de Gestion des Ressources Humaines* 2004 ; 52 : 31-45.

■ Payne N. Occupational stressors and coping as determinants of burnout in female hospice nurses. *Journal of Advanced Nursing* 2001 ; 33 (3) : 396-405.

■ Phillips S. Laboring the emotions : expanding the remit of nursing work? *Journal of advanced Nursing* 1996 ; 24 (1) : 139-43.

■ Pines AM, Aronson E, Kafry D. *Burnout from tedium to personal growth.* New York : Free Press, 1981.

■ Priée JL. Reflections on the determinants of voluntary turnover. *International Journal of Manpower* 2001 ; 22 (7) : 600-24.

■ Raelin J. *The Salaried Professional.* New York : Praeger, 1984.

■ Raelin J, Sholl C, D., L. Why professionals turn sour and what to do. *Personnel* 1985 ; 62 (10) : 28-41.

■ Sanlos SR, Carroll CA, Cox KS, *et al.* Baby boomer nurses bearing the burden of care: a four-site study of stress, strain. and coping for inpatient registered nurses. *Journal of Nursing Administration* 2003 ; 33 (4) : 243-50.

■ Schmits N, Newmann W, Oppermann R. Stress, burnout and locus of control in German nurses. *International Journal of Nursing Studies* 2000 ; 37 (2) : 95-99.

■ Sea Y, Ko J, Price JL. The determinant of job satisfaction among hospital nurses : a model estimation in Korea. *International Journal of Nursing Studies* 200 ; 41 (4) : 437-46.

■ Shader K, Broome ME, Broome C, Wesl ME, M., N. Factors influencing satisfaction and anticipated turnover for nurses in an academie medical center. *Journal of Nursing Administration* 2001 ; 31 (4) : 210-16.

■ Shain M, Kramer DM. Health promotion in the workplace: framing the concept, reviewing the evidence. *Occupational & Environmental Medecine* 2004 ; 61 (7) : 643-48.

■ Shirom A. Job related burnout: a review. In : L.E. Quick J.C & Tetrick (eds), Handbook of *Occupational Health psychology.* Washington : American Psychological Association, 2003 : 245-64.

■ Siegrist J. Adverse health effects of high effort low reward conditions. *Journal of Occupational Health Psychology* 1996 ; 1 (1) : 27-41.

■ Simons SL. Nurse managers: the ties that bind. *Neonatal Network* 2003 ; 22 (5) : 69-71.

■ Siu OL. Predictors of job satisfaction and absenteeism in two samples of Hong Kong nurses. *Journal of Advanced Nursing* 2002 ; 40 (2) : 218-29.

■ Sochalski J. Is more better? The relationship between nurse staffing and the quality of nursing care in hospitals. *Medical Care* 2004 ; 42 (2 Suppl) : II67-II73.

■ Spector PE. *Job Satisfaction: Application, Assessment, Causes, and Consequences.* London : Sage Publications, 1997.

■ Stordeur S, D'Hoore W, Se Vandenberghe C. Leadership; organisational stress and emotional exhaustion among hospital nursing staff. *Journal of Advanced Nursing* 2001 ; 35 (4) : 533-42.

■ Stundin-Huard D, Fahy K. Moral distress, advocacy and burnout: theorizing the relationships. *International Journal of Nursing Practice* 1999 ; 5 (1) : 8-13.

■ Tarnow-Mordi WO, Hau C, Warden A, Shearer AJ. Hospital mortality in relation to staff workload: a 4-year study in an adult intensive-care unit. *Lancet* 2000 ; 356 (9225) : 185-89.

■ Thevenet M. *Impliquer les personnes dans l'entreprise.* Paris : Éditions Liaisons, 1992.

■ Thornton NF. Change-over to head nurse. *Nursing Management* 1982 ; 13 (3) : 52-53.

■ Tovey E, Adams A. The changing nature of nurses'job satisfaction: an exploration of sources of satisfaction in the 1990s. *Journal of Advanced Nursing* 1999 ; 30 (1) : 150-58.

■ Tyler PA, Ellison RN. Sources of stress and psychological well-being in high-dependency nursing. *Journal of Advanced.Nursing* 1994 ; 19 (3) 469-76.

■ Vahtera J, Pentti J, Uutela A. The effect of objective job demands on registered sickness absence spells: Do personal, social and job-related resources act as moderators? *Work and Stress* 1996 ; 10 (4) : 286-308.

■ Vos M, Floredus B, Dicherichen F. Physical, psychological and organizational factors relative to sickness absence: a study based on Sweden Post. *Occupational Environmental Medecine* 2001 ; 58 (3) : 178-84.

■ Wheeler H. Nurse occupational stress research 2: definition and conceptualization. *British Journal of Nurses* 1997 ; 6 (12) : 710-13.

■ Williams S, Michie S, Se Pattani S. *Improving the Health of, the NHS Workforce.* London : The Nuffield Trust, 1998.

■ Worf MG. Need gratification theory: a theoretical reformulation of job satisfaction/dissatisfaction and job motivation. *Journal of Applied Psychology* 1970 ; 54 (1) : 87-94.

■ Wynne R, Clarkin N, McNieve A. *The Experience of Stress Amongst Irish Nurses.* Dublin : Work Research Centre, 1993.

■ Yin JC, Yang KP. Nursing turnover in Taiwan: a meta-analysis of related factors. *International Journal of Nursing Studies* 2002 ; 39 (6) : 573-81.

II

La santé au travail vue sous l'angle de la personnalité

2

Le stress : une histoire, des modèles

Philippe Delmas, Louise Gagnon et Anne-Marie Pronost

Les concepts de stress et de coping exercent depuis longtemps une fascination auprès de tous, que ce soit dans un contexte professionnel ou sur un plan personnel. C'est ainsi que le stress est considéré par certains comme inévitable tandis que d'autres tentent par tous les moyens de l'éviter, le rendant responsable de tous les maux. Pour d'autres encore, il apparaît nécessaire et agit, jusqu'à un certain point, comme un stimulant dans l'atteinte d'objectifs. L'évolution du concept du stress ainsi que de son complément, compagnon inséparable, le concept de coping, dont la définition la plus commune explicite une capacité à faire face, mérite que nous nous y attardions dans le but de mieux comprendre toutes les nuances propres à leur développement et, par le fait même, impliquées dans le portrait actuel du paradigme stress-coping. De plus, un accent particulier sera porté sur un changement important dans la conception du stress, dû à une nouvelle façon d'appréhender les concepts de santé et de maladie : l'approche de la santé sous une vision positive proposée par Antonovsky (1979). Ainsi, dans un premier temps, nous retracerons les ancêtres du mot « stress » pour en arriver à ses premières utilisations puis nous suivrons les diverses approches explicatives des concepts de stress et de coping. La deuxième partie portera sur un moment important dans l'histoire de la conception du stress et du monde en général, en considérant le stress comme un facteur de santé (Antonoswsky, 1979). La troisième partie explicitera une caractéristique de la personnalité développée par Antonovsky (1993), le sens de la cohérence, qui permet une approche dynamique du stress et ouvre une nouvelle voie qui servira d'assise aux conceptions actuelles du stress.

Le stress : sémantique et historique

Le concept de stress est apparu bien avant que le mot lui-même ne soit utilisé, tel que nous le rapportent, entre autres, Holmes et Rahe (1967) ainsi que Lazarus et Folkman (1984). La préhistoire constitue un premier repère significatif de stress lié à la lutte pour la survie, à la maîtrise des éléments (froid et chaleur), au travail physique ardu et à la vigilance continuelle pour la protection des siens. Par la suite, en Grèce, le « père de la médecine », Hippocrate, relie maladie et lutte du corps en vue de recouvrer la santé : il met ainsi en avant le fait que la maladie découle d'une rupture de l'équilibre. Notons dès maintenant que plusieurs termes sont cités et proposés comme apparentés au mot stress, par leur signification. Au XIVe siècle déjà, nous retrouvons les mots : épreuve, privation, souffrance ou encore gêne, infortune, adversité, chagrin ou affliction. Cependant, d'autres appellations ont davantage marqué leur temps et sont encore bien présentes aujourd'hui dans notre vocabulaire courant, dont certaines étant dues à deux grandes figures scientifiques incontournables pour la compréhension du concept de stress, soit Claude Bernard (1813-1878) et Walter Cannon (1871-1945).

Le physiologiste français Claude Bernard, appelé le fondateur de la médecine expérimentale car il a établi la méthode scientifique en médecine, a décrit, en 1865, le milieu interne du corps et l'importance de maintenir celui-ci constant : il parle de stabilité du milieu interne. Il fait ainsi ressortir cette caractéristique des êtres vivants qui doit s'exprimer dans tous les mécanismes vitaux afin d'éviter une vulnérabilité à la maladie. Le principe de l'homéostasie ainsi décrit sera nommé comme tel plusieurs décennies plus tard par Cannon, neurophysiologiste américain, qui a décrit la complexité et démontré la nécessité de ce processus dans son ouvrage, *The Wisdom of the Body*, en 1939. Les travaux de ces deux scientifiques demeurent des références lorsqu'il est question des réactions de l'organisme à la menace et c'est d'ailleurs à Cannon que nous devons la célèbre formule : « *to fight or to flight* », ce qui revient à dire que les individus mobilisent leur système neuroendocrinien pour se défendre contre l'agression ou se sauver. Il apparaît qu'en plus de l'augmentation de la fréquence cardiaque et de la tension artérielle, des effets métaboliques importants sont constatés, principalement au niveau d'une sécrétion accrue de cortisol et d'adrénaline. Certains auteurs comme Theorell *et al.* (1995) ont identifié des indicateurs plus spécifiques du stress comme la prolactine qui serait un bon reflet de la passivité ou du manque de contrôle en situation de crise. Dans le même ordre d'idées, la sécrétion de testostérone refléterait l'activité anabolique ou la mise en œuvre de stratégies d'adaptation actives face à une situation stressante. Ce courant de recherche est encore à l'heure actuelle très prisé par les biologistes dans le but de pouvoir, à partir de la simple mesure d'hormones du stress (dont le nombre est de plus en plus important), avoir la capacité de fournir un tableau objectif de l'état de stress subi par l'organisme. De façon concomitante aux travaux de Cannon s'effectuent ceux de Hans Selye (1907-1982) qui a joué un rôle prépondérant dans l'augmentation de l'intérêt et de la vulgarisation du concept de stress, entre autres par la publication de son ouvrage intitulé *Stress sans détresse* (1974). Ses travaux illustrent la première approche connue pour expliquer le phénomène du stress.

Diverses approches pour la compréhension du phénomène du stress

Trois approches principales sont connues pour illustrer la compréhension du concept de stress. Chacune d'elles a contribué à l'élaboration du savoir qui a mené à l'état actuel des connaissances dans le domaine. Lazarus et Folkman (1984) les décrivent de la façon suivante : le stress comme « stimulus », le stress comme « réaction », le stress comme « interaction ». Ces trois approches vont être décrites dans les paragraphes suivants.

Le stress comme « stimulus »

Le stimulus stressant fait référence à un ou des événements de l'environnement qui affectent la personne. Ces derniers peuvent concerner une personne ou encore un ensemble de personnes. Dans ce dernier cas, les événements majeurs dramatiques, telles les guerres ou les catastrophes naturelles, ont suscité beaucoup de recherches sur le stress par l'ampleur de leurs possibles conséquences. En revanche, les chercheurs se sont également intéressés à la vie quotidienne et à ses tracasseries répétitives et cumulatives, sources de tension qui exigent parfois d'énormes efforts d'adaptation. Bien que les situations stressantes aient été scrutées, classifiées, selon de nombreux critères (dont la durée, le caractère aigu ou chronique ou encore le contenu), il est apparu que la réaction à ces dernières diffère selon l'individu impliqué et même plus, chez le même individu pour un même stimulus. Dans cette optique, un événement ne contient pas nécessairement en soi un potentiel stressant. Il devient donc plus pertinent de parler d'événements de la vie plutôt que d'événements stressants ou traumatisants de la vie comme c'est le cas pour *The Social Readjustment Rating Scale* de Holmes et Rahe (1967) appelée en France « échelle d'évaluation du réajustement social ». Cette échelle, fort connue, tente en effet de mesurer les répercussions de 43 événements stressants, tenant compte des efforts que doit faire la personne pour s'y adapter. Holmes et Rahe (1967) ont établi un poids standard pour chaque item en demandant à 394 sujets représentatifs de la population de donner, sur une échelle graduée de 0 à 100, le score de réajustement personnel qu'exigerait chaque événement s'il survenait dans leur vie en imposant un score arbitraire de 50 conféré au mariage. C'est ainsi que la pondération de 100 fut attribuée au décès du conjoint, de 73 au divorce et ainsi de suite pour les autres événements stressants. Le score total du stress de vie d'une personne est calculé en additionnant les scores pondérés de chaque événement que le sujet rapporte sur une période allant de six à vingt-quatre mois. Cette approche a suscité de nombreux travaux intéressants. L'étude de Rahe, Mahan et Arthur (1970), auprès de 2 500 marins embarqués pour six à huit mois, a montré un lien entre le nombre d'événements stressants ayant lieu avant l'embarquement et le nombre de maladies déclarées durant la navigation. D'autres études menées par ces chercheurs ont montré que 70 % des sujets qui avaient obtenu un score de 300 ainsi que 50 % des sujets qui ont eu un score entre 150 et 300 ont développé une maladie dans l'année qui a suivi la mesure. Bien que cette approche ait été largement utilisée dans les études sur le stress, elle a été soumise aussi à une critique très importante qui limite à l'heure actuelle son utilisation. En effet, l'attribution d'un score pour chacun des événements demeure discutable si nous adhérons au courant de pensée qui personnalise les réactions face à tout événement de la vie. C'est d'ailleurs cette vision qui nous amène à la deuxième approche explicative du stress, celle axée sur les réactions.

Le stress : une réaction

Cette approche est d'emblée identifiée à Hans Selye, figure emblématique de la recherche sur le stress et acteur important au niveau de la vulgarisation des connaissances qui s'y rapportent. Selye stipule que le stress constitue la réaction de l'individu à ce qu'il nomme le stresseur. Ce sont ses travaux initiaux (Selye, 1936) qui ont davantage marqué et qui sont encore fréquemment cités de nos jours, ce qui ne rend pas toujours justice au cheminement intellectuel effectué par ce chercheur dans sa compréhension du phénomène. L'ère de Selye est effectivement fortement caractérisée par ce qu'il a appelé le « syndrome général d'adaptation ». Ce syndrome regroupe les trois phases de réaction face à l'agression provenant d'un stresseur : l'alarme, la résistance et l'épuisement. De ce fait, la survenue d'un agent stressant (chaud, froid, situation anxiogène, etc.) provoque dans l'organisme une réaction d'alarme qui tend à augmenter le degré de résistance de cet organisme. Dans le cas où la phase de résistance se prolonge dans la durée, l'organisme s'affaiblit et entre en phase d'épuisement. Cette vision traditionnelle du stress comme un syndrome biologique spécifique en réponse à des agents nocifs non spécifiques (stresseurs) découle d'expériences répétées avec le modèle animal dans des conditions extrêmes (froid, choc électrique, etc.), ce qui, au départ, tend plus à l'uniformisation qu'à l'exploration élargie du phénomène, condition fortement dénoncée par ses détracteurs. En effet, Selye n'a pas fait l'unanimité parmi ses contemporains qui ont soulevé, avec raison, de nombreuses objections face à sa théorie. C'est ainsi que lui sont opposés des arguments relatifs à l'influence des facteurs psychologiques, la variété des réactions hormonales, la non-spécificité des effets ou encore la notion d'organes vulnérables. Par la suite, Selye a précisé l'influence possible de divers facteurs tels les caractéristiques personnelles ou encore l'apprentissage. Il a ainsi assoupli sa position et nous pouvons considérer sa théorie comme une théorie d'adaptation au stress plutôt que comme une théorie du stress.

Ces deux approches, qui peuvent être considérées comme contradictoires par des esprits trop peu scrutateurs, sont au contraire complémentaires et ont l'immense mérite de nous mener vers une troisième approche, forte des leçons tirées des deux précédentes. Si le stress n'est ni un stimulus, ni une réaction, qu'est-il donc ? Loin de nous laisser sans réponses, cette question nous ouvre tout un horizon de réflexion au sein d'une approche qui se sert du passé pour construire : il s'agit de l'approche interactive aussi appelée approche intégrative ou transactionnelle.

Le stress : une interaction

L'approche qui traite du stress en tant qu'une interaction tient compte de l'habileté de la personne à agir sur son environnement, interne ou externe, physique ou social. Cette façon de voir présente le stress comme une forme particulière de relations entre la personne et son environnement. Le stress à lui seul ne peut donc mener à la maladie ; d'autres facteurs doivent intervenir, comme une vulnérabilité personnelle ou encore un processus de coping qui n'arrive pas à une gestion efficace du stress. Des auteurs clés personnifient cette approche : ce sont principalement Lazarus (1966), Mc Grath (1970), Levi (1972) et Cox (1978). Selon eux, le stress survient lorsqu'une demande est évaluée par la personne comme excédant son habileté à y faire face. Dans ce contexte, la perception individuelle est primordiale, autant en ce qui concerne la teneur de la demande que l'ampleur des réactions individuelles possibles. Il s'agit de l'évaluation cognitive, composante phénoménologique qui structure, entre autres, la théorie élaborée par Richard S. Lazarus, leader de l'explication psychologique du stress, dans son ouvrage intitulé *Stress, Appraisal and Coping* (1984). Sans nous y attarder, ce qui ne constitue d'ailleurs pas notre propos, notons cependant les nombreuses études effectuées par Lazarus et ses collaborateurs en vue d'arriver à une articulation théorique du paradigme stress-coping où sont présentés les différents facteurs qui peuvent influencer l'évaluation de la demande à laquelle fait face la personne mais aussi celle de ses moyens pour y faire face. Certains de ces facteurs sont liés à la personne, d'autres sont dépendants de son environnement.

La capacité de faire face, le coping, est un concept qui a été et qui est encore largement investigué, face à toutes sortes de situations auxquelles un individu peut être confronté. Les principales influences ayant contribué à l'éclosion de ce concept sont ici présentées selon ce qu'en rapportent Lazarus et Folkman (1984), Moos et Billings (1982) ainsi que Moos et Tsu (1977). Les quatre courants de pensée introduits par Moos et Billings (1982) nous serviront de trame de fond, à laquelle viendront se joindre des particularités relevées par les autres auteurs. Ce sont la théorie psychanalytique et la psychologie du moi, la perspective du développement humain basé sur les cycles de vie, la théorie de l'évolution et de la modification du comportement et, enfin, les perspectives culturelles et socio-écologiques.

Tout d'abord, la théorie psychanalytique et, plus particulièrement, les travaux portant sur la psychologie du moi apportent une contribution à la compréhension du concept. Ils mettent l'accent sur l'existence de processus qui servent à résoudre les conflits engendrés par l'écart existant entre les pulsions d'un individu et la réalité imposée par les contraintes liées aux exigences du monde extérieur. Ces processus, employés afin de diminuer ou de supprimer l'angoisse, même s'ils peuvent s'exprimer par des comportements, sont des mécanismes cognitifs dont les fonctions principales sont défensives, c'est-à-dire en vue d'agir au niveau de l'émotion vécue par l'individu. Il s'agit alors d'effectuer une distorsion de la réalité qui aura pour effet une réduction de la tension engendrée par l'écart entre ce que l'individu voudrait faire et ce qu'il peut effectivement faire, selon les normes établies. Nous découvrons donc ici un premier aspect des réactions de coping : leur côté défensif ou encore protecteur. Il convient de prendre note que cette approche englobe le concept des mécanismes de défense, qui ont pour fonction de protéger l'individu d'idées, d'émotions ou de pulsions douloureuses, mais qui peuvent tout de même faire partie du processus curatif. Le coping est aussi parfois apparenté aux « traits de personnalité ». Il s'agit de certaines caractéristiques de la personnalité, comme le type A (Friedman et Rosenman, 1974) ou encore la hardiesse (Maddi et Kobasa, 1984), qui prédisposeraient à faire face d'une certaine façon à une situation stressante. C'est ainsi qu'une personne ayant une personnalité de type A désire conserver le contrôle, ce qui la rend très fragile et vulnérable dans des situations où il y a une diminution ou une impossibilité de contrôle. Cet aspect a cependant évolué dans le sens d'une caractéristique de personnalité moins ancrée et donc plus fluctuante qui ne peut expliquer à elle seule la complexité du processus de coping. Lazarus et Folkman (1984) prônent plutôt l'appellation de « style de coping » lorsqu'il est question de traits de personnalité tandis que Kobasa (1979), pour sa part, met en avant une certaine consistance dans les stratégies de coping utilisées par les personnes hardies, ce qui peut laisser entendre que la hardiesse devient un prédicteur d'un style de coping.

Cette première approche, dite psychanalytique, a fourni les bases nécessaires à la formulation d'une seconde approche, celle des perspectives du développement humain basées sur l'accumulation de ressources personnelles de coping et ce, tout au long de la vie de l'individu. Erikson (1950) est sans doute l'auteur le plus connu à s'être penché sur cette approche liée au cycle de vie d'un individu. Il a divisé la vie d'un individu en huit stades bien précis qui représentent, chacun, un nouveau défi ou une situation de crise, constituant l'étape à surmonter pour permettre l'accès au stade suivant. Les ressources personnelles ainsi mises à contribution, lors du passage d'un stade de développement à un autre, constituent ici les facteurs principaux à considérer car elles pourront ultérieurement influencer aussi bien l'évaluation faite par l'individu d'une situation stressante que le choix des réactions de coping nécessaires à la résolution de la crise qui en découle.

Moos et Tsu (1977) font également référence à la théorie sur la situation de crise développée par Caplan en 1964 et devenue incontournable par la suite dans le domaine.

La théorie de la sélection naturelle, élaborée par Darwin en 1859, constitue la base de l'influence suivante axée sur l'évolution et la modification du comportement. Cette influence contraste la précédente en apportant un contrepoids aux théories basées principalement sur des facteurs intrapsychiques et cognitifs. En effet, Darwin marque le début d'une orientation qui place l'emphase sur les comportements menant à la résolution de problèmes. Dans le domaine privilégié par Darwin, la biologie, ces divers comportements ont été reconnus pour leur contribution à la survie de l'espèce et cela, par la survie individuelle. Il s'agit alors de savoir agir afin d'éviter ce qui peut être nocif ou dangereux. Dans un contexte de survie de l'espèce, tout comme dans celui de la survie individuelle, ce sont des comportements de fuite, d'évitement ou encore d'attaque qui importent.

La dernière influence relatée par Moos et Billings (1982) concerne les perspectives culturelles et socio-écologiques. Les relations entre les organismes vivants et l'environnement prennent alors une importance particulière. C'est ainsi que les ressources de coping venues de l'environnement émergent de façon significative. Le réseau social entourant l'individu, par exemple, pourra avoir un impact significatif sur l'évaluation de l'événement vécu, l'ordre ainsi que les effets des réactions de coping utilisées par l'individu. Cette influence s'explique en partie par l'impact des croyances issues du patrimoine culturel propre aux groupes sociaux concernés.

Il faut prendre conscience que ces différentes approches sont utiles à la compréhension du concept de coping sans pour autant, même réunies, arriver à en cerner toute l'étendue et la complexité. Lazarus et Folkman (1984) l'illustrent de façon très claire lorsqu'ils font ressortir les particularités liées à leur définition du coping. Tout d'abord, le coping ne peut être identifié à des réactions d'adaptation automatiques. Il s'agit plutôt d'efforts, ce qui présuppose une situation inhabituelle et difficile pour laquelle l'habitude n'est pas présente. Ce n'est que si la situation se répète plusieurs fois que les comportements deviendront automatiques. Deuxièmement, le coping constitue un processus, ce qui le démarque des approches traditionnelles et lui attribue un caractère changeant dû aux interactions constantes entre la personne et son environnement. Aussi, Lazarus et Folkman (1984) font-ils une distinction importante entre le coping et les résultats obtenus suite à sa mise en œuvre. Le coping fait référence aux efforts effectués par la personne en vue de « gérer » la situation mais ne revêt pas d'emblée une étiquette, positive ou négative. Il n'y a pas de « bon » ou de « mauvais » coping bien que les auteurs insistent sur l'importance, pour les professionnels, de chercher à guider l'individu vers des réactions de coping qui produiront des effets favorables en regard de la situation problématique vécue. Le coping n'est donc pas identifié à la maîtrise d'une situation mais plutôt à la gestion d'une situation, ce qui élargit les horizons, rendant possible de diminuer, éviter, tolérer ou encore accepter une situation.

Parallèlement à l'émergence des différents modèles théoriques en lien avec le coping, un changement important s'est effectué en ce qui concerne notre représentation des concepts de santé et de maladie. Ce mouvement a d'ailleurs appuyé les conceptions de Lazarus et Folkman (1984) ainsi que celles d'autres chercheurs (Maddi et Kobasa, 1984) et a permis de porter un autre regard sur la santé et sur la façon d'aborder les théories du stress et du coping.

Une approche dynamique du concept de santé

Un tournant important a été réalisé par les énoncés de la définition de la santé par l'OMS (1956) qui a permis, d'une part, de porter un regard autre que médical sur ce concept et, d'autre part, de favoriser le développement d'études en lien avec la promotion de la santé. L'engouement fut très important pour les professionnels et de nouvelles perspectives voient le jour tout en ayant des enjeux économiques importants. En effet, les programmes de promotion de la santé ont eu un effet non négligeable en matière économique car ils ont permis, d'une part, et de diminuer l'expansion des demandes de soins somatiques, d'autre part, d'augmenter la productivité de l'individu (moins d'arrêts de maladie, meilleure efficience au travail). D'ailleurs, la critique de cet aspect fut documentée et la promotion de la santé est aussi devenue un lobbying économique. De plus, il apparaît que les personnes qui se sont intéressées à la promotion de la santé ont surtout examiné les styles de vie et n'ont pas confronté la question de la création de conditions sociales appropriées qui facilitent les comportements de santé. Par conséquent, les écrits montrent que les facteurs les plus étudiés dans ce domaine sont les facteurs de risque comme le tabagisme, la consommation de substances, l'obésité, etc. Antonowski (1996) constate que les domaines traités par le courant de la promotion de la santé sont très proches de ceux de la prévention de la maladie. Il nomme ces approches en lien avec la maladie « approche pathogénique ». Celle-ci correspond à la pensée médicale qui conçoit l'organisme comme un splendide système pouvant être attaqué par une pathologie aiguë, chronique ou fatale.

causes de la maladie

Une approche positive de la santé : le modèle salutogénique

origine de la santé

Devant ce constat, Antonovsky (1979) propose une nouvelle façon de regarder les choses en introduisant le néologisme « salutogénique » pour désigner l'origine de la santé plutôt que la recherche des causes de la maladie (approche pathogénique). Il conçoit le concept de santé non pas en opposition à la maladie, soit de façon dichotomique, mais comme un continuum : à une extrémité se situe la santé, à l'autre un « *break-down* » qui peut se traduire par une défaillance de la santé (Antonovsky, 1972). Cette défaillance peut s'expliquer par un changement de l'état de santé, qui peut survenir lorsque les ressources de la personne diminuent, ce qui la rend vulnérable aux stresseurs. L'auteur suggère que les modes de pensée de l'individu, de réaction à son environnement ainsi que ses modes de gestion du stress sont importants pour promouvoir une bonne santé (Antonovsky, 1987). D'ailleurs l'idée, selon l'approche pathogénique, que les personnes en bonne santé sont celles qui sont soumises à des niveaux peu élevés de stress est obsolète. En effet, la perspective salutogénique postule que le stress est inhérent à la vie humaine et que c'est la façon dont la personne gère ces situations qui fait qu'elle demeure ou pas en santé. Le modèle salutogénique permet ainsi de mettre en lumière les forces des personnes et leurs capacités d'ajustement, ce qui ouvre des explications possibles sur le fait que certaines personnes demeurent en santé malgré un univers professionnel et personnel soumis à de nombreux stresseurs. Antonovsky (1979) identifie plusieurs ressources possibles pour la personne : les ressources matérielles, la connaissance, l'intelligence, le concept de soi, les stratégies de coping, le soutien social, les liens sociaux, l'engagement, la cohésion et le contrôle, la stabilité culturelle et la religion. Ces ressources portent aussi le nom de « ressources de résistance globale » (Antonovsky, 1979). Par conséquent, le modèle salutogénique a pour but d'expliquer comment la personne demeure en santé malgré les stresseurs omniprésents. Selon Sullivan (1989), l'approche d'Antonovsky peut donner des pistes de réflexion pour les infirmières en leur suggérant de mobiliser, par leurs actions, les ressources de résistance généralisée de la personne. Les actions de promotion de la santé qui peuvent être proposées aux infirmières sont basées sur le renforcement des habiletés de la personne à se percevoir en santé ou à l'améliorer (Sullivan, 1993).

Le sens de la cohérence : moteur du modèle salutogénique

Antonovsky (1979) cherche, dans l'élaboration de son modèle théorique, un élément commun, une unité qui permettrait de mettre en lien l'ensemble des ressources de résistance globale. Il propose ainsi un concept central pour sa théorie, « le sens de la cohérence », qui correspond à une orientation de la personne percevant les événements de vie comme étant cohérents, compréhensibles et contrôlables. Le sens de la cohérence agit sur les stresseurs psychologiques en mobilisant les ressources de la personne et en influençant sa perception des stresseurs. De façon plus explicite, il le définit comme suit :

« Le sens de la cohérence est une orientation globale qui exprime jusqu'à quel point la personne a un sentiment de confiance profond, dynamique et durable, et que les stresseurs de l'environnement interne ou externe sont structurés, prévisibles et explicables. Les ressources sont disponibles pour répondre aux demandes des stimuli et ces demandes sont des défis valables amenant la personne à s'engager et à s'investir ».

La relation entre le sens de la cohérence et les ressources de résistance globale est dynamique et synergique. En effet, il permet à la personne de mobiliser ses ressources et de réduire la menace des stresseurs, et de se maintenir vers le pôle santé dans le continuum santé-défaillance de santé. Le sens de la cohérence se façonne depuis l'enfance jusqu'à l'âge adulte et ceci à travers les expériences que la vie nous procure (Antonovsky, 1996). Il apparaît que plus la personne développe du contrôle face aux événements, plus elle aura une participation active à la résolution des problématiques présentées, et plus elle percevra le monde comme cohérent et prévisible. Pour Antonovsky (1987), cette caractéristique de la personnalité est un déterminant majeur de la santé qui se décline selon trois composantes : la « *comprehensibility* », la « *manageability* » et la « *meaningfulness* »[3]. De façon plus explicite, la *comprehensibility* est la tendance à percevoir les stresseurs de l'environnement comme étant cognitivement logiques : les stresseurs sont sources d'informations ordonnées, consistantes, structurées, claires plutôt que désordonnées, aléatoires, accidentelles et inexplicables. La *manageability* correspond à une tendance à percevoir les ressources disponibles comme étant adéquates pour répondre aux stimuli ou aux stresseurs confrontant la personne. Les ressources peuvent être sous le contrôle de la personne ou d'autres personnes aidantes (Antonovsky, 1987). Enfin, la *meaningfulness* correspond au sentiment que la vie fait du sens émotionnellement : les demandes et les problèmes posés par l'environnement valent la peine d'investir de l'énergie, de s'impliquer et de s'engager (Antonovsky, 1987). Par conséquent, le sens de la cohérence ne peut-être considéré qu'en lien avec l'environnement. De plus, selon Antonovsky (1987), il doit être vu plutôt comme une dispo-

3. Ces termes sont difficilement traduisibles en langue française, d'ailleurs les chercheurs francophones maintiennent ces appellations.

sition que comme un trait. En outre, il s'avère selon l'auteur que des trois composantes de cette caractéristique, la *meaningfulness* est la plus importante. En effet, une personne capable de donner du sens aux événements démontrera un engagement à la recherche de ressources pour répondre aux demandes de son environnement. Sans la présence d'un certain degré de cette dimension, la *comprehensibility* et la *manageability* ne seraient présentes que temporairement (Antonovsky, 1987).

Le concept du « sens de la cohérence » a été largement exploré par Antonovsky (1979, 1987, 1993, 1996). Il l'a étudié en premier lieu sur des populations de personnes âgées en Israël en lien avec leurs attitudes face à la retraite. Cette étude a montré que lorsque cette caractéristique de la personnalité est élevée, la personne envisage sa retraite sans entrevoir les pertes qui y sont généralement associées. Plusieurs auteurs (Anson *et al*, 1993 ; Carmel *et al.*, 1991) mentionnent que le sens de la cohérence est une variable importante pour la promotion de la santé. De plus, il semble avoir un effet bénéfique sur le bien-être psychologique ou physique des personnes. En outre, certaines études ont été effectuées auprès de travailleurs ; il en ressort que ce dernier augmente les aspects positifs de la santé, ces personnes se disent capables d'influencer leurs conditions de travail. Ce constat nous laisse supposer que les infirmières qui percevraient en elles les ressources pour répondre aux exigences de leurs tâches pourraient faire face de façon efficace aux stresseurs de leur environnement, ce qui leur permettrait de rester en santé. Elles se percevraient plus engagées et en contrôle. Elles ressentiraient de façon moins importante l'épuisement professionnel.

À l'heure actuelle, il a été bien documenté que le milieu des soins infirmiers est pourvoyeur de nombreux stresseurs (Chung, 1996 ; Farrington, 1995) qui peuvent avoir un effet délétère sur la santé des infirmières (Norrie, 1995). Il apparaît important d'examiner les modèles théoriques qui pourraient apporter quelques pistes de solution. À cet effet, l'approche théorique proposée par Antonovsky (1979) permet d'entrevoir des facteurs protecteurs de la santé. En effet, Pallson, Hallberg, Norberg et Bjorvell (1996) montrent que la présence d'un sens de la cohérence élevé permet aux infirmières d'être moins confrontées à l'épuisement professionnel. Les résultats de Lewis *et al.* (1994), auprès d'infirmières travaillant en dialyse, amènent à voir que cette caractéristique de la personnalité permet aux infirmières de choisir des stratégies de coping actives, comme la confrontation des situations stressantes, la réévaluation positive des situations et la recherche de soutien social lorsqu'elles perçoivent que la situation est trop importante ou nécessite des conseils. Il apparaît que le sens de la cohérence joue le rôle de médiateur entre les événements stressants présents dans le milieu de travail et le stress perçu. À notre connaissance, il n'existe pas en France d'études sur le stress au travail des infirmières à la lumière de ce modèle théorique, ce qui nécessiterait à l'heure actuelle des investigations. En revanche, des actions quotidiennes peuvent être initiées par les cadres infirmiers pour renforcer cette disposition, comme permettre aux infirmières de s'exprimer sur les situations de travail qui leur posent des problèmes et trouver ensemble des solutions, proposer des projets innovants aux infirmières afin qu'elles puissent mobiliser leurs ressources (par exemple la mise en place de consultations infirmières sur des pathologies chroniques), leur permettre d'exprimer leurs potentiels et de renforcer leur engagement professionnel, éviter les situations incohérentes et promouvoir les valeurs soignantes autant par les actes que par les mots. Bref, il semble intéressant que les actions du cadre permettent aux infirmières de retrouver du sens au travail. Enfin, il apparaît pertinent dans les programmes de gestion du stress pour les infirmières de travailler les façons d'agir face au stress et de se centrer sur les situations de travail qui prennent sens pour les infirmières. Dans le contexte actuel, il semble nécessaire de porter un regard attentif sur la santé des professionnels dont le métier est de « prendre soin » des autres.

Conclusion

L'histoire de l'évolution des théories est une assise essentielle au choix de notre cadre théorique. Cet article, loin d'être exhaustif sur le sujet, tente dans un esprit de simplification de retracer les grands moments de l'évolution des concepts de stress et de coping. De même, l'approche salutogénique, qui a modifié profondément notre conception de la santé et qui fut un apport majeur dans l'évolution, en autres, de la conception du stress, a été exposée. En effet, les théories les plus retenues à l'heure actuelle pour expliciter le stress au travail, comme l'approche interactionniste de Lazarus et Folkman (1984), s'appuient sur cette conception salutogénique. De plus, cette approche a permis aussi le renforcement des investigations sur l'étude des caractéristiques de la personnalité comme la hardiesse (Maddi et Kobasa, 1984) qui apparaît comme une des ressources les plus importantes pour demeurer en santé dans un univers pourvoyeur de nombreux stresseurs. Enfin, au niveau de notre conception de la santé, le modèle salutogénique nous oriente vers les facteurs contribuant à la santé qui devient aussi une variable positive et singulière, ne se définissant plus uniquement par dichotomie avec la maladie. Ce changement de perspective est encore très modeste dans les études menées par les infirmières et mériterait de plus amples investigations.

Références

■ Anson O, Carmel S, Levenson A, Bonneth DY, Maoz B. Coping with recent life events: the interplay of personal land collective resources. *Behavior Medecine* 1993 ; 18 : 159-166.

■ Antonovsky A. Breakdown: a needed fourth step in the armamentarium of modern medecine. *Social Science and Médiane* 1972 ; 6,537-544.

■ Antonovsky A. *Health, Stress and Coping.* San Francisco : Jossey-Bass, 1979.

■ Antonovsky A. *Unraveling the Mystery of Health.* San Francisco : Jossey-Bass, 1987.

■ Antonovsky A. The structure and properties of the sense of coherence scale. *Social Science and Médiane* 1993 ; 36.

■ Antonovsky A. The salutogenic model as a theory to guide health promotion. *Health Promotion International* 1996 ; 11 (1) : 11-18.

■ Bernard C. *Introduction à l'étude de la médecine expérimentale.* Paris : Éditions Garnier-Flammarion, 1966 (1re édition 1865), collection « Texte intégral », 318 p.

■ Cannon WB. *The Wisdom of the Body.* New-York : W.W. Norton, 1939

■ Caplan G. *Principles of Preventive Psychiatry.* New-York : Basic Books, 1964.

- Carmel S, Anson O, Levenson A, bonneh DY, Maoz B. Life events, sense of coherence, and health : gender differences on the kibbuts. *Social Science & Medecine* 1991 ; 32 : 1089-96.

- Chung RTY. *Survey on medical and nursing staff's opinions on nursing manpower in public hospitals*. Public Opinion Programme of Social Sciences Research Centre of The University of Hong Kong, 1996.

- Cox T. *Stress*. New-York : Macmillan Press, 1978.

- Darwin C. *On the Origin of Species*. Massachusetts : Harvard University Press, 1859.

- Erickson E. *Childhood and Society*. New-York : W.W. Norton, 1950.

- Farrington A. Stress and nursing. *British Journal of Nursing* 1995 ; 4 (10) : 574-78.

- Friedman M, Rosenman RH. *Type A Behavior and Your Heart*. New York : Knopf, 1974.

- Holmes TH, Rahe RH. The Social Readjustment Rating Scale (SRRS). *Journal of Psychomatic Research* 1967 ; 11 : 213-18.

- Kobasa SC. Stressfull life events, personality and health: an inquiry into hardiness. *Journal of Personality and Social Psychology* 1979 ; 37 : 1-11.

- Lazarus RS, Folkman S. *Stress, Appraisal and Coping*. New-York : Springer, 1984.

- Lazarus RS. *Psychological Stress and the Coping Process*. New-York : Mc Graw Hill, 1966.

- Levi L. *Stress and Distress in Response to Psychosocial Stimuli*. Harmondsworth : Pergamon, 1972.

- Lewis SL, Campbell MA, Becktell PJ, Cooper CL, Bonner PN, Hunt WC. Work stress, burnout and sens of coherence among dialysis nurses. *ANNA Journal* 1992 ; 19 : 545-53.

- Maddi RS, Kobasa CS. *The hardy executive : health under stress*. Homewood, Illinois : Dow Jones-Irven, 1984.

- Mc Grath J. *Social and Psychological Factors in Stress*. New-York : Holt, Rinehart & Winston, 1970.

- Moos RH, Billings AG. Conceptualizing and measuring coping resources and processes. *In* : L. Goldberger, S. Breznitz (eds), *Handbook of Stress Theoretical and Clinical Aspects*. New-York : The Free Press, 1982.

- Moos RH, Tsu VD. The Crisis of Physical Illness: An Overview. *In* : RH. Moos (ed), *Coping with Physical Illness*. New-York : Plenum Medical Book Company, 1977.

- Norrie P. Do intensive care staff suffer more stress than staff in other care environments? *International Journal of Nursing Studies* 1995 ; 11 (5) : 293-97.

■ Palsson MB, Hallberg IL, Norberg A, Bjorwell H. Burnout, empathy and sens of coherence and after systematic clinical supervision. *Scandinavian Journal of Caring Sciences* 1996 ; 10 : 19-26.

■ Rahe RH, Mahan JL, Arthur J. Prediction of near future health change from subjects preceding life changes. *Journal of Psychosomatic Research* 1970 ; 14 : 401-6.

■ Selye H. *Stress sans détresse*. Montréal : La Presse, 1974.

■ Selye H. A syndrome produced by diverse nocuous agents. *Nature* 1936 ; 138 : 32.

■ Theorell T, Orth-Gomer K, Moser V, Unden AL, Erikson I. Endocrine markers during a job intervention, *Work and Stress* 1995 ; 9 : 67-76.

3

Le coping dans la dynamique de personnalisation

Anne-Marie Pronost et Philippe Delmas

L'approche stress coping a été développée par Lazarus et Folkman (1984), puis reprise et enrichie par de nombreux auteurs, notamment pour mieux comprendre la façon dont les personnes soumises aux stresseurs situationnels font face, dans le temps présent, et tentent de conserver un état de bien-être psychologique. Cet état est un indicateur de santé au travail. La compréhension de ces concepts demeure centrale, notamment pour les cadres de santé, pour mieux prévenir la souffrance extrême des soignants confrontés d'une manière permanente à la mort et à la morbidité des patients qu'ils soignent. Cependant, afin d'aborder d'une manière plus large l'approche habituelle du stress coping de Lazarus et Folkman (1984), il nous semble essentiel de considérer ce dernier dans la dynamique de la personnalisation ou processus de développement de personne. Selon cette perspective, le développement du sujet ne peut se réduire à ses modes de conduites face à des situations hautement stressantes. En effet, le sujet se personnalise s'il est capable de renforcer son sentiment d'identité, s'il s'inscrit dans un processus de socialisation, s'il relance un projet de soi et s'il s'adapte à la situation. C'est pourquoi nous envisageons l'ensemble de ces concepts qui permettent d'ouvrir le présent (la socialisation, le coping) en lien avec le passé à défendre (l'identité avec sa fonction d'ancrage et de continuité) et le futur (la dimension du projet individuel inscrit dans le collectif). Dans ce chapitre, nous allons traiter du concept de personnalisation qui représente l'élément central de cette approche avec les différentes stratégies et concepts auxquels il fait référence. Nous décrirons le concept d'identité et les stratégies identitaires, le concept de socialisation avec les stratégies d'intégration et de positionnement social, le concept de projet et les stratégies de projet et d'une façon plus approfondie, le concept de coping et les stratégies s'y rapportant.

Le concept de personnalisation ou processus de développement de la personne

Les processus de stress professionnel, de coping et d'épuisement professionnel (ou burnout) ne peuvent être correctement comprises qu'à partir de la prise en compte des relations de la vie au travail et de la vie hors travail, en même temps que des processus historiques de développement du sujet. Le sujet au travail n'est pas totalement séparable des expériences qu'il réalise dans les autres sphères de la socialisation. D'ailleurs, celles-ci peuvent, d'évidence, constituer des objets de soucis et de tracas qui rejaillissent sur la vie au travail. Elles peuvent aussi servir de régulateurs, « d'atténuateurs » du stress que développe cette vie au travail.

La personnalisation implique des processus psychologiques et sociaux qui, au travers d'une pluralité de conduites (ou d'activités), amènent le sujet à construire ses modes d'adaptation, d'ajustement, de défense, d'orientation dans le temps et dans les multiples milieux de sa socialisation. En somme, la personnalisation recouvre un ensemble de processus qui sous-tendent les tentatives par lesquelles le sujet se construit comme personne au cours de ses diverses quêtes de réalisation de soi.

De façon plus explicite, Tap (1988) définit la personnalisation comme le processus inverse de l'aliénation. Selon cet auteur, le sujet se personnalise à travers cinq quêtes :

- *la quête de pouvoirs* : le sujet peut développer trois formes de *pouvoir en interaction* : un pouvoir sur les objets et les situations, un pouvoir de contrôle dans les transactions avec autrui et un pouvoir de négociation avec soi-même ;
- *la quête de sens et de significations* ;
- *la quête d'autonomie*, c'est-à-dire de construction des propres limites du sujet par l'élaboration ses propres normes ;
- *la quête de hiérarchisation des valeurs et des projets*, réorganiser ses conduites, instaurer une légitimité de référence, anticiper des conduites à venir comme acteur potentiel d'un projet plus ou

La stratégie de coping = faire face en s'adaptant à la situation stressante.

moins collectif dont il serait aussi, au moins partiellement, metteur en scène et auteur ;

- *la quête de réalisation de soi* : c'est instaurer un savoir devenir, une autogestion fondée sur un effort de cohérence et d'articulation internes en même temps qu'un effort de contrôle et d'ouverture, dans les relations avec l'environnement physique ou l'entourage social.

Il s'agit là d'une définition idéalisée de l'évolution d'une personne car, dans sa vie quotidienne, celle-ci est confrontée à des interdits et à des contraintes externes auxquels vient s'adjoindre la conscience de l'impossible contrôle : sentiment d'impuissance dans les actes, les pensées ou les réseaux sociaux, sentiment de perte du sens du travail, de la vie, de la relation, sentiment de ne pouvoir accepter ou gérer aucune norme (anomie), sentiment d'étrangeté face à des valeurs ou à des idéaux, perte du sentiment de valeur personnelle, sentiment d'incapacité à anticiper le futur de soi.

Cependant, l'aliénation comme version négative de la personnalisation, n'est jamais, elle non plus, vécue comme totale. En effet, même dans les situations les plus critiques, le sujet met en place des stratégies lui permettant de défendre son identité appelées *stratégies identitaires*, de s'approprier de nouveaux rôles ou statuts lui permettant de se resituer face à autrui dans ses groupes d'appartenances ou face aux institutions sociales (*stratégies de positionnement social*), de relancer un projet lui permettant de se dégager des conditions présentes (*stratégie de projet*), et enfin de faire face en s'adaptant à la situation stressante (*stratégie de coping*).

Ainsi, la mise en œuvre de l'ensemble de ces quatre stratégies (stratégies identitaires, de positionnement social, de projet, de coping) apporte aux conduites du sujet une *légitimation par le sens*. Mais, elle n'est possible que si le sujet peut les articuler concrètement dans les situations quotidiennes. Par conséquent, inclure le coping dans un processus de personnalisation du sujet nous amène à examiner la construction de ces différentes stratégies.

Le coping inclus dans la dynamique de personnalisation

Le concept d'identité

Les stratégies identitaires renvoient au passé à défendre : elles permettent le maintien de la continuité de l'être dans le temps, de l'ancrage, dans des espaces significatifs (géographie identitaire) et dans des langages constitutifs, en rapport avec des œuvres et des systèmes d'idées (culture identitaire). La construction de l'*identité personnelle* s'élabore tout au long de la vie, par l'intégration de diverses expériences vécues (Debesse, 1941 ; Reymond-Rivier, 1986 ; Claës, 1986 ; Lipiansky, *et al.*, 1990). De plus, l'identité se développe par les processus d'identification mais aussi d'identisation, tous deux indispensables et jouant un rôle fondamental dans la personnalisation.

De façon plus spécifique, l'*identification* a deux fonctions dans le développement de l'identité : la fonction défensive et la fonction descriptive. La fonction défensive favorise la gestion de l'angoisse, de la puissance du désir de l'individu et l'exigence d'autrui. La fonction constructive permet le maintien de l'unité du moi et l'intériorisation d'autrui. Le rapport entre l'identité personnelle et l'identification évolue selon les moments de la vie, mais aussi selon les différents modèles fournis par autrui. Quant à l'*identisation*, elle renvoie à une quête continuelle et vitale qui permet au sujet de se différencier, de devenir autonome, de s'affirmer, en se réassurant éventuellement, en maintenant stable une image de soi évolutive, changeante. L'identisation a, de ce fait, un caractère paradoxal. L'identisation s'appuie sur des identifications multiples et répétées « dont il faut se défaire pour se faire » (Tap, 1984).

L'identité en tant que système de représentations et de sentiments peut être définie comme un sous système de la personnalité, exerçant un rôle dynamique déterminant dans la genèse et la gestion de l'individualité (Tap, 1988 ; Massonat, 1991 ; Oubrayrie, 1992). Elle permet à l'homme d'assumer une identité professionnelle, notamment lorsqu'il est confronté à l'autre ou différencié de lui dans le monde du travail. D'après les travaux de Sainsaulieu (1977), l'identité professionnelle se caractérise par le sentiment de permanence et de continuité que l'individu éprouve dans ses rapports au travail et dans ses relations de travail. Par conséquent, l'identité professionnelle ne peut se construire et exister sans un certain degré de satisfaction, sinon il y a désinvestissement, retrait de la personne au travail. Pour Dejours (1993), le plaisir inscrit le rapport au travail « comme médiateur de l'accomplissement de soi et de la construction de l'identité ».

En ce qui concerne les infirmières, il nous faut préciser l'identité professionnelle de cette profession spécifique. Historiquement, les infirmières étaient réduites à un rôle d'exécution. Considérées par le corps médical comme un personnel d'appoint sans qualification, les infirmières devaient essentiellement être obéissantes et dévouées. Ces attitudes sont fort proches de la « soumission à l'autorité » étudiée par Milgram. Ses expériences montrent que les individus se soumettent avec la plus grande fréquence et la plus grande docilité lorsque les ordres sont donnés par un scientifique. Dans des conditions optimales, l'infirmière fait le choix de travailler avec des personnes âgées et a, conséquemment, des attitudes positives à leur endroit et face à la mort. Elle aurait des dispositions particulières : affirmation de soi, créativité, indépendance (Amenta, 1984 ; Bagshaw & Adams, 1985 ; Vincent & Garrison-Peace, 1986). Dans cette optique et selon plusieurs auteurs, la caractéristique de la hardiesse - se définissant comme une composante de la personnalité permettant à la personne de percevoir de façon moins importante le stress - est fréquemment citée (Kobasa, 1979 ; Antonovsky, 1988 ; Westman, 1990). Ces infirmières seraient plus en mesure de maintenir l'empathie auprès des grands malades en dispensant des soins infirmiers de qualité (Adam, 1983 ; Rainville, 1984 ; Patrick, 1987).

Lorsque nous examinons le type de personnalité (A, B, C), Friedman et Rosenman (1974) montrent que le type A est le plus souvent présent chez les infirmières et serait une vulnérabilité au burnout. Le type A se caractérise par un engagement excessif, une attente élevée par rapport à ses possibilités, la réalisation en urgence de multiples tâches, l'interprétation de toute aide comme une mise en doute de ses compétences. Bebray *et al.* (1988) citent une étude de Cronin-Stubbs (1981) dans laquelle 82 % des infirmières se classent comme ayant un comportement de type A. La question qui se pose est celle de savoir si le travail de l'infirmière fait évoluer la personnalité vers le type A ou si les personnalités de type A ont la vocation de devenir soignant, la dernière hypothèse étant confirmée par Crombez *et al.* (1985) pour une population de médecins.

L'identité professionnelle de l'infirmière a fait l'objet d'une étude réalisée sur un échantillon de 106 sujets : quatre profils professionnels ont été décrits par les auteurs d'une recherche menée par le Groupe de recherche interprofessionnel infirmier, en 1986. Le *profil fort* se caractérise par sa nature « vocationnelle ». Expression de se sentir utile, de s'occuper d'autrui, notamment en utilisant l'écoute des patients ; le choix professionnel est très ancien. Le *profil moyen* renvoie à l'importance accordée aux techniques de soin, mais avec la prise en compte de la dimension sociale du travail. Le choix professionnel remonte à plusieurs années. Les auteurs mentionnent chez ces infirmières une certaine angoisse lors de l'évocation de la souffrance et de la mort. Les infirmières de profil moyen sont décrites comme exécutantes, sans projet de carrière bien défini. La vie personnelle est prépondérante par rapport à la vie professionnelle. Le *profil faible* est défini par l'expression d'une motivation assez floue à propos de la profession d'infirmière. La vie personnelle et la vie professionnelle de cette catégorie d'infirmières se superposent, les projets professionnels sont absents, la valeur du travail est décrite comme une opportunité de s'enrichir au niveau relationnel. Le *profil* dit *absent* est observé chez les infirmières lorsqu'elles évoquent une fonction d'aide commune à de multiples professions. Elles n'ont donc pas vraiment choisi la profession d'infirmière en elle-même, jugeant la confrontation à la mort et à la souffrance comme insupportable. Les auteurs mentionnent que 38 % des infirmières de l'échantillon appartiennent aux premier et deuxième profils ; 54 % au troisième profil et 8 % au quatrième profil.

L'hypothèse évoquée dans cette étude selon laquelle la construction de l'identité professionnelle infirmière se modifie en fonction de variables situationnelles (changement de service, conditions de travail) ne prend pas suffisamment en compte l'individu comme acteur, comme sujet s'appuyant sur une histoire personnelle et détenteur d'expériences. Nous pensons avec Lipiansky (1990) que si les stratégies identitaires dépendent du contexte professionnel, elles ne sont véritablement efficaces que lorsqu'elles impliquent un processus de personnalisation (assimilation, écart, affirmation, repli, catégorisation, identification). Dans le cas contraire, elles conduisent le sujet à l'aliénation (collusion, rejet, exclusion, dévalorisation) lorsque les situations professionnelles sont dépersonnalisantes (Pronost & Tap, 1994). Ainsi, les stratégies identitaires utilisées par les infirmières et les cadres font référence à la personnalité du sujet. Cependant, la personne étant en interaction avec autrui et avec les institutions, il importe de regarder du côté de la socialisation du sujet et de ses stratégies de positionnement social.

Le concept de socialisation

Les stratégies d'intégration et de positionnement social permettent l'élaboration de la personnalité sociale, c'est-à-dire la façon dont le sujet apprend et gère les règles et les rôles sociaux, s'inscrit dans des réseaux de relations interpersonnelles et s'intègre dans des systèmes d'institutions. Elles sont l'expression complexe de la socialisation des personnes. Plus finement, la socialisation s'effectue sous la pression ou à travers les sollicitations des institutions et des groupes. Elle permet l'intégration sociale tout en facilitant l'expression et la visibilité du sujet en situation collective.

De façon plus explicite, *le processus de socialisation* se développe en six étapes depuis la naissance de la personne (Tap, 1987) soit : *identification, intériorisation, appropriation, initiation, insertion, intégration.* Cette dernière étape se réalise lorsque des liens sociaux multiples se tissent dans les réseaux investis, que le sujet participe à des projets collectifs et s'approprie des identités d'appartenances. L'identité sociale se définit par les rôles sociaux et les positions que l'individu occupe dans la société. Selon Tajfel et Turner (1979), précurseurs de cette notion, l'identité sociale positive correspond à un besoin fondamental de l'être humain. Elle serait à l'origine des catégorisations sociales et de la représentation des relations intergroupes. Ainsi, le sujet est orienté par ses appartenances groupales et ses catégorisations sociales, mais aussi par ses expériences et ses choix antérieurs.

Malgré les textes officiels, reconnaissant la valeur du « rôle propre » de l'infirmière, se rapportant aux soins éducatifs, relationnels, d'hygiène et de confort, il semble que, dans les services de soins, les techniques soient valorisées et que l'image de l'infirmière reste celle de la technicienne. Ainsi, l'accès à une identité professionnelle infirmière, dans nos approches historiques et culturelles, est subordonné à un passé commun d'identification aux valeurs médicales. Cette identification au modèle médical se traduit par la soumission aux préceptes médicaux, par la prévalence de la technicité. Elle a pour conséquence la dépendance à l'égard du médecin dans l'exécution de ses prescriptions. En revanche, l'affirmation identitaire (se différencier) fait référence aux modèles humanistes, s'appuyant sur le modèle bio-psycho-social, sur la démarche de soins infirmiers, sur le rôle propre infirmier. Ce processus implique l'autonomie, la responsabilité de l'infirmière dans un rôle propre, reconnu par un décret de compétence. Les deux processus d'identification aux modèles médicaux (rôle prescrit) et d'affirmation du pouvoir soignant (rôle propre) engendrent, en fait, tension et conflit, et ne favorisent pas l'émergence d'une identité professionnelle infirmière forte. À ce jour, les médecins ont de la difficulté à reconnaître ce rôle propre infirmier.

Aux conditions spécifiques concernant le travail infirmier s'ajoutent des conditions plus générales de santé mentale, d'organisation et de conditions de travail. Le travail doit, en effet, offrir des conditions organisationnelles permettant aux travailleurs de relever des défis et de développer leur créativité et leur identité (Vézina & Saint-Arnaud, 1996 ; Jacobi, 1993). Trois déterminants majeurs de santé mentale sont identifiés en psychodynamique du travail :

❑ l'individu perçoit que son travail favorise ses aspirations ;

- ❑ il participe à la conception du travail ;
- ❑ il se sent reconnu dans le travail accompli.

Ce troisième déterminant est donc associé à la dimension collective du travail et met en évidence l'importance du regard d'autrui à propos de la qualité et de l'utilité du travail réalisé. Les enquêtes de psychodynamique du travail suggèrent que la reconnaissance passe par deux types de jugement. D'abord, le jugement d'« utilité » (reconnaissance sociale) émis par la hiérarchie est capital dans la quête d'identité du sujet, dans son aspiration à apporter sa contribution à l'entreprise et à la société. Il consiste à considérer que le sujet travaille correctement, conformément aux règles de son art. Par cette reconnaissance officielle, le sujet est intégré au collectif ou à une communauté d'appartenance. Le jugement de « beauté » (reconnaissance affective des pairs), lui-même double, vise à attribuer au sujet des qualités qui le distinguent des autres : originalité, ingéniosité, c'est-à-dire tout ce par quoi quelqu'un est différent des autres. C'est à ce niveau que se joue la question de l'identité singulière *stricto sensu* dans les rapports intersubjectifs de travail. Cette reconnaissance émane de ceux qui reconnaissent le travail, ses règles et ses difficultés, c'est-à-dire les pairs.

La reconnaissance sociale implique le droit au projet professionnel associé à la promotion sociale et professionnelle. Par l'utilisation des stratégies de positionnement social, le projet et l'anticipation du soi futur deviennent plus accessibles. Il importe donc d'analyser les stratégies de projet et les processus d'anticipation, en particulier chez les infirmières et les cadres.

Le concept de projet

Les stratégies de projet font référence au futur à gérer et à construire. Elles sont une réponse à une situation présente, conflictuelle, à des contradictions et à des contraintes maîtrisées. Le sujet va devoir se mobiliser pour atteindre des objectifs et gérer les moyens nécessaires. L'utilisation des stratégies de projet nécessite une double évaluation de sa part avec, l'estimation de ses compétences et des moyens dont il dispose, d'une part, et l'estimation des obstacles à franchir pour atteindre ses objectifs, d'autre part.

Selon Boutinet (1986), le projet est une conduite active, supposant construction et élaboration. Le désir de changement renvoie à un projet de production qui prendrait son origine dans le projet de soi ou d'identité. Selon Barbier (1991), la première expérience de changement constitue une action antérieure de transformation du réel, renvoyant elle-même à l'expérience d'un changement de soi à travers le réel. S'appuyant sur le modèle séquentiel de Super (1964) (exploration, cristallisation, spécification et réalisation) et sur celui de Guilford et Piaget, les auteurs développent une interprétation opératoire du projet (Pelletier, 1986). Cette activité s'appuie sur la pensée implicative à travers l'utilisation des capacités d'anticipation, de planification et d'élaboration. Le projet est l'expression d'un but poursuivi qui rend compte des réalités du social mais aussi des choix de l'acteur. Il implique une stratégie orientant des conduites à la fois objectives et subjectives. La stratégie de projet implique une articulation moyens/buts, évoquant la dynamique d'orientation.

Pour l'infirmière, le projet s'articule autour de l'aide à autrui, dans des relations où le patient lui reconnaît une valeur. Il est aussi lié au besoin irrésistible de conjurer la maladie et la précarité. Le projet de l'infirmière s'inscrit dans le projet institutionnel, notamment en ce qui concerne la qualité des soins. Cependant, elle fait son choix en intégrant des valeurs humaines au projet professionnel. Les infirmières qui travaillent auprès des grands malades et de mourants décrivent ainsi leur motivation (Martino, 1987). La hauteur du défi, le vécu de temps forts ainsi décrits comme motivation s'inscrivent dans une dynamique, dans une évolution. Selon Dejours (1980), il existe deux niveaux de réactions dans la relation travail/santé. Le travail s'accompagne de souffrances psychiques et, à l'inverse, il est source de plaisir, de satisfaction, d'équilibre mental : « la souffrance et le plaisir font partie intégrante de la charge de travail ». Pour les infirmières confrontées à la mort, la nature du travail est souffrance et peut devenir plaisir dans cette notion de défi à relever (Brockopp *et al.*, 1991).

Une enquête menée auprès des soignants de l'unité de soins palliatifs d'un l'hôpital parisien montre que la proximité de la mort engage pour eux la hiérarchie des valeurs comme primauté de l'affectivité sur l'efficacité. Elle modifie aussi, d'une part, le rapport au temps, en accentuant la valeur au temps présent, d'autre part, l'attitude profonde à l'égard des êtres et des choses (De Montigny & De Hennezel, 1990). Ainsi l'ultime motivation de ce projet professionnel serait la remise en question des valeurs invitant à une forme d'ouverture, de créativité personnelle. Les stratégies de projet permettent donc de gérer les conflits par l'anticipation, l'espoir du changement, la nécessité d'articuler les projets individuels aux projets des autres, du collectif. L'individu est engagé dans un processus de développement constant : la relance de soi par le projet s'inscrit dans le processus de personnalisation. Toutefois en situation difficile, le sujet est amené à s'adapter, à faire face, à développer des stratégies de coping dans l'instant présent.

Le concept de coping

Les approches traditionnelles du coping permettent de repérer historiquement trois références : celles qui s'appuient sur le modèle animal, celles qui prennent appui sur les défenses du moi et celles qui font appel aux traits de personnalité. Le modèle développé à partir de la *psychologie animale*, sous l'influence de Darwin, définit le coping comme un ensemble de comportements permettant à l'animal de contrôler la situation source de stress et de diminuer l'excitation. Le coping est donc réduit à des réponses comportementales innées ou acquises face au danger, telles l'attaque, la fuite et l'évitement (Dantzer, 1989). Le coping est identifié comme « défense du moi », soit comme un ensemble de pensées et d'actes inconscients ayant pour but de diminuer ou de supprimer l'angoisse (Albaret, 1994). Ce modèle des défenses du moi demeure incomplet puisque centré sur la réduction de la tension comme stratégie inconsciente plutôt que sur la résolution du problème comme stratégie consciente.

En lien avec la théorie des défenses, le coping est envisagé comme *trait de personnalité*. Cette théorie ne prend pas en compte la nécessité de mettre en œuvre des stratégies de coping très diversifiées (puisqu'elles sont ramenées aux seuls traits de personnalité). Elle minimise aussi le caractère variable des réactions selon les contextes et les situations. Nous pensons que les traits de personnalité interviennent plus dans les ressources personnelles du coping telles que développées dans le modèle de la *théorie cognitivo-émotionnelle du coping* dans laquelle nous nous inscrivons.

La théorie de Lazarus et Folkman (1984), située dans le courant de la phénoménologie cognitive, développe le concept de coping comme interaction entre l'individu et l'environnement. Le coping, « ensemble d'efforts cognitifs et comportementaux », intervient comme modérateur de la relation entre l'événement stressant et la détresse émotionnelle. Ce modèle interactionniste du stress développe l'existence de filtres perçus comme médiateurs de cette relation, dont trois sont particulièrement retenus par Rahe et Arthur (1978) : la perception du stresseur, les défenses, les efforts conscients. Selon Lazarus et Folkman (1984), deux processus majeurs sont décrits dans cette perspective cognitive : l'évaluation et le coping.

L'évaluation est un processus cognitif qui permet de situer, en termes positifs ou négatifs, l'état émotionnel associé à la menace. Lazarus et Folkman (1984) définissent deux formes d'évaluation : primaire et secondaire. *L'évaluation primaire* permet au sujet de définir la nature et l'origine du caractère stressant de la situation. Pour Lazarus (1968), l'évaluation des situations comprend les situations à caractère hostile ou menaçant et les situations à caractère favorable ou engageant. Lorsque la situation n'est pas perçue menaçante pour la personne, celle-ci met en place des conduites d'adaptation sans émotions particulières ou seulement accompagnées d'un sentiment de sécurité, de confiance en soi, d'identité bien définie. Lorsque la situation est perçue menaçante, les auteurs mentionnent trois catégories d'appréhension primaire :

- ❑ *la perte* (« *harm-loss* ») corporelle, naturelle, relationnelle ;
- ❑ *la menace* (« *threat* ») qui correspond à l'éventualité d'une perte (malheur anticipé) ;
- ❑ *le défi* (« *challenge* ») comprise comme une opportunité anticipée de bénéfices.

La nature de l'appréhension à des conséquences sur la forme de l'émotion. Ainsi la perte et la menace entraînent des émotions négatives (honte, colère, peur) ; en revanche, le défi, lui, est en lien avec des émotions positives (passion, joie, etc.). Ce type d'évaluation n'a de sens que si le sujet a évalué ses propres capacités à répondre à l'événement stressant. Par cette évaluation secondaire, le sujet précise son implication et son niveau de difficulté, oriente les stratégies qu'il va mettre en place et enfin, élargit les modalités de résolution des problèmes en les situant dans un horizon temporel. Ainsi, le coping, selon Cohen et Lazarus (1968, 1984) est examiné comme une succession d'étapes tout à fait indissociables :

- *l'évaluation de la situation stressante* : la personne examine la situation, la jugeant abordable ou menaçante ;
- *l'évaluation de ses propres capacités à faire face à cette menace*, en déterminant en même temps le poids de cette menace, ceci en fonction de ses ressources personnelles et de celles de l'environnement ;
- *la mise en place d'un processus de coping* visant à réguler la détresse émotionnelle accompagnée de manifestations physiologiques.

Pour faire face aux expériences menaçantes lorsque d'autres orientations sont impossibles, le sujet va aborder différemment la situation, en diminuant l'intensité de l'impact au stress. Le processus de coping n'est donc pas une conséquence de la réaction émotionnelle, mais bien une composante même, intégrale et fonctionnelle, de cette réponse émotionnelle (Pronost, 1989, 1997, 2005). Les deux processus d'évaluation sont en lien avec les caractéristiques ou ressources personnelles et avec les ressources de l'environnement.

Les ressources personnelles, selon Folkman et Lazarus (1988), comprennent les croyances, la hardiesse, l'anxiété-trait. Les croyances, telles que la religion ou la croyance de l'individu en lui-même dans le contrôle des événements, font partie de ces ressources. Rotter (1966) développe la notion de contrôle en termes d'internalité et d'externalité : les individus croient que ce qui leur arrive est sous leur propre contrôle (lieu de contrôle interne) ou dépendant de facteurs extérieurs non contrôlables (lieu de contrôle externe). Sous un autre aspect,

Kobasa (1979) introduit le contrôle perçu (appréciation subjective de l'individu sur le degré d'influence qu'il a sur l'environnement) comme la composante essentielle d'un type de personnalité qu'il qualifie de hardi. Plus finement, la hardiesse est définie comme modalité efficace de maîtrise personnelle des événements de vie (Kobasa *et al.*, 1982). Elle se présente comme une résultante de trois éléments caractéristiques de la personne, à savoir l'engagement, la maîtrise et le défi (Kobasa, 1979 ; Delmas, 2000, 2001) ; c'est une caractéristique plus liée à la santé mentale qu'à la santé physique (Schmiedt, 1987 ; Rhodewalt & Zone, 1989). La hardiesse ne se confond pas avec un « lieu de contrôle » même si elle en est proche, du fait que la notion de défi n'intervient pas dans l'internalité externalité (*locus of control*). L'anxiété-trait, décrite comme une composante stable de la personnalité, amène le sujet à vivre tout événement stressant comme menaçant. L'anxiété-trait fait partie des facteurs personnels qui, selon Lazarus et Folkman (1984), influencent la perception de la situation stressante mais d'une manière moins importante que les facteurs situationnels (Fleishman, 1984). Elle se développe en relation avec le sentiment de menace : menace externe (réception de l'environnement) ou interne (pressions conscientes ou inconscientes).

L'hypothèse que les modes préférés de faire face au stress viendraient des dimensions de la personnalité telles l'optimisme, le locus of control (ou contrôle interne), l'estime de soi, la hardiesse, l'anxiété-trait, les types du schéma de comportement (types A, C, etc.) (Carver *et al.*, 1989) vient supplanter l'hypothèse de l'existence de styles de coping stables. En effet, le coping est considéré comme un processus dynamique changeant de nature d'un moment à l'autre face à l'événement stressant. Dans les théories du coping, les ressources personnelles en lien avec la personnalité sont décrites soit comme des « traits de personnalité pathogènes » : dépression, style perceptif (évitant, vigilant), soit comme des « traits de personnalité immunogènes » : optimisme, hardiesse (Bruchon-Schweitzer *et al.*, 1994). En revanche, la référence à la personnalité ne doit pas faire oublier les effets de contexte, l'influence des situations et des personnes sur les conduites du sujet.

Les facteurs situationnels sont réels ou envisagés par le sujet comme imminents. Le contexte social apporte une certaine ambiguïté, place le sujet dans l'incertitude, rendant difficile l'évaluation de la situation stressante ainsi que le choix de la stratégie à adopter. Plus l'ambiguïté est importante, plus les caractéristiques personnelles seraient impliquées (Lazarus et Folkman, 1984). Les ressources sociales servent de soutien émotionnel, d'assistance et de source d'information. Elles participent au maintien d'une bonne santé physique et mentale. Le soutien ou réseau social, ressource pour l'individu, comprend les amis, les parents et toute personne susceptible d'être en contact avec le sujet. Plus le soutien social est élevé, plus l'individu est capable de faire face (Spacapan et Oskamp, 1988). Plutôt que l'aspect quantitatif, c'est l'aspect qualitatif qui sera pris en compte. En effet, outre l'existence du réseau social (soutien social reçu), c'est le ressenti du sujet face au soutien possible de ce même réseau qui prime (soutien social perçu). Il s'agit d'une ressource psychologique qui définit les perceptions d'un individu en égard à la qualité de ses relations sociales (Gentry et Kobasa, 1984). Rascle (1994) aborde le soutien social comme concept pluridimensionnel avec quatre types principaux : le soutien social émotionnel, le soutien d'estime, le soutien matériel et financier, le soutien informationnel. Le rôle du soutien social est d'agir sur les effets du stress (effet tampon), mais il est également défini comme ressources du coping, voire comme principale ressource (Matheny *et al.*, 1986). L'existence d'un support permet à l'individu d'évaluer cognitivement la situation, réduisant aussi le stress perçu en augmentant les ressources dont le contrôle perçu. Dans cette perspective théorique de Lazarus et Folkman (1984), les facteurs environnementaux et les ressources personnelles interviennent dans l'évaluation de l'événement stressant et donc dans la mise en œuvre des stratégies de coping.

Lazarus et Folkman (1984) décrivent deux types de stratégies de coping : la focalisation sur le problème (*problem-focused coping*) et la focalisation sur l'émotion (*emotion-focused coping*). La focalisation sur le problème comprend les aspects cognitifs mobilisés pour résoudre le problème, ainsi que les stratégies comportementales axées sur la réduction ou la gestion de l'origine du problème. Les conduites en lien avec cette stratégie renvoient à l'établissement d'un plan d'action, la recherche d'information, l'affirmation de soi mais aussi l'affrontement direct, la fuite, la prise de médicaments ou l'augmentation de ses propres compétences intellectuelles par le sujet. La focalisation sur l'émotion comprend les aspects cognitifs mis en œuvre pour diminuer, réguler ou supprimer la détresse émotionnelle. La centralisation sur soi favorise les conduites en termes de restructuration cognitive, de minimisation ou de négation du problème. L'auto-accusation, le détachement, les conduites addictives fréquentes chez les infirmières et l'humour sont également rattachés à la focalisation sur l'émotion. Ces deux dimensions peuvent être mobilisées en même temps. La centration sur le problème oblige le sujet à se décentrer de ses propres angoisses.

D'autres approches ont été proposées que nous allons évoquer brièvement. Pearlin et Schooler (1978) définissent le coping comme l'ensemble des actes à partir desquels le sujet évite les problèmes durables de la vie. Les trois dimensions étudiées par ces auteurs comprennent : les ressources sociales, les ressources psychologiques, les conduites spécifiques du coping.

Le modèle à trois dimensions de Seiffge-Krenke (1984) propose des stratégies cognitives de recherche d'information et de conseil, des stratégies réflexives d'évaluation de la situation et d'utilisation de la réflexion pour élaborer des solutions et le retrait dans lequel les auteurs identifient le déni, la régression, le repli de soi. Enfin, selon Suls et Fletcher (1985), repris par Paulhan (1994), trois catégories de coping sont à prendre en compte :

- le *coping « évitant »* permet de réduire la détresse émotionnelle. Cette stratégie passive est comparable au coping centré sur l'émotion de Lazarus. Il s'exprime dans l'évitement, la fuite, la résignation, le fatalisme ;
- le *coping « vigilant »* renvoie aux efforts cognitifs et comportementaux de résolution de problème. Cette stratégie active comprend la recherche d'information, la planification, la recherche de soutien social ;

- ❑ la *réévaluation du problème* a pour but de réduire l'écart entre la menace perçue et les ressources perçues par le sujet.

Les approches multidimensionnelles nous amènent à considérer le concept de coping comme plus complexe, inclus dans le processus de personnalisation (Pronost et Tap, 1994, 1995, 1996). À partir des différentes échelles de coping, Esparbès *et al.* (1993, 1994) élaborent une échelle toulousaine de coping en proposant un modèle multidimensionnel articulé autour de la théorie de la personnalisation et validé par Pronost (1997). Les auteurs proposent un modèle *a priori*, avec dix-huit dimensions du coping à partir du croisement de trois champs (comportemental, cognitif, affectif) et de six stratégies. Les stratégies définies par les auteurs sont des stratégies socialement perçues positives et efficaces à long terme (focalisation, contrôle, recherche de support ou de soutien social, conversion) et des stratégies socialement perçues négatives et efficaces seulement à très court terme (retrait, refus).

Les stratégies utilisées par les infirmières pour faire face au stress provoqué par la confrontation à la morbidité et à la mort des patients sont vécues comme efficaces qu'elles soient socialement perçues négatives ou positives. Cependant, si les stratégies socialement perçues négatives ne les empêchent pas de dispenser les soins prescrits, elles ne favorisent pas l'exercice professionnel lié au « rôle propre », notamment dans le cadre de la relation d'aide et de l'accompagnement : elles ne sont donc pas « efficaces » pour le malade et sa famille et, par-là, peuvent accentuer la souffrance des soignants. Les stratégies de coping socialement perçues positives sont vécues comme efficaces à long terme. Il s'agit du soutien social et du contrôle. Ainsi, les infirmières valorisent le travail en équipe, recherchent du support pour ventiler leurs émotions, font référence aux médecins et aux pairs les plus expérimentés (Pronost et Tap, 1996).

Une recherche réalisée sur 185 infirmières en soins palliatifs et en oncologie (Pronost, 1997) montre, dans les résultats obtenus après passation de l'échelle toulousaine de coping (Esparbès *et al.*, 1993, 1994), que les stratégies de refus et de retrait sont très corrélées entre elles, correspondant aux stratégies socialement perçues négatives. De même, il est démontré une forte corrélation entre conversion, focalisation, recherche de soutien social et contrôle, stratégies de coping socialement perçues positives. Dans cette recherche, les infirmières formées et avec personnes ressources utilisent davantage les stratégies de coping socialement perçues positives développant le sens de l'accomplissement personnel. Les infirmières non formées et sans personne ressource utilisent davantage des stratégies de coping socialement perçues négatives, dont le retrait, proche de l'épuisement professionnel, et le refus, la rétention émotionnelle, proche de la dépersonnalisation d'autrui (noyau du burnout). Les infirmières en soins palliatifs sont davantage situées dans l'interaction sociale et affective (recherche de soutien social), tandis que les infirmières en soins curatifs ont plutôt tendance à se défendre contre leurs émotions (retrait, refus).

Conclusion

La mise en relation de ces concepts et l'impact managérial qui soustend sa compréhension nous amènent à considérer différemment l'infirmière comme un être en développement, même si la confrontation à la mort et à la morbidité demeure un stresseur psychologique permanent. La prise en compte de la souffrance des soignants devient une priorité en termes de santé au travail. Il s'agit d'analyser les ressources personnelles et celles de l'environnement. Cette approche favorise la mise en place de stratégies de coping socialement perçues positives, efficaces dans le temps, permet l'émergence d'une véritable identité professionnelle, et favorise une meilleure situation face à autrui et aux institutions, par le biais des évolutions organisationnelles et la mise en projet : projet de soi à travers un projet collectif donnant du sens aux actes professionnels des infirmières. L'étude du coping dans la dynamique de la personnalisation amène donc des champs d'application à la recherche sur le terrain, novatrices et à développer, concernant le soutien à apporter aux équipes, la formation professionnelle, l'amélioration des pratiques professionnelles avec la mise en place de projets de service, situant les professionnels de santé comme acteurs, sujets en développement. Pour l'encadrement, cet éclairage théorique devient essentiel dans la compréhension de la souffrance des soignants et dans la prévention de l'épuisement professionnel ou burnout des professionnels de santé.

Faire face au stress provoqué par la confrontation permanente à la maladie et à la mort devient un défi pour les cadres en termes de management, notamment dans la valorisation du travail en équipe interdisciplinaire. L'équipe de soins est considérée comme un vaste jeu de pouvoir entre des acteurs qui développent des stratégies susceptibles d'augmenter leur pouvoir. L'acteur stratégique dispose de ressources d'action, de marge de manœuvre, même si cette dernière est toujours limitée par les contraintes de l'organisation et de son environnement, obligeant à repenser le mode de management des équipes.

Références

- Antonovsky A. *Health, stress and coping.* San Francisco, Jossey-Bass, 1979.

- Billings A, Moos R. The role of coping responses and social ressources in attenuatting the impact for stressful life events. *Journal of personality and social psychology* 1981 ; 4 : 139-57.

- Bruchon-Schweitzer M, Dantzer R. Introduction à la psychologie de la santé. *Psychologie d'aujourd'hui.* Paris, PUF, 1994.

- Chipp PE, Scherer K. Les comportements de coping : étude de leur structure théorique et élaboration d'une échelle en langue française. *Revue Européenne de Psychologie Appliquée* (Genève) 1992 ; 4e trimestre, vol. 42, n°4 : 295-94.

- Cohen F, Lazarus RS. Active coping processus, coping dispositions and recovery from surgery. *Psychosomatic medecine* 1973 ; 35 : 375-89.

- Dejours C. *Travail, usure mentale : de la psychopathologie à la psychodynamique du travail.* Paris : Bayard, 1993.

- Delmas P. *Effets d'un programme de renforcement de la hardiesse sur la hardiesse, le stress perçu, les stratégies de coping et la qualité de vie d'infirmières françaises* ; thèse de doctorat en Faculté de Sciences Infirmières, Université de Montréal, 2001.

- Groupe de Recherche Inter Professionnel Infirmier. *Étude sur les conditions de vie professionnelle des infirmières en milieu hospitalier* (analyse finale non publiée), 1994.

- Jacobi D. Le rôle du stage dans la construction de l'identité professionnelle. *Soins formation, pédagogie, encadrement* 1993 ; 6 : 22-24.

- Kobasa SC, Maddi S.R. Existential personality theory. In : R. Corsini Eds. *Current personality theories.* Itasca, III, Peacock, 1977.

■ Krystal H. *Integration and self healing : affect, trauma, alexithymie*. N.J. Analytic Pres, 1988.

■ Lazarus RS, Folkman S. *Stress, apraisal and coping*. Springer, New York publishing company, 1984.

■ Lipiansky EM. Identité subjective et interaction. In : C. Camilleri *et al.* (eds). *Stratégies identitaires*. Paris : PUF, 1990 : 193-211.

■ Pedinielli JL. *Psychosomatique et alexithymie*. PUF, 1992.

■ Pronost AM, Tap P. La prévention du burnout et ses incidences sur les stratégies de coping. In : Widlocher D. *et al. Psychologie de la santé, psychologie française* 1996 ; 41 (2) : 165-72.

■ Pronost AM. *La souffrance des soignants : stress, coping, burnout chez les infirmières face à la mort*. Thèse doctorat nouveau régime Psychologie Sociale du Développement, Université Toulouse le Mirail, 1997.

■ Sainsaulieu R. *Identité au travail*. Paris : Presses de la Fondation Nationale, 1977.

■ Schcier MF, Carver CS. Dispositional optimism and psyical well-being: the influence of generalized outcome expectancies on health. *Journal of personality* 1987 ; 55 (2) : 169-21.

■ Sordes-Ader F, Esparbes S, Tap P. Contrôle de soi et stratégie de développement : le coping en question. *Psychologie et éducation* 1994 ; Mars.16 : 81-96.

■ Tap P. *Identités individuelles et personnalisation*. Toulouse, Privat, 1986 : 1-12.

■ Tap P. *La société Pygmalion ? Intégration sociale et réalisation de la personne*. Paris : Dunod, 1988.

La liste de l'ensemble des références bibliographiques est à demander à l'auteur par mail : a.pronost@clinique-pasteur.com

4 L'empowerment en milieu de travail : de l'individuel à l'organisationnel

Hélène Sylvain et Sonia Leblanc

L'importance d'une approche d'empowerment n'est plus à démontrer de nos jours. En effet, plus de 70 % des organisations ont adopté certaines initiatives d'empowerment pour au moins une partie de leur personnel (Spreitzer, 2006). Pourquoi tant d'engouement pour ce concept dans le monde du travail ? Il semble que l'empowerment pourrait faire partie des solutions face aux multiples défis actuels des organisations, comme les demandes de performance dans un contexte de réductions budgétaires, les coûts de l'absentéisme, l'insatisfaction du personnel et la détresse psychologique et autres problèmes de santé mentale comme le burnout (Spreitzer & Doneson, 2005). Malgré tous ces espoirs et les efforts pour intégrer une telle approche, il semble difficile de construire une véritable philosophie d'empowerment dans les entreprises (Spreitzer & Quinn, 2001). De plus, bien qu'il y ait surutilisation du concept, il apparaît que l'empowerment est encore un concept ambigu, voire indéfini, dans certains domaines. Une revue des écrits sur ce concept, avec plus de 10 000 références dans les grandes banques de données, fait ressortir deux axes différents d'études en management et en santé au travail. Le premier aborde l'individuel tandis que le second s'intéresse à l'organisationnel. C'est ce qui retiendra notre attention dans ce chapitre. Pour plus d'information, le concept d'empowerment et ses référents théoriques ont été présentés dans un article récent (Sylvain, 2005a).

Le concept d'empowerment

Que ce soit dans les écrits ou lors de colloques, à chaque fois qu'on aborde l'*empowerment* dans la francophonie, on note la difficulté de traduire ce mot en français et ce problème s'ajoute aux difficultés engendrées par la multiplicité des définitions. Au flou conceptuel initial, s'ajoutent les approximations linguistiques (Le Bossé, 2004). Plusieurs termes ont été proposés au fil du temps et selon les domaines et les contextes d'utilisation (autonomisation, appropriation, habilitation, émancipation, affranchissement, responsabilisation) (Sylvain, 2005b). Actuellement, une tendance est à l'expression « pouvoir d'agir ». Une proposition fort intéressante et bien défendue par Le Bossé (2004). Dans ce texte, il sera donc question de *pouvoir d'agir* et d'*empowerment*, de façon indifférenciée, lorsqu'un ou l'autre terme sera plus approprié.

Dans la plupart des textes sur le sujet, on réfère toujours à cette définition de Rappaport, auteur majeur du développement de l'empowerment : « un processus par lequel les personnes gagnent de la maîtrise sur leur vie » (Rappaport, 1987). L'empowerment se traduit par la prise du pouvoir, la liberté de choisir, la capacité de se faire entendre et d'agir. Une personne ayant du pouvoir peut ne pas faire le « bon choix », mais elle sait qu'elle peut choisir, notamment entre se battre ou se retirer, être dépendante ou indépendante et s'organiser ou attendre (Zimmerman, 2000). Avoir du pouvoir sur une situation n'est donc pas nécessairement synonyme d'autonomie, mais plutôt de libre choix. La liberté de choisir et le pouvoir d'agir apparaissent comme les caractéristiques centrales d'une approche par empowerment. Dans le domaine des soins infirmiers, la première utilisation connue du concept remonte à 1982 lors de la publication par l'association des infirmières américaines d'un texte intitulé « *Professionalism and the empowerment of nursing* ». Cette publication avait une saveur davantage politique qui s'est par la suite redéployée vers une vision relationnelle de l'empowerment.

Modèles théoriques de l'empowerment en management

Les écrits sont de plus en plus nombreux en regard de l'empowerment dans le domaine du travail et du management en particulier. Pour faire un tour de la question, nous proposons d'examiner ce concept à partir des écrits associés au management en sciences infirmières, répertoriés sur les grandes bases de données. On peut y dégager deux grandes visions théoriques de l'empowerment dans le domaine du travail et de la gestion (Kuokkanen & Leino-Kilpi, 2000). La première est davantage micro et se concentre sur l'individu par le modèle psychologique de l'empowerment au travail (Spreitzer, 1995b). La seconde reflète plutôt une vision macro et s'intéresse au contexte socio-structurel, à l'empowerment organisationnel (Kanter, 1979, 1993) et la notion de leadership partagé.

Le modèle psychologique de l'empowerment

L'empowerment psychologique au travail a ses racines dans les travaux de recherche sur la qualité de vie au travail et la détresse psychologique des employés (Spreitzer & Doneson, 2005). Plutôt que de se centrer sur les pratiques en management qui s'intéressent au partage du pouvoir avec les employés de tous les niveaux de l'entreprise, la perspective psychologique se centre sur l'empowerment vécu par les employés au travail. Dans cette vision, Spreitzer (1995a) a développé un modèle cognitif psychologique de l'empowerment, basé sur les travaux de Conger et Kanungo (1988) et de Thomas et Velthouse (1990). Ces auteurs définissent l'empowerment comme une motivation intrinsèque qui se manifeste par un ensemble de quatre caractéristiques de l'individu face à son rôle au travail : le sens du travail, l'autodétermination, le sentiment de compétence et l'impact (Spreitzer, 1995b) :

- le **sens du travail** (*meaning*) est la valeur accordée par l'individu au travail ;
- le **sentiment de compétence** (*competence*) réfère à l'auto-efficacité spécifique au travail en lien avec les connaissances et les habiletés de la personne ;
- l'**autodétermination** (*self-determination*) est le sentiment d'avoir le choix en initiant ou accomplissant ses actions ;
- enfin l'**effet** (*impact*) représente le degré par lequel un individu peut influencer des résultats stratégiques, administratifs ou opérationnels au travail (Mok & Au-Yeung, 2002 ; Spreitzer & Doneson, 2005).

Ensemble, ces quatre dimensions reflètent une orientation active, plutôt que passive, de la personne au travail et forment le construit de l'empowerment psychologique au travail. Si l'une de ces dimensions est manquante, l'expérience d'empowerment au travail est plus limitée (Spreitzer, 2006). En d'autres mots, les individus ne voient pas leur situation de travail comme imposée, mais plutôt comme pouvant être modelée par leurs propres actions (Spreitzer, De Janesz, & Quinn, 1999).

La mesure de l'empowerment intrapersonnel au travail

Spreitzer (1995a) a développé un outil de mesure basé sur les quatre dimensions de son modèle théorique. De façon opérationnelle, l'outil est composé de douze items. Chacune des dimensions de l'échelle est associée à trois items sur une échelle de Likert à 7 points allant de « fortement en accord » à « fortement en désaccord ». Des exemples d'items sont : *le travail que je fais est très important pour moi, j'ai confiance en mes capacités de travail* et *je possède l'autonomie suffisante pour déterminer comment je fais mon travail.* Cet instrument de mesure est d'ailleurs très bien décrit dans l'étude de Hochwälder et Brucefors (2005b) et l'outil est disponible sur le site Internet du Dr Spreitzer de l'Université du Michigan (États-Unis). Cet outil de mesure apparaît solide puisque les propriétés psychométriques de l'échelle d'empowerment ont été évaluées par plus de dix études indépendantes qui font ressortir un niveau très satisfaisant de validité de construit et de fidélité (Hochwälder & Brucefors, 2005a).

Selon certains résultats de recherche, l'empowerment psychologique au travail serait un facteur de protection contre la maladie. Une recherche, faite auprès de 2 011 infirmières dans la région de Stockholm, a étudié le lien entre l'empowerment psychologique au travail et la santé mentale en général, le burnout ainsi que les congés de maladie (Hochwälder & Brucefors, 2005a). Les résultats font ressortir que, parmi les quatre dimensions du modèle de Spreitzer, le sens du travail et le sentiment de compétence auraient une relation négative très importante avec les problèmes de santé. Hochwälder et Brucefors

(2005b) ont conduit une autre étude dont le but était d'évaluer les propriétés psychométriques d'une traduction suédoise de l'échelle de Spreitzer et qui a été effectuée auprès de groupes d'infirmières ayant des niveaux hiérarchiques différents. Les résultats laissent voir que le sentiment de compétence serait une dimension importante de l'empowerment. Dans cette étude, l'empowerment était ressenti plus fortement chez les infirmières ayant un haut niveau d'éducation, une expérience significative, un salaire plus élevé ainsi qu'un plus grand niveau d'autorité et de responsabilité. Les résultats de l'étude ont également confirmé la pertinence des propriétés psychométriques de l'échelle d'empowerment de Spreitzer.

Une autre étude faite en Orient (Brandi & Naito, 2006) corrobore l'importance de la confiance en soi associée au sentiment de compétence dans l'empowerment. L'étude explore les perceptions de 16 infirmières japonaises gestionnaires quant à leur situation au travail. Il ressort qu'encore de nos jours, le patriarcat mine le pouvoir d'agir des infirmières dans les relations interprofessionnelles En effet, la relation d'autorité médecin/infirmière qui prévaut dans l'organisation et l'ambiguïté des rôles sont des exemples d'obstacles au développement de l'empowerment avec lesquels les infirmières ont à composer. Certains attributs personnels les influencent toutefois positivement dans l'accomplissement de leur rôle, le principal étant la confiance en soi.

En somme, les recherches sur l'empowerment psychologique suggèrent que lorsque les personnes expérimentent de l'empowerment au travail, des résultats positifs tendent à se produire, autant chez les individus, par une meilleure santé et une satisfaction accrue au travail, que pour le bénéfice de l'organisation, notamment par une diminution de l'absentéisme, une plus grande fidélité à l'entreprise. En fait, les recherches suggèrent que l'empowerment est important à la fois pour les employés et pour l'organisation. Ces deux perspectives sont étroitement liées, mais ont un point de vue différent sur ce que signifie l'empowerment.

La théorie de l'empowerment organisationnel

Les théories de gestion et d'organisation emploient de plus en plus le concept d'empowerment en l'associant à une meilleure distribution du pouvoir pour augmenter la productivité et l'efficacité. Ceci implique notamment une réorganisation du travail et le développement d'une meilleure gestion des ressources humaines (Kuokkanen & Leino-Kilpi, 2000). Dans ce texte, c'est particulièrement la théorie de Kanter qui sera abordée.

La théorie du pouvoir structurel dans l'organisation (Kanter, 1979, 1993) a fourni un modèle important sur l'empowerment associé au monde du travail (Kuokkanen & Leino-Kilpi, 2000). Cette théorie a été formulée sur la base de recherche qualitative où la communauté de travailleurs a été interrogée sur leur perception du pouvoir. L'idée de base du modèle de Kanter repose sur le fait que les comportements et les attitudes en milieu de travail sont déterminés par les structures sociales et organisationnelles plutôt qu'à des prédispositions personnelles (Sarmiento, Laschinger & Iwasiw, 2004). De façon plus précise, Kanter s'est intéressée au genre dans la structure organisationnelle. Cette chercheuse en management arrive à démontrer que les différences hommes/femmes dans le comportement organisationnel ne résultent pas de traits intrinsèques propres à chaque sexe ou individu, mais bien de la structure organisationnelle et sociale qui conditionne ces spécificités (Caron, 2004). Pour Kanter, une organisation qui privilégie une approche d'empowerment crée des conditions d'efficacité au travail en s'assurant que les employés ont accès à l'information, au soutien et aux ressources nécessaires pour accomplir leur travail, ainsi qu'à des opportunités d'apprentissage et de développement (Kuokkanen, Leino-Kilpi, & Katajisto, 2002). Kanter soutient que le pouvoir provient à la fois des systèmes formels et informels de l'organisation et qu'il est défini comme l'habileté à ce que les choses soient faites, en mobilisant les ressources nécessaires pour atteindre les buts fixés (Ellefsen & Hamilton, 2000). Les actions posées vont générer des résultats positifs à la fois à un niveau individuel et organisationnel (Kuokkanen & Leino-Kilpi, 2000). L'impact sur le personnel inclut une augmentation de la satisfaction au travail, une meilleure motivation, de l'autonomie et un engagement envers l'organisation (Laschinger, Finegan, Shamian, & Wilk, 2004). Plusieurs autres études, basées sur le modèle de Kanter, ont démontré qu'une structure organisationnelle flexible, qui réalise une véritable délégation de pouvoir, établit une corrélation positive avec la perception des infirmières de leur autonomie, de la satisfaction au travail, de leur implication et de leur sentiment d'auto-efficacité (Laschinger, Finegan & Shamian, 2001 ; Laschinger, Finegan, Shamian & Wilk, 2001).

En résumé, Kanter définit le pouvoir comme la capacité de mobiliser les ressources pour accomplir le travail. Elle identifie les caractéristiques structurelles dans une organisation qui influence l'habileté des individus pour accéder et mobiliser les facteurs d'empowerment liés au travail :

- le pouvoir, c'est-à-dire l'accès à l'information, au soutien et aux ressources ;
- et les perspectives, c'est-à-dire l'accès aux défis, à la croissance et au développement dans l'organisation.

L'accès à ces structures organisationnelles est influencé par le degré de pouvoir formel et informel que cette personne a dans l'organisation. Le pouvoir formel est associé à la position dans l'organigramme tandis que le pouvoir informel résulte d'alliances sociales et politiques dans l'organisation (Sarmiento *et al.*, 2004).

Les recherches associées à l'empowerment organisationnel

Le nombre de recherches sur l'empowerment organisationnel a connu une augmentation importante ces dernières années en sciences infirmières (Kuokkanen & Leino-Kilpi, 2000). Comme il a été mentionné, plusieurs chercheurs en soins infirmiers ont utilisé le modèle de Kanter pour soutenir leurs recherches portant sur l'empowerment des infirmières (Ellefsen & Hamilton, 2000 ; Kuokkanen *et al.*, 2002 ; Laschinger *et al.*, 2004 ; Mok & Au-Yeung, 2002 ; Sarmiento *et al.*, 2004). Les travaux de Laschinger et ses collègues, avec plus de 15 études auprès d'échantillons différents, ont fourni un solide soutien empirique à la théorie de Kanter et ont permis de démontrer que l'empowerment prédit des résultats organisationnels positifs comme la confiance dans l'administration, un sentiment de maîtrise face à la tâche, la satisfaction au travail et un niveau moindre de stress au travail (Laschinger, Finegan, Shamian *et al.*, 2001). Il apparaît que les conditions de travail ont un impact important sur la perception des employés de se sentir en empowerment et ainsi de travailler efficacement (Patrick & Laschinger, 2006). Les résultats de l'étude de Mok & Au-Yeung (2002) révèlent qu'il y a une corrélation positive entre le climat organisationnel et l'empowerment. Le leader qui est soutenant pour son groupe et les bonnes relations dans le travail d'équipe ont une influence importante sur l'empowerment, davantage que la participation aux prises de décision. Finalement, certaines recherches démontrent que les infirmières cadres exercent une influence de premier niveau sur la rétention des infirmières de leur service et contribuent à leur empowerment (Trofino, 2003). Ceci est d'autant plus vrai quand le cadre infirmier valorise leur contribution, promeut le partage de l'information et exerce une influence sur la stabilité de l'environnement de travail (Trofino, 2003). Ces caractéristiques sont également en lien étroit avec la théorie de Kanter.

Certaines formes de leadership servent de leviers pour l'émergence d'une structure d'empowerment au sein d'une organisation. À ce propos, Scott et Caress (2005) stipulent que la gestion participative (le concept de *shared governance*) ressort comme une solution à certains problèmes de pénurie du personnel infirmier en général et des infirmières cadres en particulier. Ce type de gestion a d'ailleurs été implanté avec succès à l'hôpital Christie en Angleterre. Parmi les bénéfices potentiels de la gestion participative, notons le développement de relations de collaboration, l'amélioration de la qualité des soins, le développement des connaissances ainsi que le recrutement et la rétention du personnel.

Il est impératif, avec le climat de désengagement qui sévit actuellement au sein des soins infirmiers dans plusieurs institutions du globe, de trouver des pistes afin d'améliorer l'environnement de travail des infirmières. En effet, plusieurs auteurs font mention de leurs préoccupations à ce sujet (Brandi & Naito, 2006 ; Parsons, Cornett & Burns, 2005 ; Patrick & Laschinger, 2006 ; Scott & Caress, 2005). D'ailleurs, une étude faite au Canada laisse voir que la restructuration dans l'organisation des services de santé durant la dernière décennie, et les conditions de travail en découlant, ont contribué à diminuer l'intérêt des infirmières d'un haut niveau de compétences pour les postes cadres (Patrick, Heather & Laschinger, 2006). Le recrutement et la rétention d'infirmières qualifiées pour ces postes devraient donc être des incitatifs à considérer pour la mise en œuvre de processus de changements permettant l'amélioration de l'environnement de travail. Partout dans le monde, les gestionnaires des milieux de santé font face à un manque crucial de personnel. La pénurie infirmière est devenue une problématique chronique associée à l'organisation du travail (Parsons *et al.*, 2005). Il est possible de considérer qu'une approche d'empowerment envers les personnes et l'organisation serait un atout majeur à considérer, à la condition que ce soit véritablement de l'empowerment.

Un certain scepticisme face à l'empowerment en gestion

Même si les gestionnaires manifestent souvent de l'enthousiasme face au concept d'empowerment, il apparaît qu'ils éprouvent certaines difficultés à l'intégrer dans leurs actions, notamment à cause des multiples définitions qui y sont associées, allant du partage de pouvoir, de la pleine participation des travailleurs dans les décisions, à un processus de motivation pour augmenter leur auto-efficacité au travail (Mok & Au-Yeung, 2002). Nous pouvons constater dans le domaine de la gestion, comme ailleurs, que l'empowerment est un concept parapluie. En conséquence, l'étendue des pratiques de travail qui ont été implantées, sous son couvert, est très variable et enchevêtrée. Cette confusion contribue à diluer la mise en place d'une véritable philosophie d'empowerment. Il est intéressant de noter que la trajectoire du terme « empowerment » illustre comment ce concept s'est transformé en tant que partie centrale des réformes sociales progressives vers un des éléments de l'idéologie de compétition en gestion (Clarke & Newman, 1997).

On peut donc constater que, d'une part, il y a les supporteurs enthousiastes qui reconnaissent que l'employé est un être de talent, créatif et par conséquent une ressource productive qui va contribuer aux objectifs de l'organisation. Cette vision est sans doute une des raisons pour laquelle il y a une prolifération d'écrits sur le sujet en management ces dernières années (McDonald, 2004). D'autre part, des commentateurs critiques spéculent que l'empowerment en gestion est une autre façon d'exercer un plus grand contrôle sur les employés (McDonald, 2004). Sous son couvert se glisse bien souvent des intentions de faire passer les idées des gestionnaires, de recentrer le pouvoir organisationnel (Sewell & Wilkinson, 1992) et constater que le pouvoir réel réside quand même au sommet de l'organisation (Boje & Rosalie, 2001). Cependant, malgré cet esprit critique qu'il importe de conserver, il y a encore très peu de travail empirique qui appuie ces affirmations. Des pistes de recherche seraient à explorer dans ce sens.

Conclusion

Les pratiques d'empowerment sont souvent implantées avec l'intention d'augmenter l'engagement des employés envers l'organisation, de diminuer l'insatisfaction au travail, de réduire l'absentéisme, les mouvements de personnel et de rehausser la qualité de vie au travail. Trop souvent, ces efforts n'obtiennent pas les résultats escomptés pour deux raisons majeures : le temps qu'on y accorde est trop court. Les gestionnaires voient l'empowerment comme une recette rapide et abandonnent l'idée s'il n'y a pas de résultats immédiats, bien que la transition vers ce type de modèle nécessite un changement de culture en profondeur. La seconde raison est la confusion sur ce qu'est vraiment l'empowerment traduisant également, comme il a été mentionné, la peur de perdre du contrôle et un certain pouvoir de la part des gestionnaires (Spreitzer & Doneson, 2005). Ces personnes doivent honnêtement se poser quelques questions : qu'entendons-nous par empowerment ? Voulons-nous vraiment une approche d'empowerment dans notre organisation ? Quelles sont les étapes à franchir pour intégrer cette approche ? (Quinn & Spreitzer, 1997). Le défi demeure dans l'appropriation des différentes visions d'empowerment pour conduire vers des changements organisationnels partagés, où l'empowerment psychologique renforce l'empowerment organisationnel qui, à son tour, contribue à l'empowerment des personnes impliquées. Une clé intéressante pour sortir du management panique !

■ Références

■ Boje DM, Rosalie GA. Where's the power in empowerment? Answers from Follett and Clegg. *Journal of Applied Behavioral Science* 2001 ; 37 (1) : 90-117.

■ Brandi CL, Naito A. Hospital nurse administrators in Japan: a feminist dimensional analysis. *International Nursing Review* 2006 ; 53 (1) : 59-65.

■ Caron C. De l'appropriation inachevée du concept de genre en communication organisationnelle. *Communication & Organisation* 2004 ; 25 : 180-96.

■ Clarke J, Newman J. The Managerial State: Power, Politics and Ideology in the Remaking of Social Welfare. London : Sage, 1997.

■ Conger JA, Kanungo RN. The empowerment process: Integrating theory and practice. *Academy of Management Review* 1988 ; 12 : 637-47.

■ Ellefsen B, Hamilton G. Empowered nurses? Nurses in Norway and the USA compared. *International Nursing Review* 2000 ; 47 (2) : 106-20.

■ Hochwälder J, Brucefors AB. Psychological empowerment at the workplace as a predictor of ill health. *Personality & Individual Differences* 2005a ; 39 (7) : 1237-48.

■ Hochwälder J, Brucefors AB. A psychometric assessment of a Swedish translation of Spreitzer's empowerment scale. *Scandinavian Journal of Psychology* 2005b ; 46 (6) : 521-29.

■ Kanter RM. Power failure in management circuits. *Harvard Business Review* 1979 ; 4 : 65-75.

■ Kanter RM. *Men and Women of the Corporation* (2nd ed). New York : Basic Books, 1993.

■ Kuokkanen L, Leino-Kilpi H. Power and empowerment in nursing: three theoretical approaches. *Journal of Advanced Nursing* 2000 ; 31 (1) : 235-41.

■ Kuokkanen L, Leino-Kilpi H, Katajisto J. Do nurses feel empowered? Nurses' assessments of their own qualities and performance with regard to nurse empowerment. *Journal of Professional Nursing* 2002 ; 18 (6) : 328-35.

■ Laschinger HK, Finegan J, Shamian J. The impact of workplace empowerment, organizational trust on staff nurses' work satisfaction and organizational commitment. *Health Care Management* 2001 ; 26 (3) : 7-23.

■ Laschinger HK, Finegan J, Shamian J, Wilk P. Impact of structural and psychological empowerment on job strain in nursing work settings: expanding Kanter's model. *Journal of Nursing Administration* 2001 ; 31 (5) : 260-72.

■ Laschinger HK, Finegan J, Shamian J, Wilk P. A longitudinal analysis of the impact of workplace empowerment on staff nurses' work satisfaction. *Journal of Organizational Behavior* 2004 ; 25 (4) : 527-31.

■ Le Bossé Y. De l'« habilitation » au « pouvoir d'agir » : vers une appréhension plus circonscrite de la notion d'empowerment *Nouvelles pratiques sociales* 2004 ; 16 (2).

■ McDonald R. Individual identity and organisational control: Empowerment and Modernisation in a Primary Care Trust. *Social Health & Illness* 2004 ; 26 (7) : 925-50.

■ Mok E, Au-Yeung B. Relationship between organizational climate and empowerment of nurses in Hong Kong. *Journal of Nursing Management* 2002 ; 10 (3) : 129-37.

■ Parsons ML, Cornett PA, Burns AL. A Healthy Emergency Department Workplace. *Topics in Emergency Medicine* 2005 ; 27 (3) : 198-205.

■ Patrick A, Laschinger HKS. The effect of structural empowerment and perceived organizational support on middle level nurse managers' role satisfaction. *Journal of Nursing Management* 2006 ; 14 (1) : 13-22.

■ Quinn RE, Spreitzer GM. The road to empowerment: Seven questions every leader should consider. *Organizational Dynamics* 1997 ; 26 (2) : 37-51.

■ Rappaport J. Terms of empowerment/exemplars of prevention: Toward a theory for community psychology. *American Journal of Community Psychology* 1987 ; 15 (2) : 121-48.

■ Sarmiento TP, Laschinger HK, Iwasiw C. Nurse educators' workplace empowerment, burnout, and job satisfaction: testing Kanter's theory. *Journal of Advanced Nursing* 2004 ; 46 (2) : 134-43.

■ Scott L, Caress AL. Shared governance and shared leadership: meeting the challenges of implementation. *Journal of Nursing Management* 2005 ; 13 (1) : 4-12.

■ Sewell G, Wilkinson B. Empowerment or emasculation? Shop-floor surveillance in a Total Quality Organisation. In : P Blyton, P. Turnbull (eds), *Re-Assessing Human Resource Management*. London : Sage, 1992.

■ Spreitzer GM. An empirical test of a comprehensive model of intrapersonal empowerment in the workplace. *American Journal of Community Psychology* 1995a ; 23 (5) : 601-29.

■ Spreitzer GM. Psychological empowerment in the workplace: Dimensions, measurement, and validation. *Academy of Management Journal* 1995b ; 38 (5) : 1442.

- Spreitzer GM. *Empowerment at Work*. Document de travail, 2006.

- Spreitzer GM, De Janesz S, Quinn RE. Empowered to lead: The role of psychological empowerment in leadership. *Journal of Organizational Behavior* 1999 ; 20 : 511-26.

- Spreitzer GM, Doneson D. Musings on the Past and Future of Employee Empowerment. In : T. Cummings (ed), *Handbook of Organizational Development*. Thousand Oaks : Sage, 2005.

- Spreitzer GM, Quinn RE. *A Company of Leaders: Five Disciplines for Unleashing the Power in Your Workforce*. San Francisco : Jossey-Bass, 2001.

- Sylvain H. L'empowerment dans le travail des infirmières : un concept d'intérêt. *Soins cadres* 2005a ; 55 : 58-62.

- Sylvain H. *Acteur et auteur de sa santé: l'empowerment*. Conférence d'ouverture au Colloque sur l'empowerment infirmier: L'empowerment: Le pouvoir d'agir, tenu à Sherbrooke, QC, le 6 décembre 2005 (2005b).

- Thomas KW, Velthouse BA. Cognitive Elements of Empowerment: An "Interpretive" Model of Intrinsic Task Motivation. *Academy of Management Review* 1990 ; 15 : 666-81.

- Trofino J. Power sharing. A transformational strategy for nurse retention, effectiveness, and extra effort. *Nursing Leadership Forum* 2003 ; 8 (2) : 64-71.

- Zimmerman MA. Empowerment theory: Psychological, organizational and community levels of analysis. In : J. Rappaport, E. Seidman (eds), *Handbook of community psychology*. New York: Kluwer Academic/Plenum, 2000 : 43-63.

III

La santé au travail : une approche environnementale et psychosociale

5

Stratégies d'amélioration des conditions de travail inspirées de l'expérience des hôpitaux attractifs

Sabine Stordeur et William D'Hoore

La pénurie d'infirmières que vivent actuellement la plupart des pays européens, le Canada et les États-Unis est attribuable, du moins en partie, à des milieux de travail inadéquats. Plusieurs auteurs établissent un lien direct entre la qualité des milieux de travail des infirmières et la satisfaction au travail, la productivité, le recrutement et le maintien des effectifs, la qualité des soins et, en fin de compte, les résultats pour les patients (Kramer et Schmalenberg, 1988a, 1988b ; Kramer, 1990 ; Aiken, Smith et Lake, 1994 ; Aiken, Sloane et Sochalski, 1998 ; Aiken, 2002). Une analyse de la littérature sur les hôpitaux présentant des milieux de travail de haute qualité permet d'identifier des points-clés sur lesquels il conviendrait de se pencher pour améliorer les conditions de travail des infirmières. Les chercheurs qui ont étudié les caractéristiques des hôpitaux attractifs aux États-Unis, mieux connus sous l'appellation de *magnet hospitals*, y retrouvent une combinaison d'attributs liés au leadership infirmier, à une gestion participative et de soutien, à une pratique professionnelle autonome et à la promotion du développement professionnel assurant aux infirmières une carrière stimulante et épanouissante[4].

Les trois pôles d'excellence communs aux *magnet hospitals*

L'administration et le leadership au sein du département infirmier

De nombreux articles sur les *magnet hospitals* relèvent l'importance cruciale d'un gestionnaire infirmier visionnaire, capable de créer une

4. McClure *et al.*, 1983 ; Aiken, Smith et Lake, 1994 ; Aiken, Sloane et Lake, 1997 ; Aiken, Sloane et Sochalski, 1998 ; Aiken, Clarke et Sloane, 2000 ; Mayrand Leclerc, 2002 ; Koehoorn *et al.*, 2002.

culture organisationnelle qui génère la satisfaction, d'adopter une attitude de soutien et d'être une source d'expertise, de formuler des attentes élevées à l'égard des infirmières, de valoriser l'éducation et le développement professionnel des infirmières, d'assurer leur autonomie et de leur déléguer le contrôle sur leur travail (McClure *et al.*, 1983 ; Kramer et Schmalenberg, 1988a, 1988b, 2004a, 2004b). La gestion des *magnet hospitals* est caractérisée par un style participatif exercé dans une structure organisationnelle décentralisée. La hiérarchie et l'environnement matériel favorisent la prise de décisions par l'infirmière en ce qui a trait à son exercice professionnel (processus de validation de l'intervention et délivrance des soins) mais aussi aux éléments organisationnels (horaires de travail flexibles afin de rencontrer les besoins individuels des infirmières, politiques et procédures, détermination du niveau de soins requis par le patient).

Les *magnet hospitals* appliquent des règles particulières dans leur procédure de sélection et de recrutement des infirmières : préférer des professionnelles qualifiées, expertes et partageant la vision de l'institution. L'accent est mis sur l'accompagnement des nouvelles engagées afin de faciliter leur intégration. Chaque programme d'intégration est bâti sur mesure, selon le profil professionnel individuel de l'infirmière. Un parrainage est souvent instauré entre une infirmière experte et la nouvelle engagée afin de faciliter le transfert de compétences.

Dans les *magnet hospitals*, l'évaluation de la charge de travail permet d'assurer l'adéquation entre les ressources humaines de l'unité et la charge quantitative et qualitative de travail aux différents moments de la journée. Deux caractéristiques majeures distinguent ces hôpitaux : un ratio infirmières/patients et un ratio infirmières/personnel auxiliaire supérieurs à celui des hôpitaux conventionnels (Buchan, 1994, 1999). Le recours aux infirmières intérimaires est évité afin de préserver la stabilité des équipes de soins. Les besoins ponctuels en infirmières sont comblés par une équipe mobile, valorisée au sein de l'institution, et constituée d'infirmières expertes et ayant une grande faculté d'adaptation.

Des lieux de rencontre et de discussion sont prévus, afin d'y aborder les questions de coordination et d'intégration entre les différentes fonctions de l'unité de soins. Les infirmières participent activement à la révision des pratiques et au réaménagement des processus, en développant une approche centrée sur le patient plutôt qu'une approche organisationnelle créée par la routine et les actions systématiques. Des réunions multidisciplinaires sont régulièrement organisées afin de clarifier les rôles et de répartir adéquatement les tâches entre membres de l'équipe selon leurs qualifications.

La pratique professionnelle des infirmières

Les caractéristiques de la pratique infirmière se concentrent sur trois pôles :

- ❑ le maintien d'une relation thérapeutique avec le patient : la primauté des soins intégraux est abandonnée en faveur d'une plus grande flexibilité dans le mode de délivrance des soins selon les ressources et les besoins du patient ; le souci d'assurer la continuité des soins par une planification adéquate des soins est prééminent ;
- ❑ l'autonomie professionnelle couvre l'autonomie organisationnelle, par laquelle l'infirmière participe aux prises de décisions concernant la vie et l'organisation de l'unité, et l'autonomie clinique relative au contrôle exercé sur la pratique professionnelle. Des projets cliniques sont initiés au niveau de l'unité de soins et l'institution favorise le développement de pôles d'expertise ;
- ❑ l'environnement de collaboration professionnelle entre infirmières et médecins se traduit par un respect mutuel de la connaissance et de la compétence et l'engagement mutuel à la qualité des soins (Mayrand Leclerc, 2002). L'interdépendance de complémentarité favorisée par la création de comités où siègent des collègues de travail (médecins, infirmières, professionnels de la santé) est propice aux échanges et facilite l'adoption des correctifs nécessaires, autant pour le bon fonctionnement de l'organisation que pour les relations entre personnes.

Le développement professionnel

La formation continue est encouragée et obtient un véritable soutien de la part de l'organisation. Des possibilités de promotion sont régulièrement proposées, les programmes d'avancement de carrière n'étant pas limités au plan clinique mais incluant la gestion hospitalière. Les formations complémentaires des infirmières sont valorisées en leur confiant un rôle de formation ou d'encadrement au sein de l'institution.

Effets des attributs des *magnet hospitals* sur les infirmières et les patients

Depuis 1988, le Centre des résultats de santé et politique de recherche de l'Université de Pennsylvanie a conduit plusieurs recherches multicentriques dont les résultats témoignent de façon éloquente de l'impact des conditions favorables de travail relevées dans les *magnet hospitals* sur :

- la qualité des soins : différence de 4,8 % dans les ratios standardisés de mortalité en faveur des *magnet hospitals* (Aiken, Smith et Lake, 1994), taux de mortalité de patients sidéens de 60 % inférieurs à ceux des hôpitaux conventionnels (Aiken, 2002), durée de séjour significativement plus courte, satisfaction des patients plus élevée (Aiken *et al.*, 1999) ;
- le bien-être des infirmières : taux plus faible d'épuisement au travail et plus grande satisfaction professionnelle (Aiken, Sloane et Sochalski, 1998 ; Aiken, Sloane et Lake, 1997), taux moins élevé de blessures du personnel par aiguilles (Aiken, Sloane et Lake, 1997) ;
- la gestion du département infirmier : facilité de recrutement et de rétention des infirmières et image positive de l'institution auprès du public.

Expérience conduite en Belgique : présentation du projet ARIQ

Le projet ARIQ (attraction, rétention, implication des infirmières et qualité des soins) est une recherche conduite par Sabine Stordeur et William D'hoore et financée par le ministère de la Santé publique belge, sous la coordination des Services publics fédéraux Santé publique, sécurité de la chaîne alimentaire et environnement.

La notion d'hôpitaux « à effet d'attraction » permet d'apporter des précisions sur ce qui constitue un environnement de travail de haute qualité (Koehoorn *et al.*, 2002). Les études américaines soulignent les caractéristiques organisationnelles qui contribuent à créer des milieux de travail sains : relations professionnelles de qualité avec les collègues et les supérieurs, niveau de dotation approprié, temps disponible pour planifier et exécuter les tâches, gestion participative, possibilités de perfectionnement et d'utilisation des compétences et excellent leadership.

En tenant compte de l'état actuel des connaissances et du contexte belge, marqué par des normes législatives, réglementaires et financières très différentes de celles rencontrées aux États-Unis, notre équipe de recherche a monté un projet d'identification des caractéristiques d'un environnement organisationnel, favorable à la fois au bien-être et à la satisfaction du personnel, et à la qualité des soins. La finalité visée est l'élaboration d'un modèle de gestion qui corresponde à l'équilibre entre le maintien d'un bon climat organisationnel et l'atteinte de buts en termes de qualité des soins.

La phase de conceptualisation fondée sur la connaissance du contexte local, l'analyse de la littérature et la consultation d'experts dans le domaine a permis de proposer un instrument pour mesurer les paramètres d'intérêt. Pour apprécier la qualité du management et les forces des institutions attractives belges, nous avons construit une grille diagnostique des forces essentielles à l'attraction et à la rétention du personnel, et à la qualité des soins.

Un comité d'experts a été constitué, le terme « expert » désignant ici les personnes ayant une bonne connaissance pratique du sujet et ayant une légitimité suffisante pour représenter des directeurs hospitaliers. La constitution de ce comité repose sur des critères de sélection basés, entre autres, sur la réputation de l'institution et sur sa participation à des projets d'amélioration de l'environnement organisationnel. La méthode d'investigation consiste à demander aux participants de relater leurs expériences, de communiquer un savoir pratique, pour mettre en évidence les convergences et les particularités sur les réponses apportées. La méthode suivie permet de collecter une information riche, notamment au niveau des particularismes, plus intéressants que la norme eu égard aux objectifs du projet (proposer un modèle d'hôpital attractif et recenser les meilleures pratiques de management). En particulier, les chercheurs visent à mettre en évidence les pratiques managériales et les facteurs d'environnement favorables à la qualité des soins. L'approche systémique et inductive est choisie dans cette démarche d'analyse, permettant au chercheur de comprendre et de décrire en profondeur le phénomène dans son contexte et son environnement, tout en laissant venir à lui toutes les informations susceptibles de jeter un éclairage sur le phénomène d'intérêt. Cette démarche débute par l'observation de phénomènes particuliers pour dégager une théorie plus générale de ces observations.

Modélisation de l'hôpital attractif belge

En partant des pratiques réelles de management témoignées par le groupe d'experts, il ressort que l'institution attractive se définit autour de trois axes communs : le sens d'une mission commune et partagée par les directions médicale, infirmière et administrative de l'établissement, la révision de la position de l'institution « entreprise qui apporte l'emploi aux travailleurs » en « entreprise qui apporte un support organisationnel à ses collaborateurs » et la stratégie d'ouverture vers l'extérieur.

Le sens d'une mission commune et partagée par les directions médicale, infirmière et administrative de l'établissement

La définition de la mission de l'établissement est un pré-requis fondamental et commun aux établissements attractifs. Quel que soit le type d'établissement (hôpital universitaire, centre hospitalier régional, hôpital spécialisé, etc.), son statut (public ou privé) et son environnement (situation géographique et démographique, offre de soins externes à l'établissement), l'hôpital attractif définit clairement sa mission en accordant une place centrale au patient. Cette mission vise à rendre accessibles des soins et des services généraux et/ou spécialisés de haute qualité. La mission de l'hôpital est le fondement de la vision stratégique. Dans sa vision d'avenir, l'hôpital entend assumer les responsabilités qui lui sont dévolues en vertu de son statut (hôpital universitaire, spécialisé, de proximité ou hôpital public). À ce titre, en collaboration avec ses partenaires et dans la perspective d'une reconnaissance mutuelle de l'expertise de chacun, l'hôpital entend être :

- ❑ un établissement offrant à ses usagers une qualité des soins et des services optimale ;
- ❑ un milieu stimulant et valorisant tant pour ses usagers que pour son personnel ;
- ❑ un centre de référence pour des activités de soins spécifiques (maternité, pédiatrie, santé mentale, revalidation, traitement du cancer, etc.).

Cette mission est visible et permet de reconnaître l'établissement comme centre d'excellence au niveau des soins, de l'humanisation, des technologies et des équipements.

La mission est internalisée par les membres de l'institution et devient un ensemble de valeurs communes. Les professionnels (soignants, gestionnaires, techniciens) contribuent à la réalisation de la mission de l'établissement. Ils assurent la qualité et la sécurité des prestations délivrées tout au long du parcours du patient, depuis l'accueil jusqu'au retour à domicile ou au transfert vers une autre structure de soins. L'institution s'engage à respecter les droits et la dignité du patient et promeut sa participation active au projet thérapeutique le concernant. La vision stratégique, la clarté des décisions, la délégation de pouvoir et la responsabilisation, la capacité à faire partager un projet et à motiver les acteurs de l'hôpital constituent les clés du succès des établissements attractifs.

Les hôpitaux attractifs adoptent des modèles stratégiques simples, leur succès résidant principalement dans leur capacité à en exploiter à fond toutes les potentialités. D'une part, les dirigeants sont parvenus à identifier des pôles d'activités qu'ils préfèrent développer en partenariat avec des établissements plus performants qu'eux et ceux dans lesquels ils peuvent vraiment innover et se développer dans la réponse aux besoins des patients. D'autre part, leur concept stratégique est porteur d'un projet qui attire et passionne les collaborateurs. Ces derniers font leur le sens de la mission institutionnelle et participent à l'élaboration d'un projet réellement mobilisateur.

La révision de la position de l'institution « entreprise qui apporte l'emploi aux travailleurs » en « entreprise qui apporte un support organisationnel à ses collaborateurs »

L'hôpital est une entreprise à part entière, confrontée à des contraintes budgétaires et au respect des législations. Malgré ces contraintes, l'hôpital attractif reste soucieux du bien-être, de l'épanouissement et du développement de ses collaborateurs. Ses dirigeants développent une philosophie originale de management en privilégiant la confiance aux hommes et aux femmes de terrain. Ils savent tirer le meilleur parti des compétences de chacun et favorisent leur développement au profit de l'individu et de l'organisation. Ceci par souci d'amélioration permanente de la prise en charge des patients, dans le cadre des contraintes imposées et des objectifs stratégiques. Finalement, l'hôpital attractif est celui qui est parvenu à établir des arrangements d'intérêt réciproque pour lui-même et pour l'individu et qui crée ainsi des cercles vertueux. Les dirigeants de l'hôpital ont opéré une transformation fondamentale, qui se reflète dans la perte de la verticalité au profit de l'horizontalité et du partenariat.

Les hôpitaux attractifs accordent une valeur importante à leurs collaborateurs et à la société dans laquelle ils sont intégrés. Les valeurs communes à ces hôpitaux sont de créer un environnement de travail fondé sur la dignité et le respect des employés, de permettre aux employés d'avoir un travail significatif et intéressant, de cultiver le potentiel de tous les employés, d'encourager l'équilibre travail/famille, d'assurer le bien-être des employés par le biais des politiques de personnel, des pratiques de gestion des ressources humaines et par l'instauration de mécanismes de compensation, de placer aux postes clés les personnes qui excellent dans la gestion des personnes et des résultats, d'apprécier et de reconnaître les contributions des personnes qui œuvrent pour l'hôpital, d'établir et de communiquer un profil de comportement éthique et intègre.

La stratégie d'ouverture vers l'extérieur

L'hôpital attractif est une entreprise citoyenne qui, au-delà de ses activités directes, se solidarise de l'équilibre et du destin de la communauté dans laquelle elle vit et dont elle vit. L'hôpital témoigne d'une grande ouverture permettant des échanges d'informations, de services et de savoirs, ce qui facilite aussi les flux de patients. Il cherche à créer des réseaux de partenariat avec des professionnels (médecins traitants, scientifiques, experts en soins de santé, soins à domicile, etc.), d'autres établissements, des centres d'expertise et les institutions de financement des soins de santé. Dans ces stratégies d'ouverture, l'hôpital cherche à s'associer d'autres pôles d'excellence afin d'optimaliser son offre de services au patient. Cette ouverture correspond à une stratégie de gain réciproque de l'hôpital avec des établissements partenaires, plutôt qu'à une stratégie de repli sur soi ou à une position concurrentielle. C'est par l'ouverture que l'hôpital obtient sa reconnaissance de centre d'excellence par rapport aux autres établissements, de la part des médecins et des patients.

Apports du projet ARIQ dans la compréhension du concept d'hôpital attractif

Le problème central auquel s'adresse le projet ARIQ est d'améliorer l'attractivité des établissements et de fidéliser les infirmières en agissant sur les conditions de travail au sens large et sous la contrainte du maintien de la qualité et de l'efficience. Ce problème correspond à un alignement légitimatif, c'est-à-dire un mode d'organisation favorable au climat de travail et à la cohésion d'équipe, qui fasse en même temps la preuve de son efficacité en permettant l'atteinte des missions et objectifs de l'établissement. C'est donc la tension de l'amélioration des conditions de travail sous la pression de la rentabilité qu'il faut résoudre, en recherchant un compromis qui permette aux employés de maintenir leur bien-être et à l'organisation de survivre. Dans le développement de l'hôpital, les différents niveaux de responsabilité de l'hôpital attractif se montrent capables de gérer compromis et paradoxes entre les besoins de l'établissement (organisation, structure, nécessité de performance et d'efficience), les besoins des collaborateurs (individualisation, développement, autonomie) et les besoins de la communauté. C'est ce que nous appelons le principe de cohérence.

L'hôpital attractif modèle est capable de gérer plusieurs équilibres et de développer le « capital social », ensemble des liens et réseaux qui unissent des groupes et des personnes au sein d'une communauté. Le capital social correspond à la cohésion sociale, à la participation, à la confiance entre individus et groupes sociaux et à la solidarité. Il repose sur des normes, valeurs et convictions communes, permettant aux individus et aux groupes de résoudre plus facilement des problèmes communs. Par comparaison avec le modèle américain des *magnet hospitals*, le modèle ARIQ repose sur un mode de gestion plus large, en ce sens qu'il englobe l'ensemble des départements et des professionnels. La constitution de réseaux de soins et l'ouverture vers l'extérieur sont particulièrement mises en exergue.

En pratique, l'institution attractive modèle est celle capable de gérer les équilibres entre la réalisation de sa mission, le recrutement, le développement et la fidélisation des ressources humaines, et l'intégration et la coordination de ses activités de services et de soins en interne et avec l'environnement extérieur. L'institution réussit cette délicate opération grâce à l'alignement entre les moyens qu'elle met en œuvre (maintien des valeurs et du climat organisationnel) et les buts qu'elle poursuit (excellence des soins prodigués, équilibre financier, réponse aux besoins de soins de la population, etc.).

Conclusion

Les études présentées dans ce chapitre apportent une réponse aux appels en faveur d'une stratégie novatrice et audacieuse axée sur les ressources humaines dans le système des soins de santé. Cette stratégie repose sur une refonte de la relation entre l'hôpital et ses employés et consiste à considérer les professionnels comme des collaborateurs autonomes et soucieux de développement. Le modèle d'hôpital attractif souligne que la structure, la vision et les valeurs véhiculées par les dirigeants, la culture organisationnelle et les relations de travail propres à une organisation contribuent fortement à la qualité du travail. Des relations fortes et positives en matière d'emploi sont liées à de bonnes pratiques de gestion des ressources humaines, celles-là mêmes que l'on identifie dans les hôpitaux attractifs et qui accordent une valeur importante à leurs collaborateurs et à la société dans laquelle ils sont intégrés.

Références

■ Aiken LH, Clarke SP, Sloane DM. Hospital restructuring : Does it adversely affect care and outcomes? *Journal of Nursing Administration* 2000 ; 30 : 457-65.

■ Aiken LH, Sloane DM, Lake ET, Sochalski J, Weber AL. Organization and outcomes of inaptient AIDS care. *Medical Care* 1999 ; 37 : 760-72.

■ Aiken LH, Sloane DM, Lake ET. Satisfaction with inpatient acquired immunodeficiency syndrome care. *Medical Care* 1997 ; 35 : 948-62.

■ Aiken LH, Sloane DM, Sochalski J. Hospital organisation and outcomes. *Quality in Health Care* 1998 ; 7 : 222-26.

■ Aiken LH, Smith HL, Lake ET. Lower Medicare mortality among a set of hospitals known for good nursing care. *Medical Care* 1994 ; 32 : 771-87.

■ Aiken LH. Superior Outcomes for Magnet Hospitals: The evidence base. In : ML. McClure, AS. Hinshaw. *Magnet Hospitals revisited: Attraction and Retention of Professional Nurses*. Washington: American Nurses Association, 2002 : 61-81.

■ Buchan J. Lessons from America? US magnet hospitals and their implications for UK nursing. *Journal of Advanced Nursing* 1994 ; 19 : 373-84.

■ Buchan J. Still attractive after all these years? Magnet hospitals in a changing health care environment. *Journal of Advanced Nursing* 1999 ; 30 : 100-8.

■ Koehoorn M, Lowe GS, Rondeau KV, Schellenberg G, Wagar TH. Créer des milieux de travail de haute qualité dans le secteur de la santé. *Document de recherche du Réseau de la main-d'oeuvre W|15*. Les réseaux canadiens de recherche en politiques publiques, 2002 : 41 p.

■ Kramer M, Schmalenberg C. Magnet Hospitals: Part I: Institutions of Excellence. *Journal of Nursing Administration* 1988a ; 18 : 13-24.

■ Kramer M, Schmalenberg C. Magnet Hospitals: Part II: Institutions of Excellence. *Journal of Nursing Administration* 1988b ; 18 : 11-19.

■ Kramer M, Schmalenberg C. Essentials of a magnetic work environment. Part 1. *Nursing* 2004 ; 34 : 50-54.

■ Kramer M, Schmalenberg C. Essentials of a magnetic work environment. Part 3. *Nursing* 2004 (2004b) ; 34 : 44-47.

■ Kramer M. The magnet hospitals: Excellence revisited. *Journal of Nursing Administration* 1990 ; 20 : 35-44.

■ Mayrand Leclerc M. Les caractéristiques organisationnelles des magnet hospitals: pistes de solutions pour réorganiser le travail des infirmières. In : C. Viens, M. Lavoie-Tremblay, M. Mayrand Leclerc. *Optimisez votre environnement de travail en soins infirmiers*. Québec: Presses Inter Universitaires, 2002 : 67-90.

■ McClure ML, Poulin M, Sovie M, Wandelt M. *Magnet Hospitals: Attraction and Retention of Professional Nurses*. Kansas City, MO : American Nurses Association, 1983.

6

L'environnement psychosocial des cadres gestionnaires infirmiers

Martine Mayrand Leclerc, Mélanie Lavoie-Tremblay et Chantal Viens

Le cadre gestionnaire infirmier (CGI) assume plusieurs fonctions essentielles au bon fonctionnement de l'hôpital et à l'organisation de la dispensation des soins et des services aux patients et aux familles. Toutefois, le contexte des nombreuses transformations et la mouvance du personnel du réseau de la santé apportent leur lot de difficultés. La charge de travail des cadres gestionnaires infirmiers est intense (Fletcher, 2001) et les rôles se sont considérablement complexifiés (Borthwick & Galbally, 2001 ; Ohman, 2000). De plus, il faut composer avec le manque et la difficulté du recrutement de la relève des cadres (Collège canadien des directeurs de services de santé, 2001). Le virage ambulatoire, les réductions budgétaires, la pénurie de personnel et le mécontentement de certains patients et de leurs familles occasionnent un surplus de responsabilités qui échoie aux CGI. Ce climat d'instabilité chronique du réseau québécois de la santé et la complexité de la gestion expliqueraient, en partie, certaines contraintes externes et internes des CGI, particulièrement à l'interface clinique et administrative des soins. Cadet (2000) évoque avec justesse le « malaise des cadres », lequel s'exprime par des démissions, de la démotivation, du mécontentement et une baisse d'intérêt des infirmières en exercice à s'engager dans une carrière de CGI. De plus, la rémunération n'arrive pas à la hauteur des responsabilités accrues des CGI, facteur qui s'ajoute aux difficultés de recrutement (ministère de la Santé et des services sociaux du Québec, 2001) : qui voudrait devenir CGI dans un tel climat et œuvrer dans de semblables conditions de travail ?

Les écrits ne considèrent que très rarement l'environnement psychosocial de travail du CGI. Cependant, plusieurs auteurs relatent combien les CGI influencent un environnement de travail de qualité pour les employés (Anthony *et al.*, 2005 ; Breisch, 1999). Le but de ce chapitre est de décrire l'environnement psychosocial du travail des CGI afin de combler, en partie, les lacunes en termes de littérature sur l'environnement psychosocial des CGI et de répondre à l'appel que Lindholm, Dejin-Karlsson, Ístergren et Uden (2003) lancent à la communauté scientifique :

> *« Selon nos résultats de recherche, il semble urgent de compléter les travaux avec une étude qualitative pouvant préciser les facteurs de l'environnement immédiat de travail des CGI qui contribuent à une baisse de leur bien-être et leur santé » (traduction libre, p. 513).*

Un cadre de référence du travail des CGI

La description de l'environnement de travail des CGI requiert un cadre de référence qui fusionne plusieurs dimensions psychologiques et sociales. L'approche privilégiée pour la description de l'environnement psychosocial du travail des CGI est d'utiliser les dimensions abordées sous l'angle de l'organisation du travail, plutôt que sous celui des facteurs intrinsèques et individuels des travailleurs. Ce cadre de référence est composé de divers modèles théoriques de recherches appliquées à l'étude de l'environnement de travail (Karasek et Theorell, 1990 ; Kristensen, 1999 ; Siegrist, 1996) et repose sur des éléments du travail *(Tableau I)* qui tiennent compte de l'investissement social et psychologique des individus au travail et des problèmes de communication inhérents aux organisations humaines.

En lien avec le cadre de référence, nous rapportons les descriptions de l'analyse de contenu d'entrevues réalisées auprès de 9 groupes pour un total de 56 CGI travaillant au sein de 5 centres hospitaliers de soins généraux et spécialisés (CHSGS) de la région de Montréal (Québec, Canada). Cette région est choisie étant donné la présence d'un grand nombre de CGI (18,7 %) au sein du réseau québécois de la santé (N = 1 460) en 2003. Les sections, entre guillemets, retrouvées dans les prochains paragraphes, reflètent les extraits des conversations des CGI.

Tableau 1 – Les huit dimensions favorisant un environnement psychosocial de travail optimal pour les CGI

Dimensions	Éléments
Demande psychologique du travail	• Avoir une charge de travail adaptée aux ressources • Disposer de temps suffisant pour faire son travail
Latitude décisionnelle	• Être capable d'utiliser ses habiletés et la possibilité d'en développer de nouvelles • Utiliser sa créativité • Avoir la possibilité de choisir comment faire son travail • Avoir de l'influence au travail
Soutien social	Le supérieur immédiat : • donne confiance, conseille, offre de l'aide et donne le crédit aux chefs d'unité de soins infirmiers pour le travail effectué. Capable de faire travailler les gens ensemble. Les collègues : • donnent l'impression de faire partie de l'équipe, s'intéressent au CGI, entretiennent des relations amicales, aident en cas d'urgence et disponibles pour consultation.
Reconnaissance	Étant donné les efforts consentis, le CGI perçoit : • un salaire satisfaisant • de l'estime et du respect au travail • un contrôle satisfaisant sur son statut professionnel, de bonnes perspectives d'emploi et une sécurité d'emploi
Prévisibilité	• Faible menace de pertes importantes • Recevoir à l'avance l'information relative à des décisions importantes • Recevoir toute l'information nécessaire pour bien effectuer le travail
Sens du travail	• Avoir l'impression que le travail effectué est important • Se sentir motivé et impliqué dans le travail
Relation avec la clientèle	• Les employés, patients, familles sont satisfaits du travail du CGI • Les CGI sont satisfaits des relations interpersonnelles, des rapports et de la communication avec les patients, familles et les employés
Environnement physique et esthétique	• Les lieux de travail sont ergonomiques • L'équipement est suffisant, accessible et sécuritaire • Les lieux sont propres et beaux • Les espaces de travail et de repos sont agréables

Adapté de Carpentier-Roy, 1995 ; Karasek et Theorell, 1990 ; Kristensen, 1999 ; Mayrand Leclerc, 2001 ; Siegrist, 1996.

La demande psychologique : un travail aux 56 métiers !

« Un travail aux 56 métiers ! » Cette expression, utilisée par quelques participants, illustre l'ampleur de la demande psychologique au travail. Les CGI accomplissent une grande variété de tâches. Ils reçoivent des demandes provenant de plusieurs niveaux hiérarchiques, endossant à la fois un rôle administratif, un rôle de soutien et un rôle clinique. Les CGI s'identifient comme des « bulldozers » de travail, appelés à travailler les jours fériés et les fins de semaine, à apporter du travail à la maison, à souffrir d'insomnie, à être préoccupés par l'organisation du travail du lendemain et les imprévus. Les tâches du CGI sont fréquemment interrompues par le téléphone, le téléavertisseur[5] ou le personnel qui « vérifie » si on peut le déranger « juste pour quelques minutes ». Ils reconnaissent être rarement dans leur bureau puisqu'ils sont soit en réunion, au service de remplacement[6] ou sur les unités de soins.

L'impression de devoir être compétent en tout, de ne pas avoir le droit à l'erreur, d'être responsable du climat de travail et de maintenir des bons rapports sont des exigences que les CGI trouvent empreintes d'une grande charge émotive.

La latitude décisionnelle : entre l'arbre et l'écorce

L'expression imagée « entre l'arbre et l'écorce » est utilisée par les CGI, voulant ainsi décrire les dualités qu'ils perçoivent dans leur autonomie de travail. Les CGI consultés s'entendent sur la grande autonomie dont ils jouissent à l'interne, qu'ils qualifient de valorisante

5. Récepteur de poche qui permet à un abonné d'un service de radiomessagerie de recevoir des messages courts, peu importe le lieu où il se trouve, à l'intérieur d'une zone généralement circonscrite (source : Office québécois de la langue française. http://w3.granddictionnaire.com).
6. Au Québec, le service de remplacement fournit aux départements et unités de soins les besoins de personnel dus aux absences (par exemple, maladie court et long termes, surcroît inattendu de travail, etc.).

et d'enrichissante. Les CGI caractérisent l'utilisation de leur créativité au travail comme un facteur mobilisant et positif mais déplorent le manque de ressources. Cette lacune au plan des ressources humaines et financières a été mentionnée à plusieurs reprises, dans tous les groupes : manque de temps, manque de personnel, refus de libérer un gestionnaire pour lui permettre d'accomplir un projet spécial ou encore projets approuvés sans budget supplémentaire. Ils perçoivent les avantages que comporte la possibilité d'organiser leur travail et leurs activités, de défendre des projets et d'influencer la direction et les employés. Toutefois, les opinions sont partagées pour ce qui a trait à la participation des CGI aux décisions de l'établissement de santé.

Aussi, les CGI apprécient les défis mais déplorent l'absence de formation de base en gestion du personnel[7]. Ils « apprennent sur le tas », en procédant par essais et erreurs. Le besoin d'acquérir une formation en gestion ou en spécialisation clinique incite plusieurs CGI à s'inscrire à des cours, des colloques ou des conférences.

Le soutien social : une chance qu'on se soutient !

« Une chance qu'on se soutient ! », déclarent certains CGI en parlant du soutien des pairs, la forme de soutien social au travail la plus forte et solide. Invités à clarifier leurs sources, les répondants identifient les autres CGI, les supérieurs immédiats, les médecins de leur secteur de spécialisation, les employés, les conseillères[8]. Le soutien social venant des pairs a été souligné dans tous les groupes. Ce dernier est qualifié d'authentique, encourageant, réconfortant et rassurant. Aux dires des CGI, il peut prendre plusieurs formes, tant émotionnel (décompresser, rire, pleurer)

7. L'exigence de base pour devenir cadre gestionnaire infirmier est, dans la plupart du temps, d'être infirmière, membre de l'Ordre des infirmières et infirmiers du Québec. La formation des cadres gestionnaires infirmiers n'est pas normalisée au Québec.

8. Une conseillère en soins offre un accompagnement clinique spécialisé au personnel des unités de soins dans divers dossiers : programme de soins et d'enseignement à la clientèle, suivi systématique, collaboration aux activités et projets de recherche...

qu'instrumental (valider une décision, chercher des idées ou solliciter des opinions dans la résolution d'un problème dans l'unité de soins) et il constitue un important élément de rétention dans le poste.

Les CGI perçoivent un soutien social mitigé de la part des employés et des assistantes. Certains CGI le qualifient d'exceptionnel quand d'autres expriment, malgré de bonnes relations de travail, des sentiments d'isolement et une absence de soutien de la part du personnel infirmier. La qualité du soutien social émanant du supérieur immédiat correspond bien souvent, selon les CGI, à sa personnalité.

La reconnaissance : un équilibre précaire

Les occasions de reconnaissance semblent rares et fragiles. Un équilibre précaire s'établit entre les efforts que les CGI déploient dans leur travail et la reconnaissance qu'ils reçoivent. Ils expriment recevoir des témoignages d'estime et de respect de la part des supérieurs immédiats, des médecins, des patients et des familles, du personnel de leur secteur et de leurs pairs. Ils sont sensibles aux démonstrations qui soulignent leurs réalisations et apprécient la rétroaction positive[9]. Toutefois, ils perçoivent et avouent interpréter, dans de nombreux gestes du quotidien, du non-respect et du manque de reconnaissance : une réunion prévue à 19 heures le soir au lieu du jour, un certain mépris de leur gestion du temps comme lors des jours de congé, respect de la « porte fermée » pour préparer les horaires, le salaire qui ne comble pas toutes les attentes. D'ailleurs, l'aspect monétaire de la reconnaissance a soulevé plusieurs débats, principalement sur l'iniquité salariale entre les cadres d'un même établissement de santé, ainsi qu'entre les cadres gestionnaires du réseau de la santé.

Les avis sont partagés en ce qui concerne les marques d'estime et le respect émanant des supérieurs. Il y a ceux qui soulignent ne pas

9. La rétroaction positive est le terme français pour le *feedback* en management : information tirée d'une action antérieure ou d'une situation et utilisée pour le contrôle, la prévision ou la correction immédiate ou future de cette action ou de cette situation (source : Office québécois de la langue française : http://w3.granddictionnaire.com).

recevoir de reconnaissance du tout de leurs supérieurs et n'ont pas d'attente en ce sens. Il y a ceux qui déplorent la fausse reconnaissance qu'ils opposent à la reconnaissance sincère. Les petites marques d'estime et de respect de la part des médecins, telle que la rétroaction positive sur l'organisation du secteur, sont reçues avec une satisfaction évidente. Les CGI expriment la nostalgie du temps où ils étaient membres du personnel infirmier et qu'ils recevaient directement des rétroactions des patients et des familles.

Les CGI apprécient la critique constructive du personnel de leur secteur. Les petits gestes de respect et l'estime signifiés, même s'ils sont subtils ou informels, sont perçus comme « magiques », constituant même parfois la principale source de reconnaissance de leur travail. Ces petites attentions compensent un peu le lot de plaintes des employés.

« C'est sûr que quand on en a [de la reconnaissance], on est tout surpris ; comme aujourd'hui, j'ai reçu un mémo : "Merci pour mon horaire, c'est super", je pense que je vais l'encadrer... (RIRES) Parce que d'habitude c'est plutôt le contraire, elle dit "j'ai pensé...", parce que je lui ai dit merci de m'avoir dit merci, puis elle m'a dit effectivement "on chiale tout le temps, mais là c'était beau, j'étais contente alors je te l'ai dit" Je lui ai dit "je le garde". »

La prévisibilité du travail : tout ce qu'un chef d'unité de soins infirmiers ne sait pas mais qu'il devrait savoir

Les participants sont bombardés d'informations au nombre desquelles plusieurs comportent un faible indice de prévisibilité, au sens où les données ne sont pas celles qui seraient essentielles pour l'atteinte des objectifs de travail. Ils se plaignent de ne pas recevoir tous les renseignements qui les touchent, eux ou leurs unités. Ironiquement, la majorité des groupes rencontrés rapporte spontanément que le personnel de l'entretien ménager ou les représentants syndicaux de leurs unités sont informés avant les chefs eux-mêmes. « Tout ce qu'un chef d'unité de soins infirmiers ne sait pas mais qu'il devrait savoir... » illustre l'expérience vécue des CGI au regard de la prévisibilité.

L'imprévisibilité se situe, selon les CGI, à deux niveaux : l'imprévisibilité du quotidien et l'imprévisibilité de ce qui les attend dans l'avenir. Invités à discuter des menaces qu'ils perçoivent, ils confirment que les changements annoncés et à venir sont sources d'incertitude, d'insécurité et qu'ils ont peu de contrôle sur ces changements. En fait, ces menaces viennent de l'absence d'un travail routinier. Aussi, les CGI révèlent vivre de l'anxiété liée à l'imprévisibilité du quotidien. Ils expriment aimer que leur travail ne soit pas routinier et que s'adapter à l'imprévu les anime.

Les CGI qualifient les réunions comme étant « à sens unique » et « stériles ». Encouragés à préciser ces qualificatifs, ils disent assister à des réunions dont ils ne connaissent pas la nature à l'avance, où ils ne peuvent pas participer à la discussion. Ils dénoncent la diffusion d'informations pas toujours précises, sans possibilité d'échanges ou de participer aux décisions.

Le sens du travail : un acte de foi social

Le sens du travail est défini par les CGI comme étant un « moteur fragile d'harmonie et d'équilibre dans leur travail ». Le sens du travail se reflète dans l'engagement du CGI qui croit à l'utilité de son travail et ce, au-delà de la rémunération qu'il en retire. Un acte de foi social s'exprime ici à l'égard de la profession infirmière.

> « ... *Pourquoi je me pointe au travail le matin ? C'est parce que je suis convaincu que je suis important. Moi, quand j'étais infirmier soignant, c'était important que je sache où était mon infirmière-chef, il fallait que je la voie, mais c'était important, c'était comme un point de référence. Je transpose cela maintenant que c'est moi qui est infirmier chef. Je suis important pour mes patients, pour mon personnel, pour mon unité, et je suis important pour l'organisation parce qu'ils ne sont pas préoccupés par mon unité, parce que je m'en occupe.* »

Les CGI perçoivent le sens utilitaire de leur travail, dans leurs implications personnelles et professionnelles qu'ils jugent importantes et utiles. Ils soulignent la fonction expressive de leur travail en rapportant plusieurs exemples d'implication envers les organismes professionnels et communautaires extérieurs à l'établissement, en lien avec leur champ de spécialisation clinique.

Ainsi, pour les CGI, les aspects intrasubjectifs tels que les relations avec les autres, le travail dans l'action, le fait de relever des défis personnels et professionnels sont chargés d'éléments de motivation. Les aspects d'orientation comme l'utilité de la fonction de CGI et le fait de pouvoir influencer, mobiliser et observer concrètement les résultats alimentent les buts que les CGI poursuivent dans leur travail et l'utilité qu'ils en retirent. Ceci réfère aux fonctions expressive et utilitaire du travail.

La relation avec la clientèle : une relation positive

Les CGI identifient plusieurs types de clients, de rapports différents : les patients/familles, les employés, les médecins, les professionnels de la santé, les services, l'agence régionale, les autres établissements du réseau, les étudiants qui transitent par leurs services et les représentants de compagnies. Les CGI sont généralement satisfaits de leur relation avec leurs clients. Ils rapportent aussi que les clients perçoivent positivement la relation qu'ils ont avec eux.

Les CGI ont l'impression que les employés les perçoivent justes et équitables, disponibles pour faciliter leurs tâches et pour créer un esprit d'équipe. Ils reçoivent aussi des témoignages de satisfaction soulignant le fait qu'ils assurent de bons suivis aux demandes des clients. Les familles expriment généralement de la satisfaction par rapport à la qualité des soins et des services reçus.

L'environnement physique et esthétique du travail : des petites choses qui représentent d'importantes contraintes au quotidien

Les CGI décrivent l'environnement physique et esthétique de leur travail comme étant composé de petites choses qui représentent d'importantes contraintes au quotidien. Ils s'entendent pour souligner l'importance de cette dimension du travail, autant pour eux que pour les employés, les patients et les familles. Ils expliquent que l'espace de travail, la disponibilité du matériel nécessaire et l'ambiance ont un impact important sur le climat de travail. Quelques CGI jugent leur espace de travail satisfaisant. Ils disent apprécier l'ergonomie, l'emplacement, l'intimité, la beauté et l'ambiance qui favorisent les échanges. Toutefois, ces rares CGI satisfaits reconnaissent que leurs pairs, dans un même établissement, ne disposent pas d'un environnement semblable ; ils utilisent les qualificatifs de « choyés » et « privilégiés » pour parler de leur chance. Ces autres, qui représentent la majorité des CGI, s'expriment abondamment sur les aspects inadéquats de leur espace de travail, qualifiant leur bureau de « garde-robe », « recoin », « ancienne chambre de patient ou salle de bain ».

Les CGI disent ne pas avoir les outils nécessaires pour accomplir adéquatement leur travail. Ils évoquent ici l'absence de logiciels récents, de soutien technique, de formation, d'ordinateurs qui ne sont pas assez puissants pour être branchés sur le réseau, les demandes de réparation qui prennent des mois ou simplement le fait de ne pas avoir accès à un ordinateur ou une imprimante.

Analyse des principaux constats

À partir des perceptions des 56 CGI, un premier constat ressort : il existe une hiérarchie de lacunes répertoriées au sein des différentes dimensions constituant l'environnement de travail idéal. Les perceptions révèlent trois niveaux : les dimensions souffrantes, les dimensions fragilisées et les dimensions en voie d'altération.

Les CGI identifient eux-mêmes les **dimensions « souffrantes »** : la demande psychologique du travail, la reconnaissance, l'environnement physique et esthétique et la prévisibilité. Ils déclarent avoir à compenser pour les insuffisances structurelles de l'organisation ou de la mécanique de la communication au travail. Ces insuffisances réfèrent aux obstacles à la communication organisationnelle, à l'estime et au respect en milieu de travail, à la structure organisationnelle (éventail de gestion et des responsabilités) et aux ressources données aux CGI.

Les dimensions du soutien social et de la relation avec la clientèle constituent des **dimensions « fragilisées »** par les conditions de travail. Il faut noter la notion de gradation de la détérioration entre les dimensions fragilisées et les dimensions souffrantes. Il semble, selon les CGI, que les dimensions fragilisées sont affectées par les dimensions souffrantes. Ainsi, la demande psychologique élevée du travail les empêche d'avoir du temps pour des rencontres formelles avec les pairs. Le caractère relationnel et humaniste des dimensions fragilisées cible plus particulièrement les obstacles aux relations interpersonnelles.

Les dimensions « **en voie d'altération** » sont considérées saines actuellement par les CGI mais risquent d'être fragilisées si le contexte et les obstacles persistent ou si le climat se détériore à l'interne ou à l'externe. Le sens du travail et la latitude décisionnelle peuvent être identifiés comme des dimensions en voie d'altération, ce qui représente une menace pour l'avenir de la fonction de CGI et de la relève. Le caractère intrinsèque des dimensions en voie d'altération réfère aux aspects plutôt existentiels du travail comme l'engagement ou le sens profond de ce travail pour la personne qui l'effectue, aspects essentiellement liés au CGI en tant qu'individu.

Comme deuxième constat, il y a urgence d'agir. Les CGI sont « des solitudes » qui se trouvent « entre l'arbre et l'écorce » et dont la charge de travail et les responsabilités sont si grandes qu'ils doivent sacrifier autant la composante clinique qu'administrative de leur rôle. Ils se qualifient eux-mêmes de « bulldozer de travail ». Ils perçoivent positivement le soutien social des pairs, valorisent les aspects des relations humaines de leur travail et le sens du travail est fort. Il ne faut pas ménager les moyens pour mieux reconnaître et respecter les Chefs d'Unité de Soins Infirmiers (CGI). Si rien n'est fait pour modifier les conditions de travail et mettre en place un contexte d'environnement de travail plus favorable, les CGI ne pourront plus porter à bout de bras les transformations organisationnelles.

Des thèmes, provenant de différentes dimensions, sont récurrents dans le discours des CGI : la solitude, la perte de liberté d'expression et la nostalgie du *caring*[10]. La nostalgie du *caring* est relevée dans les discours : le soin qu'aimeraient donner les CGI par leur présence auprès des patients et familles (relation avec la clientèle), le souvenir d'expressions de reconnaissance reçues directement des patients et de leurs familles (reconnaissance), l'appel du rôle de soutien clinique lorsque le personnel de l'unité est débordé (demande psychologique du travail) et la création d'un environnement spirituel de soutien (sens).

Conclusion

Ces résultats descriptifs de l'environnement des CGI permettent de mieux comprendre l'état psychologique, physique et social du travail des CGI. Les témoignages des 56 CGI dressent un bilan comportant des aspects positifs et des aspects négatifs ayant trait au fonctionnement quotidien de 5 centres hospitaliers de soins généraux et spécialisés. Que ce soit des attitudes à améliorer chez le personnel et dans l'entourage des CGI ou des dimensions proprement matérielles, il importe de s'attarder aux descriptions souffrantes rapportées par les CGI. Ces préoccupations ont leur place dans l'équation complexe et subtile qui ferait de l'hôpital un environnement de travail sain au plan social et psychologique. Il faut se demander si les CGI peuvent tenir encore longtemps et surmonter au quotidien les obstacles et les conséquences de la non-optimisation de l'environnement psychosocial de leur travail. Les CGI sont une ressource professionnelle épuisable. Il faut avancer des pistes de compréhension et d'interventions pour améliorer les conditions de travail des CGI d'aujourd'hui et de demain.

10 *Caring* : « Le terme anglais *caring* englobe des éléments indissociables de l'acte de soin à caractère scientifique et humaniste : actions et expressions de valeurs qui respectent l'être humain dans son essence » (Kérouac S, Pépin J, Ducharme F, Major F, 2003, p. 184).

Références

- Anthony MK, Standing TS, Glick J, *et al.* Leadership and nurse retention: the pivotal role of nurse managers. *Journal of Nursing Administration* 2005 ; 35 : 146-55.

- Anthony, J. C. & Petronis, K. R. (1991). Suspected risk factors for depression among adults 18-44 years old. *Epidemiology Resources Inc*, 2, 123-132.

- Borthwick, C. & Galbally, R. (2001). Nursing leadership and health sector reform. *Nursing Inquiry*, 8, 75-81.

- Breisch LR. Motivate! *Nursing Management* 1999 ; 30 : 27-29.

- Fletcher CE. Hospital RNs' job satisfactions and dissatisfactions. *Journal of Nursing Administration* 2001 ; 31 : 324-31.

- Cadet, D. (2000). Comment peut-on être cadre en l'an 2000? *Soins Cadres*, 41-42.

- Carpentier-Roy, M.-C. (1995). *Corps et âme, psychopathologie du travail infirmier*. Montréal: Liber.

- Collège canadien des directeurs de services de santé (2001). *Une exhortation au leadership : un appel à la précision, à l'uniformité et à la collaboration*. Ottawa : Collège canadien des directeurs de services de santé.

- Karasek, R. & Theorell, T. (1990). *Healthy work: Stress, productivity and the reconstruction of working life*. New York: Basic Books.

- Kérouac, S., Pépin, J., Ducharme, F., & Major, F. (2003). *La pensée infirmière*. (2e édition) Laval, Québec: Beauchemin.

- Kristensen, T. S. (1999). Challenges for research and prevention in relation to work and cardiovascular diseases. *Scandinavian Journal of Work, Environment, and Health*, 25, 550-557.

- Lindholm, M., Dejin-Karlsson, E., Ístergren, P., & Uden, G. (2003). Nurse managers' professional networks, psychosocial resources and self-rated health. *Journal of Advanced Nursing*, 42, 506-515.

- Mayrand Leclerc, M. (2001). *Quels sont les liens et les écarts entre les dimensions et les caractéristiques organisationnelles des "Magnet Hospitals" et les dimensions de l'environnement psychosocial du travail optimum? Examen de doctorat*. Doctorat Université Laval, Québec.

- Mayrand Leclerc, M. (2006). *Descriptions et stratégies optimisant l'environnement psychosocial du travail des chefs d'unité(s) de soins infirmiers de centres hospitaliers de soins généraux et spécialisés de la région de Montréal*. Thèse de doctorat. Université Laval.

- Ministère de la santé et des services sociaux du Québec (2001). *Planification de la main-d'oeuvre: personnel cadre et hors-cadre du réseau de la santé et des services sociaux*. Québec: Gouvernement du Québec.

- Ohman, K. A. (2000). The transformational leadership of critical care nurse-managers. *DCCN: Dimensions of Critical Care Nursing*, 19, 46-54.

- Siegrist, J. (1996). Adverse health effects of high-effort/low-reward conditions. *Journal of Occupational Health Psychology*, 1, 27-41.

7

La transformation des rôles des cadres gestionnaires infirmiers

Martine Mayrand Leclerc, Gilles Le Beau et Claudette Rivard

Au cœur d'un système de santé québécois en pleine évolution, le centre hospitalier universitaire de Québec (CHUQ) saisit cette occasion pour revoir sa philosophie et ses orientations. Les orientations stratégiques pour les années 2005-2010 ciblent, entre autres, le rehaussement du potentiel d'attraction et de rétention des équipes professionnelles. Une nouvelle perspective d'organisation clinique des services du CHUQ en émerge. Son actualisation permet de revisiter les structures et les modes de fonctionnement en ce qui a trait notamment aux pratiques cliniques professionnelles et à la gestion.

Ces modifications ne peuvent se faire sans transformer et implanter des nouveaux rôles, fonctions et responsabilités des gestionnaires de soins et services cliniques. Les bases du projet présenté dans ce chapitre montrent les aspects novateurs et mobilisateurs de la transformation des rôles, des fonctions et des responsabilités des cadres gestionnaires infirmiers. Le projet vise l'établissement d'un nouvel équilibre dans les fonctions clinico-administratives, à accroître l'attraction et la rétention des gestionnaires et ainsi faire face à la pénurie de main-d'œuvre, à enrichir les compétences pour relever les défis d'implantation de la nouvelle organisation clinique du CHUQ et des réseaux locaux.

L'historique

Pour le CHUQ, effectuer le virage d'organisation clinique ne pouvait s'envisager sans l'implication, au premier chef, des gestionnaires infirmiers et des services cliniques. La planification de main-d'œuvre des gestionnaires, réalisée au tournant du siècle, a fait ressortir l'urgence d'agir pour assurer la relève des cadres et d'implanter des mesures favorisant l'attraction, la rétention et le mieux-être des cadres. Kotter

(1995) souligne justement que l'urgence d'agir est la toute première étape d'un projet de changement réussi.

C'est en ayant comme objectif ambitieux de devenir un employeur de choix, sachant s'ajuster aux multiples changements internes et externes, que différents travaux ont été initiés et réalisés.

En plus des études de mouvement de la main-d'œuvre, différentes analyses sociotechniques s'inscrivant dans la démarche d'optimisation de la valeur ajoutée de l'équipe d'encadrement auprès de l'ensemble des cadres gestionnaires infirmiers du CHUQ ont permis de dégager plusieurs constats et pistes de solutions concrètes qui seront abordés ultérieurement (Bolduc et Baril-Gingras, 2003 ; Joron, 2004).

Depuis 10 ans, les coûts annuels en assurance-salaire pour les gestionnaires n'ont cessé d'augmenter. De plus, les taux d'utilisation du programme d'aide aux employés (PAE) [11] par les gestionnaires représentent le double par rapport à la moyenne d'utilisation générale du service. Signes évidents que la relève se fait de plus en plus rare, le nombre de candidatures pour les postes de chef d'unité de soins se limite à une moyenne de trois par affichage. D'ailleurs, des difficultés quant à la relève des gestionnaires seront encore très présentes sur un horizon de 5 années (2006-2010). Le CHUQ prévoit que 40,5 % (n = 34) des cadres gestionnaires infirmiers prendront leur retraite. Si on estime le nombre de cadres qui sont susceptibles de quitter pour d'autres motifs, ce nombre dépassera les 50 %. En ce sens, un programme de relève cadre, initié en 2000, propose un processus rigoureux de sélection interne, de développement des compétences par une formation académique de premier et deuxième cycles, une formation instrumentale interne et du coaching afin de combler une grande partie des besoins de main-d'œuvre cadre par des candidats internes.

11. Programme d'aide aux employés (PAE) : programme facultatif d'un nombre prédéterminé de consultations confidentielles. Programme disponible pour les employés de l'établissement qui vivent des problèmes émotifs, vocationnels, relationnels et/ou juridiques ainsi que des problèmes de relations parents-enfants, de famille, de couple ou d'habitudes de vie qui sont à risques, comme l'abus d'alcool, de drogues, du jeu et/ou de médicaments.

À la rareté de la main-d'œuvre, il faut ajouter aussi un contexte de restructuration du réseau de santé québécois qui appelle tous les établissements à travailler conjointement pour assurer l'accessibilité, la continuité et sécurité des soins et des services. Il faut ajouter dans l'équation le vieillissement de la population, la complexité et l'intensité des soins qui augmentent et la main-d'œuvre infirmière qui est de plus en plus jeune.

Le défi des cadres gestionnaires infirmiers est donc multiple et requiert une réflexion en profondeur. Les études sociotechniques traditionnelles ont le mérite de présenter une analyse détaillée et de proposer des solutions concrètes valables. Toutefois, ces solutions tardent à être implantées tant les besoins et les priorités sont nombreuses. (Par exemple, l'allègement des tâches techniques pour tous les cadres gestionnaires infirmiers). De plus, elles ne sont pas suffisantes pour cadrer les réalités du travail des gestionnaires de soins infirmiers face à la transformation complexe du contexte de soins et du travail.

Le cadre de référence et les méthodologies

Le contexte décrit précédemment force donc les leaders à revoir leurs stratégies. Le travail en réseau, en équipe et en interdisciplinarité (bien connu des soins infirmiers) devient une voie à privilégier. Les réalités complexes de nos milieux de soins et de travail ne peuvent se décrire que par la complémentarité des analyses, des systèmes de pensées et des modèles mentaux de références.

Dans les faits, le leadership est en voie de se transformer. On passe du leader à l'équipe leader afin de permettre l'éclosion et la libre contribution des talents de chacun au succès de l'équipe et du projet qu'elle poursuit. Tous assument à tour de rôle, selon les situations rencontrées, le leadership requis par les circonstances. Tantôt les questions sont d'ordres cliniques, tantôt l'analyse des indicateurs cliniques requiert des changements de l'expertise des équipes de soins, si ce n'est les questions d'aménagements qui nécessitent des expertises techniques architecturales. Dans une telle dynamique du travail, la co-création constitue une stratégie de développement appropriée s'appuyant sur la formulation d'une vision future commune qui prend sa source même dans la capacité de leadership de chacun des membres de l'équipe. Peter Senge (1991) propose diverses alternatives pour développer une vision commune pouvant susciter l'adhésion (*Figure 1*, source : Beaulieu, 1995).

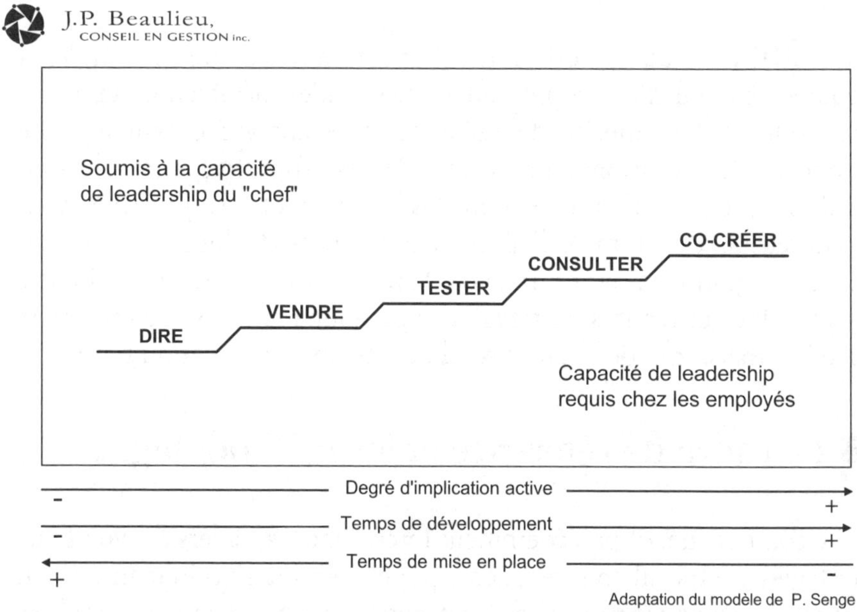

Figure 1 : Alternatives pour développer une vision, susciter l'adhésion.

Dire, vendre, tester, consulter et co-créer sont autant d'approches valables. Chacune de ces stratégies représente des stades d'évolution d'une organisation (contexte, climat, culture). La mobilisation des premiers concernés est un incontournable tant pour dégager une vision de la transformation souhaitée que pour l'implantation du projet. À la lumière des résultats de plusieurs excellentes études sociotechniques, le choix de cette approche s'est imposé de lui-même.

La cocréation s'imbrique avec les principes d'une approche d'interrogation appréciative (*cf.* chapitre 2 du tome II) par la participation dynamique de tous les membres de l'équipe. Des idées innovantes de transformation sont partagées, sans biais ni jugement, initiant une « tempête de cerveau » (*brainstorming*) qui permet aux membres de l'équipe de construire en cascade une synergie de nouvelles idées.

Le travail réalisé en co-création implique la créativité individuelle, telle que définie par Sternberg et Lubart (1999) : l'habileté de produire des idées qui sont à la fois originales et utiles [12]. Le processus et le résultat de cette co-création, par lequel l'idée est acheminée par l'équipe et soutenue par l'organisation jusqu'à sa réalisation, représente l'innovation (Amabile *et al.*, 1996).

Le codéveloppement représente l'esprit de partenariat de conception. Il s'agit de développer *avec* plutôt que *pour* les cadres gestionnaires infirmiers. Aussi, le codéveloppement implique une croissance des connaissances et habiletés par « *contamination* » [13] mutuelle et externe, force vive de toute organisation apprenante. Le but est non seulement d'améliorer l'environnement psychosocial du travail des cadres gestionnaires infirmiers en co-créant des nouveaux rôles, des nouvelles fonctions et des nouvelles responsabilités, mais aussi d'apprendre, de développer de nouvelles compétences et approches de gestion. Par exemple, l'équipe de réalisation prévoit s'inspirer des pratiques des hôpitaux magnétisants pour co-créer la transformation.

Les objectifs du projet et les indicateurs de résultats

Ce projet évolutif est caractérisé, au départ, par l'absence d'une définition claire et concrète de ce que seront les rôles, fonctions et responsabilités des gestionnaires. La transformation se définira au fur et à mesure de la réalisation des objectifs du projet tout en tenant compte des contextes changeants dans lequel évolue le projet. À titre d'exemple, durant la seule première année du projet, sous la pression de

12. *Cf.* Sternberg et Lubart, 1999, p. 3 (traduction libre).

13. Il faut comprendre le terme « *contamination* » dans le sens du partage, de l'échange et de l'influence des idées.

la restructuration du réseau de santé, une nouvelle structure clinique est proposée et graduellement mise en place. Les unités de soins et services des directions cliniques sont regroupés selon qu'ils sont davantage hospitaliers ou en lien avec les réseaux locaux de soins et services. De plus, il faut tenir compte que 34 cadres gestionnaires infirmiers seront partis à la retraite d'ici 4 années (2006-2010).

Il s'avère donc impossible de réaliser ce projet à partir d'un modèle de changement planifié prévisible dans le temps. Il s'agit plutôt, compte tenu de la nature du projet, de diriger le changement (Mitzberg *et al.*, 1999). Tout comme les projets de développement de nouvelles technologies, un processus itératif d'ajustement des planifications, des équipes de projet et des cycles de réalisation et de rétroaction de chacun des objectifs est nécessaire.

Ainsi le premier axe du projet vise à co-créer le projet de transformation lui-même, en partenariat avec les gestionnaires concernés, un projet novateur et rassembleur de transformation des rôles, des fonctions et des responsabilités de gestion clinico-administratives.

Les indicateurs qui serviront à mesurer l'atteinte de cet objectif sont basés sur le ratio de participation aux activités et équipes de projet, le niveau d'adhésion des équipes de gestion aux nouveaux rôles, fonctions et responsabilités et la comparaison qualitative entre les rôles actuels, à partir des descriptions génériques de postes des chefs et assistantes et ceux visés par la transformation.

Le deuxième objectif du projet de transformation cible l'actualisation et l'implantation, dans le travail au quotidien, des changements requis par la transformation co-créée. La mesure de l'atteinte de l'objectif cible les indicateurs suivants : le degré d'avancement de l'implantation dans les unités et services en fonction de la planification initiale, les demandes de changements et d'amélioration par rapport à la planification initiale et le degré d'utilisation des nouvelles compétences.

Le troisième objectif vise à mettre en place les conditions essentielles afin de permettre aux gestionnaires de maîtriser et exercer entièrement leurs rôles, fonctions et responsabilités transformés. Ainsi, le ratio de participation des gestionnaires et du personnel visé aux mesures de développement planifiées, l'écart entre les ressources convenues et les ressources disponibles deviennent les indicateurs du tableau de bord pour cet objectif.

Un autre objectif est d'évaluer l'impact d'implantation de la transformation des rôles, fonctions et responsabilités sur les gestionnaires, leurs équipes, la clientèle, l'organisation et les partenaires du réseau de soins et services. Plusieurs indicateurs servent de baromètre organisationnel : la réalisation des mesures d'impacts selon l'échéancier prévu, les valeurs psychométriques des outils de mesure développés ou choisis pour chacun des aspects sélectionnés et les résultats publiés dans les travaux de recherche et/ou d'études de deuxième et troisième cycles.

Le dernier objectif vise la préparation de la prochaine génération de gestionnaires de soins et services aux nouveaux rôles, fonctions et responsabilités. Les indicateurs sont les modifications apportées au plan de relève actuel du CHUQ et du nombre d'employés exerçant au CHUQ en vue de développer une carrière en gestion.

La co-création implique aussi, pour la réussite du projet, la participation et la rétroaction de tous les cadres gestionnaires infirmiers à la planification, l'élaboration, l'implantation et l'évaluation de toutes les phases du projet. La *figure 2* présente la base du modèle de développement des équipes de travail qui s'ajusteront au cycle de vie planifié du projet. Trois équipes de travail sont créées. Le mandat et le nombre de membres de l'équipe évolueront au fur et à mesure du déroulement du projet. Réduite au départ, l'équipe s'élargit par l'ajout de gestionnaires des soins et services cliniques pour les phases de réalisation, d'analyse et d'implantation. Elle se réduira de nouveau durant la phase de consolidation

Ainsi, l'**équipe de démarrage** est composée de la directrice des soins infirmiers et de deux charges de projets, provenant de la direction des soins infirmiers et de la direction des ressources humaines. Cette équipe s'adjoint de chercheurs universitaires experts dans différents domaines : organisation des soins et du travail, environnement psychosocial du travail des gestionnaires et culture de la mesure. Cette équipe a pour mandat de fournir toutes les informations utiles à la conception, planification et évaluation du projet et de proposer aux cadres gestionnaires infirmiers des approches ou méthodes novatrices susceptibles d'aider à rencontrer les objectifs du projet. Il convient, à l'équipe de démarrage, de s'assurer que les orientations et propositions du projet sont cohérentes avec ceux des départements, des priorités de l'organisation et des orientations du ministère de la Santé et services sociaux. L'équipe de démarrage assure le lancement du projet, la mise en place des équipes de réalisation et de consolidation. Tout au long du projet, l'équipe de démarrage accompagne les équipes de réalisation et de consolidation en fournissant l'expertise conseil nécessaire pour la réussite du projet.

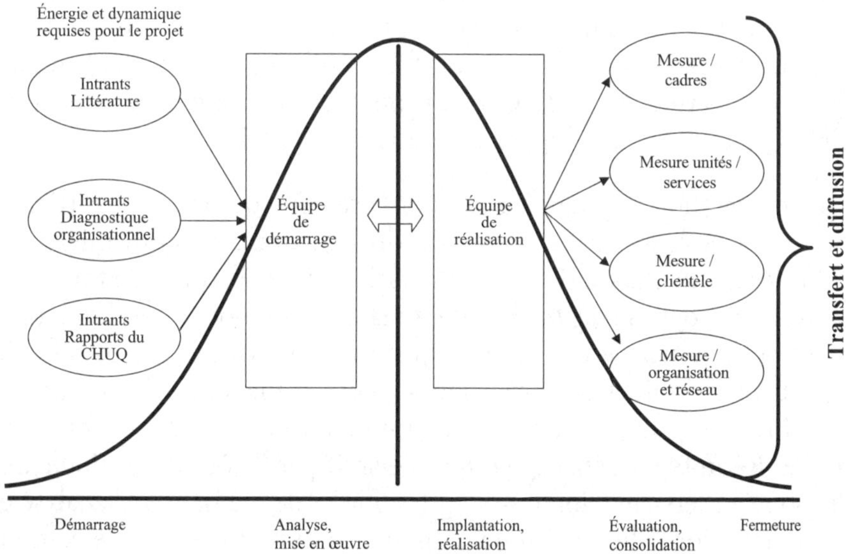

Figure 2 : Etapes, énergie et dynamique requises pour le développement des équipes de travail.

L'**équipe de réalisation**, composée de 10 cadres gestionnaires infirmiers volontaires et sélectionnés, a pour mandat de revoir la conception et planification du projet et suggérer les améliorations requises. Ces

CGI ont un rôle de transmetteurs d'information en faisant part, par exemple, des besoins et attentes des gestionnaires tout en informant et communiquant les informations reliées aux travaux du comité aux gestionnaires, au personnel et organismes concernés. Ils doivent tenir compte du contexte et des contraintes vécues afin d'assurer la faisabilité optimale des propositions de transformations. Au fur et à mesure que le projet avance, les membres de l'équipe de réalisation doivent valider, auprès des autres gestionnaires ou autres groupes, les documents, les compilations, les analyses produites et les scénarios de transformation. La participation et/ou la réalisation des mesures de changement et des livrables prévus au projet est requise pour faciliter l'intégration de la transformation des rôles, des fonctions et des responsabilités des cadres gestionnaires infirmiers le plus harmonieusement dans l'organisation et dans l'unité.

Finalement l'**équipe de consolidation** est composée de quelques membres de l'équipe de démarrage et de réalisation. Cette équipe sert quatre mandats :

- proposer des stratégies et des activités de consolidation de la transformation dans toutes les unités de soins et services cliniques ;
- évaluer l'impact du projet ;
- s'assurer du transfert des connaissances auprès des autres gestionnaires du CHUQ ou des autres établissements ;
- et produire les rapports de fermeture de projet.

Quelques actions concrètes

À la lumière de ces données éloquentes quant aux indicateurs de performance et sur le niveau de bien-être des cadres gestionnaires infirmiers de premier niveau, des mesures ont, depuis, été apportées, notamment dans la mise à jour du plan de relève cadre. La direction des soins infirmiers a mis en place des initiatives audacieuses. Ainsi, la direction a appuyé la décision d'ajouter du soutien administratif aux cadres gestionnaires infirmiers. Un commis administratif (employés de bureau) procure le soutien nécessaire au cadre gestionnaire infirmier dans la réalisation de ses tâches bureaucratiques et administratives en lien avec la gestion opérationnelle. Ces employés apportent leur assistance au cadre gestionnaire infirmier dans les activités qui lui sont déléguées. Ils s'occupent de la confection des horaires de travail, du suivi budgétaire, du contrôle de la présence au travail des employés, de la rédaction de rapports périodiques en vue des redditions de comptes et des suivis des ententes de gestion (*e.g.* les statistiques).

Une journée sans contact ni réunion a été décrétée. Les cadres gestionnaires infirmiers réservent, tous en même temps, une journée par semaine dédiée aux équipes de soins, aux services et à leurs départements. Des activités de formation telles qu'un séminaire sur la gestion décentralisée des décisions et un colloque du conseil des infirmiers et infirmières (CII) portant sur les *magnet hospitals* ont été organisées. De plus, une révision des rôles des infirmières auxiliaires (aides soignantes) et l'introduction des infirmières en pratique avancée sont initiées.

Ainsi, après avoir précisé les rôles et fonctions des infirmières auxiliaires en regard des nouvelles dispositions législatives évoquées par l'Office des professions du Québec, un projet pilote d'implantation d'une nouvelle composition des équipes de soins prévoyant l'introduction d'infirmières auxiliaires (dont le nombre varie en fonction de la complexité des soins et du roulement des patients sur chaque quart de travail) est élaboré. Ce projet d'une durée limitée sera soutenu par une évaluation serrée des impacts pour les patients, le personnel et l'organisation, réalisée en collaboration avec les chercheurs du milieu universitaire. L'introduction des infirmières en pratique avancée vise l'accueil des infirmières praticiennes autorisées à poser des actes qui, auparavant, était dévolus de façon restrictive aux médecins. Au Québec, les champs cliniques en pratique avancée ciblent la cardiologie, la néphrologie et la néonatalogie. D'autres champs comme la santé mentale, l'oncologie et la première ligne sont, par ailleurs, en développement.

Pour favoriser une *contamination* des idées, les membres de l'équipe de réalisation visitent un établissement hospitalier ayant des pratiques attractives. Les objectifs de la visite visent principalement l'établissement d'un inventaire d'idées ayant un potentiel transformateur. En préparation à la visite, une liste exhaustive des thèmes et sujets d'intérêts à aborder est préalablement élaborée. Cette liste, disponible à l'appendice 1, sert de guide afin de cibler directement les objectifs de la visite. En plus de nombreux points administratifs évoqués lors de cette rencontre, c'est sans contredit la structure relationnelle sur la pratique infirmière professionnelle qui a retenu l'attention (Lemire, 2002). Cette structure, participative et co-créée *par* et *pour* le développement de la pratique infirmière, est conçue et dirigée par les infirmières représentantes de chacune des unités de soins. L'objectif est de faire converger tous les efforts vers une vision partagée qui met en valeur les soins axés sur les patients et les familles par le biais de l'excellence en soins infirmiers. Cette application novatrice a grandement influencé l'élaboration de projets, dont le plus récent vise le prolongement de la carrière des gestionnaires. La création, au cours des prochaines années, d'un centre d'expertise clinico-administratif en soutien aux gestionnaires des unités de soins et services cliniques n'est qu'un exemple d'adaptation d'une des nombreuses idées intéressantes, discutées et observées lors de la visite. Pour ce qui est des travaux de l'équipe de réalisation, ils se poursuivent dans la clarification des rôles et responsabilités des niveaux de gestion récemment implantés.

Conclusion

Ce chapitre permet aux cadres des organisations de santé et aux cadres gestionnaires infirmiers de prendre connaissance du cadre méthodologique et des assises d'un projet de transformation des rôles, des fonctions et des responsabilités qui leur sont propres. Cet exemple de projet outille les cadres lors de l'initiation de leurs propres scénarios de transformation des rôles. Les objectifs présentés sont explicites et montrent bien l'intention de retrouver un nouvel équilibre entre les fonctions cliniques et administratives pour assurer des soins et services de qualité à la clientèle.

L'idée du jumelage de plusieurs ressources internes et externes doit être retenue. La participation des gestionnaires bien informés, engagés, positifs et ouverts à proposer de nouvelles avenues est clé dans une perspective d'apprentissage et de partage collectif. Le projet a reçu également un accueil exceptionnel, à l'interne, de la part des directions concernées.

Enfin, ce projet reflète la réaction organisationnelle face à la pénurie de personnels, l'amélioration de l'efficacité des soins et services, le développement des rôles, fonctions et responsabilités des cadres gestionnaires en lien avec la mise en place des réseaux locaux. Finalement, il s'agit là d'un projet très novateur ayant une portée interdisciplinaire. Il comporte des éléments qui rehaussent la qualité de tout projet : un cadre de référence qui offre des orientations claires et un cadre d'évaluation. La sélection d'indicateurs précis et pertinents permet une double reddition de compte : des indicateurs mesurables tout au long du projet autant qu'en fin de projet.

Références

- Amabile TM, Conti R, Coon H, Lazenby J, Herron M. Assessing the work environment for creativity. *Academy of Management Journal* 1996 ; 39 (5) : 1154-85.
- Beaulieu JP. L'orientation stratégique des organisations et la mobilisation de leurs membres. *L'Écriteau* 1995 ; 3 (4) : I -VII.
- Bolduc F, Baril-Gingras G. *Comprendre le travail des cadres avec les cadres: Analyse des conditions d'exercice du travail des cadres hiérarchiques du premier niveau du CHUQ, en vue de les améliorer.* Québec, Rapport de recherche, 2003.
- Joron P. *Révision du travail des cadres*. Rapport présenté à la DRH du CHUQ Montréal, Québec : AON, 2004.
- Kotter JP. Leading change: Why transformation efforts fail. *Havard Business Review* 1995 ; 73 (2) : 59-67.
- Lemire R. Organisation et gestion des soins: projection dans l'avenir. In : Viens C, Lavoie-Tremblay M, Mayrand Leclerc M. (eds), *Optimisez votre environnement de travail en soins infirmiers*. Sainte-Foy, Qc : Presses Inter Universitaires, 2002 : 159-78.
- Mitzberg H, Ahlstrand B, Lampel J. Transformer l'entreprise. *Revue Gestion* 1999 ; 24 (3) : 122-30.

■ Senge PM. *The fifth Discipline Fieldbook*. New York/Toronto : Currency Doubleday, 1994.

■ Sternberg RJ, Lubart TI. The concept of creativity: Prospects and paradigms. In : RJ. Sternberg (ed), *Handbook of creativity*. Cambridge, UK : Cambridge University Press, 1999 : 3-15.

Appendice 1

Thèmes et sujets à aborder lors d'une visite de site :

1 - Volet financier

a. Budget/planification budgétaire/salaire
b. Marge budgétaire du CGI

2 - Ressources humaines

a. Infirmières : mesures d'attraction/rétention
b. Gestion intergénérationnelle
c. Horaires/autogestion des horaires
d. Tableau de bord équilibré
e. Climat de travail
f. Programme de relève des cadres, du personnel
g. Plan de main-d'œuvre
h. Stratégies de recrutement
i. Implication des CGI dans les relations de travail (griefs)
j. Implication des CGI en santé/sécurité au travail
k. Programme de soutien : mentorat, tutorat, garderies, salles de repos…

3 - Organisation des soins

a. Mode de distribution des soins
b. Rôle et responsabilité des infirmières/CGI
c. Relation médecins-infirmières
d. Mesure de la charge de travail
e. Qualité des soins : évaluation
f. Composition des équipes (*Staff-mix*)
g. Évaluation et enseignement
h. Structure professionnelle (acteurs, structure)
i. Structure de l'unité : assistante infirmière-chef, chefs d'équipe
j. Ratio infirmière/patient

4 - Communication et ressources informationnelles

a. Communication infirmières/CGI, infirmière/médecin

b. Support informatique
c. Informations financières reçues pour la gestion des unités/secteurs cliniques
d. Flux d'information (direction-cadres gestionnaires/gestionnaires-équipe/direction-personnel)

5 - Développement des compétences - formation continue
a. Des infirmières chefs
b. Comité de développement - plan de développement des compétences
c. Du personnel : quels sont les principaux programmes ?

6 - Gestion des ressources matérielles
a. Achat de nouveaux équipements
b. Marge de manœuvre des CGI
c. Plan de maintien et d'entretien préventif

7 - Gestion
a. Structure organisationnelle
b. Participation des infirmières et des CGI à la gestion de l'établissement
c. Planification des projets de développement cliniques et son financement

8

La psychodynamique du travail : une approche utile en santé mentale au travail

Marie Alderson

Les chapitres 8 et 9 visent à mieux faire connaître la psychodynamique du travail en tant qu'approche spécifique en recherche dans le champ de la santé mentale au travail, offrant un éclairage intéressant à la compréhension des sources de plaisir et de souffrance psychique vécues par des infirmières. Afin de maximiser la portée de la démarche, un survol des principaux fondements théoriques et méthodologiques de la psychodynamique du travail est proposé dans le cadre du présent chapitre tandis que le chapitre 9 fait état d'une enquête en psychodynamique du travail réalisée auprès d'infirmières œuvrant au Québec, en centre d'hébergement et de soins de longue durée.

Plusieurs disciplines (sociologie, psychologie, anthropologie, etc.) et divers concepts (fatigue, dépression, stress, *burnout* ou épuisement professionnel, etc.) ont tenté de rendre compte des difficultés rencontrées par les infirmières dans le cadre de leur travail. La grande majorité des études ont adopté - et privilégient encore - la perspective de l'approche *stress-coping*. Cette approche s'inscrit dans le paradigme post-positiviste, à dominante quantitative. Elle renvoie aux capacités de l'individu à s'ajuster aux exigences de l'environnement au moyen de ses ressources personnelles et du soutien de son entourage (Estryn-Béhar, 1997). Le modèle de la responsabilité individuelle qui lui est associé pose ainsi qu'il revient principalement au travailleur de trouver les moyens de composer avec les contraintes du monde du travail. Certains individus présenteraient une moindre habileté à négocier les situations stressantes (Chanlat, 1990).

Si l'approche *stress-coping* est utile pour décrire et évaluer l'épuisement professionnel des infirmières (et gestionnaires infirmiers) ou encore pour établir des corrélations entre d'éventuels stresseurs et l'épuisement, elle éclaire plus difficilement la relation dynamique qui prévaut entre eux. En effet, comme tout univers social, le monde du travail - en l'occurrence celui des infirmières - est un univers de signes qui produit des significations multiples donnant un sens aux actions. Afin de mieux comprendre ce que les employés vivent dans le cadre de leur travail, il convient dès lors d'offrir une plus grande place aux disciplines qui font du symbolique leur principal objet d'étude (Chanlat, 1998) ; la psychodynamique du travail est de celles-là. Christophe Dejours (1993a), père de cette dernière, note : si on accepte que « dans l'ordre de l'objectif, nous ne connaissons que des dysrégulations et des retours à l'équilibre [et que] ce registre ne nous apprend pas grand-chose du vécu subjectif qualitatif » (p. 202). Si l'approche qualitative apparaît comme étant celle qui permet de faire émerger la logique interne du phénomène étudié, l'approche compréhensive donne, quant à elle, accès au sens subjectivement construit. En ce sens, la psychodynamique du travail offre une contribution intéressante à la compréhension des phénomènes subjectifs vécus par les travailleurs. Voyons de plus près les tenants et les aboutissants de cette approche.

La psychodynamique du travail : définition et objet

Développée en France, au début des années 1970 par Christophe Dejours, la psychodynamique du travail part du vécu subjectif des travailleurs rencontrés et tente, à partir de la parole partagée, de comprendre - ainsi que de rendre intelligibles aux participants - leurs expériences et leurs conduites. Il ne s'agit plus ici d'atteindre la vérité dans son objectivité chimérique mais de découvrir le sens que revêt la situation, pour les sujets qui la vivent :

« L'existence humaine est par définition une expérience, c'est-à-dire une rencontre entre l'esprit et la réalité extérieure par la voie des sens. En mobilisant tous les aspects de notre être, l'expérience se trouve au cœur de la condition humaine. Prise dans ce sens, elle englobe à la fois la connaissance qu'on a d'une activité et la manière dont on la vit » (Chanlat, 1998, p. 88).

Outre le fait d'être des acteurs socialement constitués, les infirmières sont, à l'instar de tous les travailleurs, des sujets singuliers ayant une vie affective qui est à la fois la condition et le produit de leurs désirs et de leurs conduites au travail. La pensée, les sentiments, la subjectivité et la quête d'une identité font partie intégrante de la rationalité humaine de travail (Brun, 1992).

La psychodynamique du travail approche l'expérience subjective de travail en examinant plus particulièrement la charge psychique du travail. Celle-ci constitue l'une des trois dimensions de la charge de travail[14] et est essentiellement définie par le contenu significatif de la tâche, c'est-à-dire par le sens que le travail revêt pour les travailleurs qui l'accomplissent. Les éléments de la charge psychique de travail qui intéressent spécifiquement la psychodynamique du travail sont ceux qui interpellent collectivement les travailleurs.

La psychodynamique du travail a plus précisément pour objet « l'analyse dynamique des processus psychiques mobilisés par la confrontation du sujet à la réalité du travail » (Dejours et Abdoucheli, 1990, p. 127). En d'autres termes, elle a pour centre de gravité le plaisir et la souffrance qui surgissent de la rencontre entre un sujet animé d'un désir de construction identitaire et d'accomplissement, et une situation de travail dont les tenants et les aboutissants sont, en grande partie, déterminés par autrui, c'est-à-dire indépendamment ou en dehors de sa volonté. Aussi interroge-t-elle le registre symbolique des travailleurs et met-elle en lumière l'influence qu'il exerce sur l'équilibre psychique de ceux-ci. De nature interdisciplinaire, la psychodynamique du travail s'intéresse ainsi à l'organisation du travail comme source de plaisir et de souffrance et comme lieu d'émergence de stratégies défensives permettant aux individus de transiger avec les exigences de leur situation de travail afin de demeurer en santé.

14. Les deux autres étant la charge physique et la charge mentale du travail.

La psychodynamique du travail s'inscrit dans le paradigme subjectiviste d'approche compréhensive. Sa méthode d'enquête, de nature qualitative, se caractérise par des entrevues collectives auprès d'infirmières volontaires. La démarche repose sur un processus d'écoute, d'interprétation et de construction de sens entre les participants et le collectif interdisciplinaire de chercheurs.

Les concepts centraux de la psychodynamique du travail

Les concepts centraux de la psychodynamique du travail sont ceux de travail, de normalité, d'identité, d'organisation du travail, de charge psychique du travail, de souffrance psychique, de plaisir et de sublimation, de reconnaissance, de collectifs de travail et de stratégies défensives.

Le travail

La psychodynamique du travail approche le travail en tant qu'activité humaine, c'est-à-dire comme activité investie par la subjectivité de la personne qui l'accomplit. Ainsi, si le travail peut être vu comme une activité de production qui transforme le monde et permet à l'intelligence et à l'ingéniosité humaine de s'exprimer, travailler c'est aussi se produire soi-même, se transformer soi-même, se révéler à soi-même. Finalement, le travail est également un lieu de production de rapports sociaux, soit un lieu où l'identité et le positionnement social se construisent par l'entremise, essentiellement, de la reconnaissance (Dejours, 1993b). En réalité, le travail présente deux visages opposés : l'un favorable, source de plaisir, facteur d'accomplissement, soutien de l'identité et des lors ami de la santé, l'autre défavorable, source de souffrance, facteur de fragilisation, destructeur d'identité et ainsi, cause de troubles divers.

La normalité

Pour la psychodynamique du travail, la santé parfaite n'existe pas, sinon comme un idéal ou une fiction. Aussi lui préfère-t-elle, la notion de normalité, laquelle renvoie à « un état réel (et non un idéal) où les maladies sont stabilisées et les souffrances sont compensées » (Dejours, 1995, p. 3). La normalité n'est ni un état stable, ni un état passif, elle est continuellement à reconstruire selon les déstabilisations générées par les diverses contraintes de travail.

L'identité

La psychodynamique du travail approche la question de la santé mentale au travail à partir de l'identité. La psychiatrie et la médecine psychosomatique considèrent en effet que l'identité constitue l'armature de la santé mentale (Dejours, 1993a) : si la première est ébranlée, la seconde s'en trouvera fragilisée. Les diverses enquêtes en psychodynamique du travail révèlent combien les questions d'identité se vivent et se jouent intensément sur les lieux du travail. En effet, à travers les conditions et les relations de travail, l'individu est ballotté entre ses désirs d'accomplissement, de reconnaissance… et l'utilisation défavorable qui peut en être faite par certains gestionnaires.

Contrairement à la personnalité, laquelle demeure stable au cours de la vie, l'identité est cette partie de l'individu qui nécessite une confirmation régulièrement réitérée. Ainsi, l'individu ne tient jamais son identité exclusivement de lui-même, celle-ci passe également par le regard d'autrui. La construction identitaire débute à l'enfance dans la sphère privée, autour de la quête d'amour et se poursuit ultérieurement dans le champ social du travail, autour de la reconnaissance offerte par autrui. Divers aspects influent sur le volet social de l'identité d'un individu, notamment la reconnaissance sociale dont jouit l'activité professionnelle qu'il réalise, la manière dont il se sent considéré au sein de l'organisation, la part de pouvoir décisionnel qu'il détient, le fait d'être consulté au niveau de son expertise, etc.

L'organisation du travail

Il y a - et aura toujours - un écart significatif entre l'organisation prescrite de travail (organisation stipulée dans la description des tâches, des méthodes et des procédures) et son organisation réelle, c'est-à-dire celle qui prévaut sur le terrain. Aucune description de tâche ne peut - et ne pourra jamais - anticiper avec exactitude la réalité d'un travail. Celle-ci est - et sera - en toute occasion plus ou moins mouvante ou imprévisible. La prescription de travail sous-estime, habituellement, la variabilité des situations. Aussi l'organisation conçue par les experts ou imaginée par les cadres dirigeants est-elle toujours recomposée par celles et ceux qui effectuent concrètement les tâches. Les enquêtes en psychodynamique du travail ont contribué à révéler l'éventail de stratagèmes opératoires[15] déployés par les travailleurs d'une part, pour ajuster le travail et son organisation aux spécificités du terrain, d'autre part pour rendre ceux-ci plus conformes à leurs désirs et aspirations propres. Ce faisant, ils participent au bon fonctionnement de l'organisation tout en construisant leur identité.

L'organisation prescrite du travail apparaît, au travers des recherches réalisées, comme la base à partir de laquelle peut s'exprimer l'intelligence pratique des travailleurs et s'effectuer leur construction identitaire. L'élément déterminant du plaisir ou de la souffrance au travail est l'autorisation ou le refus des dirigeants de permettre aux travailleurs d'ajuster, grâce à leur créativité et ingéniosité, l'organisation prescrite du travail aux exigences du terrain ainsi qu'à leurs désirs propres. En offrant aux travailleurs une marge de manœuvre dans l'interprétation des consignes et en les incitant à recourir à leurs connaissances et habiletés propres (culture de métier) pour développer de nouvelles façons de faire qui soient plus satisfaisantes, les cadres gestionnaires induisent ou contribuent à entretenir chez ceux-ci un sentiment d'autonomie, de maîtrise de l'environnement et d'accomplissement de soi. Lorsque le travail constitue une activité où se concrétisent et s'expriment savoir, savoir-être et savoir-faire, on est en présence d'une

15. Pratiques orientées vers la recherche de solutions en présence d'une organisation incomplète, inefficace ou insatisfaisante.

organisation du travail structurante pour l'identité et dès lors, favorable à la santé mentale. En revanche, si l'organisation du travail est à ce point rigide qu'elle ne permet pas aux travailleurs de réguler eux-mêmes l'écart entre le travail prescrit et la réalité du terrain, elle entrave la construction identitaire de ces derniers. Un excès de prescriptions et de contrôle engendre de la souffrance. En ce sens, la préservation de l'équilibre psychique doit beaucoup à la souplesse de l'organisation du travail. Cette dernière ne peut faire fi des nécessaires marges de manœuvre qu'il convient de laisser aux travailleurs dans la répartition des tâches, la dynamique temporelle du travail et le choix des modes opératoires.

La charge psychique du travail

Les rapports de l'homme au travail renvoient à trois dimensions de la charge de travail : la charge physique, qui est l'objet de l'ergonomie, la charge mentale, qui concerne les aspects psychosensoriels et cognitifs engagés dans l'exécution d'une tâche, et la charge psychique, qui intéresse tout particulièrement la psychodynamique du travail. Celle-ci renvoie à « la participation affective de l'homme à sa situation de travail » (Dejours, 1980, p. 82). La question fondamentale qui résume toute la problématique du rapport entre l'appareil psychique du travailleur et le travail qu'il effectue est de savoir si ce dernier offre un exutoire suffisant et adéquat à l'énergie psychique de l'individu. Le danger principal est, le plus souvent, celui d'un sous-emploi des habiletés, des connaissances, des compétences, de l'expérience… en un mot, du potentiel psychique du travailleur. Tel est le cas lorsque le travail est à ce point étroitement structuré et prescrit qu'il ne laisse aucune voie de décharge possible à l'énergie psychique de la personne. Cette énergie finit par s'accumuler, causant une tension psychique, un sentiment de déplaisir et une souffrance susceptible de générer divers maux. Si, en revanche, l'organisation du travail offre les nécessaires voies de décharge aux capacités psychiques de l'individu, le travail est équilibrant pour la santé mentale de ce dernier.

La souffrance psychique et le plaisir au travail

La souffrance psychique est un concept propre à la psychodynamique du travail ; il n'a pas de référents psychanalytiques ou sociologiques. Le concept de souffrance psychique décrit un état caractérisé par l'ennui, la monotonie, la peur, l'anxiété, l'angoisse, la déception, l'insatisfaction, la colère, etc. Il traduit également la perte du plaisir, de la coopération, de la solidarité et de la convivialité au travail. N'étant pas toujours directement observable, la souffrance psychique doit quelquefois être décodée. Du point de vue de la psychodynamique du travail, la souffrance psychique fait partie intégrante de toute situation de travail : elle réfère à la lutte que mènent les travailleurs pour demeurer dans la normalité et ne pas sombrer dans la maladie. Étudier la souffrance psychique au travail revient ainsi à explorer l'espace prépathologique.

Le plaisir, sous l'approche de la psychodynamique du travail, renvoie quant à lui à l'état de bien-être psychique vécu par un individu lorsque son travail, tel que structuré et organisé, lui permet de satisfaire ses désirs de reconnaissance, d'autonomie et de pouvoir sur son travail, d'accomplissement et de construction identitaire. Le plaisir au travail comprend aussi l'expérience de la coopération, de la solidarité, de la convivialité et de la confiance.

Le plaisir et la souffrance au travail ne sont pas forcément exclusifs : « ils peuvent se côtoyer et parfois dans des rapports très intriqués que seule l'analyse de terrain peut clarifier » (Carpentier-Roy, 1990, p. 50). Une organisation du travail peut ainsi présenter à la fois des éléments structurants (favorables à la santé mentale) et pathogènes. Pour la psychodynamique du travail, la question du plaisir et de la souffrance se pose toujours en termes collectifs bien que ces derniers (plaisir et souffrance) soient vécus de façon individuelle. L'individu n'est jamais dissocié du groupe auquel il appartient. En d'autres termes, la psychodynamique du travail investigue les sources communes de plaisir et de souffrance des travailleurs, soit celles qui se situent au-delà des singularités individuelles.

La reconnaissance

En contrepartie de la contribution que le sujet apporte à l'organisation, il attend une rétribution. L'analyse psychodynamique suggère que la rétribution attendue par le sujet est fondamentalement de nature symbolique ; elle revêt une forme spécifique, qu'attestent les études empiriques : la reconnaissance. La reconnaissance passe par deux types de jugement sur le travail accompli : le jugement d'utilité et le jugement de beauté. Le jugement d'utilité est proféré essentiellement par autrui sur la ligne verticale, c'est-à-dire par les supérieurs hiérarchiques et les subordonnés, éventuellement par les patients, et porte, comme son nom l'indique, sur le caractère utile du travail accompli. Le jugement de beauté, quant à lui, est proféré surtout sur la ligne horizontale, par les pairs, les collègues, les membres de l'équipe ou les membres de la communauté d'appartenance. Le jugement de beauté comporte deux volets. Le premier réfère à la conformité du travail aux règles de l'art. Ce jugement confère l'appartenance au collectif ou à la communauté d'appartenance. Il contient toujours dans son énonciation un jugement de beauté sur le travail effectué. En soins infirmiers, on parlera par exemple de « magnifique réfection de pansement », de « belle technique de sondage urinaire » ou encore de « superbe relation d'aide ». Le deuxième volet consiste, au-delà de la reconnaissance de conformité aux règles de l'art, à apprécier ce qui fait la spécificité, l'originalité, voire le style, du travail d'une personne. Ce jugement confère au travailleur la reconnaissance de son identité singulière, c'est-à-dire ce par quoi il n'est précisément identique à aucun autre : « ta pose de catheter est unique, elle est top ! ».

Pour la psychodynamique du travail, la véritable reconnaissance s'actualise, en grande partie, par l'octroi, au travailleur, de l'autonomie et du pouvoir sur les actes pour lesquels il est formé et en regard desquels il est responsabilisé ; le manque de reconnaissance s'exprime quant à lui souvent par le refus de cette autonomie et de ce pouvoir.

Les collectifs de travail

Pour la psychodynamique du travail, il y a collectif de travail « lorsque plusieurs travailleurs concourent à une œuvre commune dans le respect des règles » (Cru, 1987, p. 46). Ces règles déterminent les manières adéquates de réaliser le travail. Elles sont issues de la profession, discutées et introduites par le collectif de travail lui-même ; elles ont une fonction de régulation, de cohésion et de protection contre toute attaque venant de l'extérieur du collectif. Autrement dit, on parle de collectifs de travail lorsque, face à une œuvre commune à réaliser, plusieurs travailleurs se rassemblent et forment un groupe solidaire dans le but de réaliser cette œuvre dans le respect des règles (de la profession, de comportement) convenues. Le collectif de travail nécessite pour assurer sa formation, son maintien et son renouvellement, l'engagement, la mobilisation, la collaboration, la solidarité, d'authentiques liens de confiance réciproques et la loyauté de ses membres.

Si les collectifs de travail naissent la plupart du temps en période de conflit ou de crise, ils peuvent également être envisagés comme un acte d'auto-organisation. Le travail implique en effet très souvent une nécessaire collaboration, laquelle ne peut cependant être prescrite, dans la mesure où elle repose sur le respect et l'estime réciproques… autant d'éléments qui se construisent dans l'action en référence à des normes ou des valeurs communes.

La construction et le maintien des collectifs sont conditionnés par les pratiques managériales et l'organisation du travail dans laquelle ils s'inscrivent. En effet, lorsqu'ils existent, les collectifs de travail peuvent être fragilisés, voire même détruits, par des pratiques managériales qui viennent brusquement changer les règles du jeu en transformant la souplesse organisationnelle en rigidité ou qui instaurent une concurrence excessive entre les travailleurs dans un contexte de peur nourri par l'insécurité d'emploi.

Les stratégies défensives

La psychodynamique du travail retient la définition freudienne des stratégies défensives selon laquelle celles-ci constituent une révolte du moi contre des affects pénibles dans le but d'éviter un déplaisir et d'assurer son intégrité et sa sécurité. Si les défenses sont le plus souvent inconscientes, certaines peuvent, dans des conditions particulières, devenir conscientes.

Dans un premier temps, les défenses se traduisent par des attitudes ou des comportements sains et utiles à la santé mentale. Elles aident en effet les individus à résister aux agressions exercées par l'organisation du travail (manque de reconnaissance et d'autonomie, absence de pouvoir, manque de soutien, etc.) ou à conjurer la peur face à certains risques du travail. Ce faisant, elles préservent la santé mentale des travailleurs. Ces défenses n'ont cependant pas pour visée ou finalité la transformation objective des éléments souffrants mais bien la réduction de leur perception. La perception est le processus par lequel l'individu organise et interprète ses impressions sensorielles de façon à donner un sens à son environnement. À plus long terme, ces défenses ne sont cependant pas sans incidences négatives sur la santé mentale des individus qui y recourent à outrance dans la mesure où elles portent ces derniers à s'adapter à la situation éprouvante ou à la fuir plutôt qu'à tenter de la transformer. Aussi courent-ils le risque de voir, un jour, leurs capacités de défense fragilisées avec pour résultante que la souffrance s'exprime par la somatisation. Il importe également de voir que les stratégies défensives sont susceptibles d'être exploitées par l'organisation si elles servent ses intérêts (Dejours & Abdoucheli, 1990).

En l'absence de collectifs de travail, les stratégies défensives sont individuelles et proviennent de l'histoire, de l'éducation, de la personnalité, du désir et du rapport au travail de chacun. En présence de véritables collectifs de travail, les stratégies seront, elles aussi, collectives.

Il apparaît, en effet, que lorsque plusieurs sujets d'un même collectif de travail éprouvent une souffrance, ils unissent leurs efforts pour construire une stratégie défensive commune en regard d'une organisation du travail qui pourrait blesser chacun d'entre eux : « S'unir dans l'adversité [...] préserve la vulnérabilité individuelle. Le principe est collectif mais la souffrance reste toujours singulière » (Canouï & Mauranges, 1998, p. 85).

Conclusion

Les paragraphes ci-dessus ont posé les jalons nécessaires à la compréhension du chapitre ci-après, lequel relate une enquête réalisée auprès d'infirmières œuvrant en centre d'hébergement et de soins de longue durée. La démarche d'enquête était sous-tendue par le désir d'écouter, d'entendre et de dialoguer avec les infirmières afin de développer une compréhension partagée de l'expérience de travail vécue par elles.

Références

- Brun JP. *Les hommes de lignes: analyse des phénomènes sociaux et subjectifs dans l'activité de travail des monteurs de lignes électriques*. Thèse de doctorat non publiée en ergonomie, École Pratique des Hautes Études, Paris, 1992.

- Canouï P, Mauranges A. *Le syndrome d'épuisement professionnel des soignants: de l'analyse du burnout aux réponses*. Paris : Masson, 1998.

- Carpentier-Roy MC. *Organisation du travail et santé mentale chez les infirmières en milieu hospitalier*. Thèse de doctorat non publiée, Université de Montréal, Département de sociologie, Faculté des arts et des sciences, 1990.

- Chanlat JF. *Sciences sociales et management. Plaidoyer pour une anthropologie générale*. Québec : Les Presses de l'Université Laval, Éditions Eska, 1998.

- Chanlat JF. Théorie du stress et psychopathologie. *Prévenir* 1990 ; 20 : 117-26.

- Cru D. Les règles du métier. In : C. Dejours (ed), *Plaisir et souffrance dans le travail*, tome 1. Paris : Association pour l'Ouverture du Champ d'Investigation Psychopathologique, CNRS, 1987 : 29-42.

- Dejours C. Comment formuler une problématique de la santé en ergonomie et en médecine du travail. *Le travail humain* 1995 ; 58 (1) : 1-16.

■ Dejours C. *Travail : usure mentale. De la psychopathologie à la psychodynamique du travail.* Nouvelle édition augmentée. Paris : Bayard, 1993a.

■ Dejours C. Pour une clinique de la médiation entre psychanalyse et politique : la psychodynamique du travail. *TRANS* 1993b ; automne : 131-56.

■ Dejours C. La charge psychique de travail. In : Société française de psychologie/psychologie du travail (ed), *Équilibre ou fatigue par le travail ?* Paris : Entreprise moderne d'édition, 1980 : 45-54.

■ Dejours C, Abdoucheli E. Itinéraire théorique en psychopathologie du travail. *Prévenir* 1990 ; 20 : 127-49.

■ Estryn-Béhar M. *Stress et souffrance des soignants à l'hôpital : reconnaissance, analyse et prévention.* Paris : Éditions Estem, 1997.

9

Éclairage psychodynamique de l'expérience collective de travail des infirmières : un apport précieux pour un management avisé

Marie Alderson

Au moyen des résultats d'une étude réalisée auprès d'infirmières œuvrant dans un centre d'hébergement et de soins de longue durée, l'auteur souhaite relater l'expérience de travail vécue par celles-ci et les pistes de réflexion, ainsi que d'action, proposées par elles. Ce chapitre illustre comment la psychodynamique du travail fournit, par le biais de la parole même des participantes, des données probantes aux gestionnaires infirmiers, permettant à ces derniers une prise de décision éclairée.

Contexte de l'enquête

L'enquête d'Alderson (2001) prend place dans un grand centre d'hébergement et de soins de longue durée de la région de Montréal. Neuf collectifs d'enquête totalisaient 33 infirmières. Chaque collectif d'enquête bénéficiait de 9 heures d'entrevues collectives.

Pourquoi avoir choisi de réaliser l'étude dans ce type de centre ?

La réalité qui prévalait au moment de l'étude (et qui perdure jusqu'à ce jour) indiquait que la plupart de ces centres rencontraient d'importantes difficultés de recrutement et de maintien en poste du personnel infirmier. Ce fait était (et est toujours) d'autant plus inquiétant que le gouvernement du Québec prévoyait (et continue à anticiper) au cours des années à venir, une forte augmentation de la demande de services en centre d'hébergement et de soins de longue durée, compte tenu principalement du vieillissement de la population et de la transformation de la famille. Visant à cerner le sens du travail infirmier dans ce contexte spécifique de travail, la présente enquête en psychodynamique du travail se voyait motivée par le fait que les problèmes de santé mentale des infirmières étaient (et sont toujours) en constante augmentation. Il apparaissait dès lors important, voire impérieux, d'élargir et d'approfondir la compréhension de l'expérience subjective et collective de travail vécue par ces infirmières. De plus, il importe de mentionner qu'il existe peu de données probantes relatives à l'expérience de travail des infirmières œuvrant en centres d'hébergement et de soins de longue durée du fait que la majorité des recherches en sciences infirmières ayant, à ce jour, investigué la problématique de l'épuisement professionnel a principalement été réalisée dans le secteur des soins aigus.

Les résultats de l'enquête

Il est possible de synthétiser les résultats centraux de l'enquête en psychodynamique du travail menée par Alderson (2001) en disant que l'expérience subjective et collective de travail des infirmières a pour principale source de souffrance la perception de douloureux manques de reconnaissance, d'autonomie et de pouvoir professionnels. Ces manques se nourrissent, dans une vaste mesure, d'une organisation problématique ou déficiente du travail infirmier dans le sens où elle ne s'accompagne pas d'une définition explicite des rôles, des responsabilités et des tâches des divers personnels de soins. Cette situation induit une ambiguïté de rôles, des champs de pratique insuffisamment distincts, des rapports interprofessionnels conflictuels, un maigre contenu significatif de travail infirmier et un sentiment de non-valorisation de la spécificité infirmière. On note également la perception d'une sous-utilisation de l'expertise infirmière, d'un accomplissement professionnel insatisfaisant, d'une polyvalence perçue comme humiliante, d'une interchangeabilité trop vaste des diverses catégories de soignants et d'une charge de travail augmentée, privant du sentiment structurant de travail bien fait. L'ensemble de ces éléments induit une perte de sens du travail, porte atteinte à l'identité professionnelle des infirmières et fragilise ainsi leur santé mentale. Une perte d'estime de soi et un questionnement existentiel sur les valeurs de la profession, ainsi que sur son avenir, émergent de l'expérience des infirmières. Il ne fait pas de doute que cet état de faits les porte à questionner et à redéfinir leur rapport au travail.

Une importante souffrance des infirmières découle du fait que leurs désirs de reconnaissance professionnelle, d'autonomie et de pouvoir sur les actes infirmiers (pour lesquels elles sont formées et en regard desquels elles sont responsabilisées) ne sont pas satisfaits ou rencontrés. Il ressort ainsi de l'enquête qu'en l'absence de reconnaissance, de pouvoir et d'autonomie professionnels, les infirmières ressentent les responsabilités attribuées non pas comme des sources de valorisation professionnelle mais comme des fardeaux générant anxiété et souffrance. Outre ce fait, les participantes perçoivent le contenu significatif de leurs tâches comme étant inadéquat : elles disent faire l'expérience d'un sous-emploi de leurs habiletés, connaissances, compétences, savoir-faire expérientiel et créativité, en un mot, de leur potentiel psychique. L'image d'elles-mêmes que leur renvoient alors les tâches accomplies blesse profondément leur identité, induit un sentiment de dévalorisation, de déqualification et génère l'insatisfaction.

Les infirmières déplorent aussi d'une part, le manque de transparence et de communication des gestionnaires en regard des projets de réorganisation du travail, d'autre part, l'absence de véritable consultation ainsi que de réelle participation aux prises de décisions en lien avec leur pratique. Il va sans dire que cette situation ne crée pas un sentiment d'appartenance très fort à l'endroit de l'institution. La grande majorité des infirmières se disent, en effet, « appartenir » à l'unité et aux résidents plutôt qu'à l'établissement.

Les résultats révèlent également que le plaisir et la souffrance au travail ne s'excluent pas nécessairement mais peuvent se côtoyer dans des rapports quelquefois très étroits. L'étude révèle ainsi que même considérablement souffrantes, les infirmières continuent à exprimer beaucoup de sollicitude à l'endroit des résidents et des familles : la relation d'aide et d'accompagnement agit à titre de principal tremplin au plaisir par le biais du processus de sublimation. Les résultats mettent de plus en lumière qu'afin d'atténuer la perception de la souffrance, les infirmières déploient diverses stratégies défensives.

Pistes de réflexions et orientations émanant des résultats de l'enquête

Les résultats de l'enquête réalisée par Alderson (2001) mettent en évidence que si les gestionnaires désirent réellement intervenir au niveau du désinvestissement et de l'absentéisme des infirmières, ils ne peuvent plus faire l'impasse sur la nécessaire reconnaissance qu'il convient de leur offrir, sous forme d'autonomie et de pouvoir, sur les actes infirmiers. C'est une nécessité absolue pour que le travail infirmier réinvite à l'investissement, ouvre à nouveau sur le plaisir et retrouve son pouvoir structurant en regard de la santé mentale. L'idée de la nécessité de la reconnaissance est actuellement quelque peu galvaudée, voire banalisée et c'est là un fait regrettable dans la mesure où toutes les recherches en santé au travail en soulignent l'importance (Carpentier-Roy, 2000).

Selon les désirs exprimés par les participantes, il apparaît qu'il importe de donner aux infirmières l'opportunité de s'arrêter pour prendre le recul nécessaire par rapport à leurs activités quotidiennes de travail. Cela leur permettrait d'échanger en regard de leurs expériences subjectives de travail et de questionner leur pratique professionnelle de façon à trouver ensemble des façons d'améliorer celle-ci. L'impossibilité de réfléchir collectivement au travail et de discuter des difficultés ou des situations problématiques rencontrées induit, chez les infirmières, un sentiment de perte de sens et d'impuissance face à la réalité confrontée, lequel n'est pas sans effet sur leur implication au travail et leur santé mentale. Dejours (1998) considère que l'hyperactivité dans le travail s'installe toujours au détriment de l'esprit. Le travail ininterrompu ne permet pas ou ne permet plus de penser le travail. L'absence d'opportunités pour réfléchir au travail ainsi que l'inexistence de temps et de lieu pour débattre en collégialité des situations de travail rencontrées mènent souvent à une perte de sens du travail, laquelle n'est pas sans effet sur l'investissement subjectif dans le travail (Vézina & Carpentier-Roy, 2000). Le sens du travail se construit par la pensée, la réflexion et la parole. Ces divers propos soulignent l'importance de laisser du temps aux infirmières pour parler du travail, pour penser celui-ci et, ainsi, se le réapproprier. Il importe, en effet, que le travail infirmier demeure un lieu de construction identitaire. À la lumière des résultats, il apparaît ainsi essentiel que les gestionnaires permettent et favorisent la création d'espaces de parole. Ces espaces de parole briseraient l'isolement, aideraient les infirmières à distiller la souffrance vécue, à retrouver une énergie et un sens au travail, à construire ou reconstruire des collectifs de travail et ce, par l'ouverture d'une discussion qui n'existait peut-être pas ou plus.

Les résultats de l'étude permettent d'avancer l'idée qu'il importe que les responsables du management veillent à ce que les modes d'organisation de la pratique infirmière et les structures organisationnelles favorisent davantage l'autonomie professionnelle. À la lumière des résultats, il ne fait pas de doute qu'il serait structurant pour l'identité professionnelle et dès lors, pour la santé mentale des infirmières œuvrant en centre d'hébergement et de soins de longue durée, que la gestion soit plus horizontale, plus décentralisée et favorise l'avènement d'une véritable interdisciplinarité dans les soins. En effet, dans ce type de centres, il n'y a pas « celui qui sait » et dont la parole et l'action sont garantes de succès, mais plutôt un partage de savoirs, une forme de collégialité dans les compétences. Dans cet esprit, il apparaît prometteur de remettre en question la philosophie traditionnelle de gestion fondée sur l'autoritarisme, le non-partage de l'information, l'absence de consultation, de concertation et de participation des infirmières aux décisions qui les concernent. Les résultats de l'étude suggèrent un mode d'organisation de la pratique infirmière permettant la participation des infirmières à la prise de décisions et privilégiant des relations collégiales plutôt que hiérarchiques. Ces suggestions rejoignent les considérations de Kelly et Joël (1995) et de Moloney (1992). La parole collective entendue porte à croire que la gestion partagée (*shared-governance*) permettrait l'autonomie collective et la participation décisionnelle tant souhaitées par les infirmières et rencontrerait leur désir d'accomplissement personnel et professionnel. Cela dit et comme l'indique Moloney (1992), ce n'est pas parce qu'une institution prendra le soin de privilégier une structure organisationnelle favorisant la décentralisation du pouvoir, incitant aux relations collégiales et permettant la participation aux processus décisionnels que les infirmières se retrouveront investies d'autonomie. Il importe aussi que les infirmières œuvrent et s'investissent elles-mêmes dans la poursuite de l'autonomie professionnelle, se rappelant qu'elles sont des sujets libres capables d'agir et agissant sur leur situation présente et à venir.

Il est essentiel que les gestionnaires des soins infirmiers comprennent que le plaisir au travail résulte de la rencontre entre les désirs de la personne et la réalité du travail. Aussi, s'ils veulent véritablement contribuer à la santé mentale des infirmières, il convient qu'ils privilégient une organisation du travail qui permette à ces dernières de se réaliser et leur offre d'être reconnues dans leurs compétences et habiletés spécifiques. Par ailleurs, étant donné que le caractère structurant du travail est d'autant plus significatif qu'il se réalise au sein d'un véritable collectif de travail, les gestionnaires doivent veiller à créer des conditions favorables à la constitution et au maintien de semblables collectifs. Finalement, les résultats de l'étude éclairent sans équivoque le caractère salutaire que revêt la pratique de la relation d'aide et d'accompagnement pour les infirmières œuvrant en centres d'hébergement et de soins de longue durée. Aussi, il y a lieu de penser, à la lumière de cette étude et des dires des participantes, qu'il est important que les cadres gestionnaires créent des conditions de travail permettant aux infirmières d'accomplir ce rôle dans un environnement et un climat qui soutiennent vraiment leur santé mentale. Cela implique qu'elles se voient offrir le temps nécessaire pour véritablement réaliser ladite relation. Discourant sur les enjeux cruciaux de l'affirmation professionnelle et rappelant que la dimension relationnelle constitue l'essence même du prendre soin, Hagan (2001) souligne l'importance de la relation d'aide :

« Affirmer ce savoir-faire, c'est aussi favoriser l'établissement d'une relation d'aide et de confiance, en vue d'habiliter et de soutenir les personnes dans un processus décisionnel leur permettant de résoudre leurs problèmes ou, à tout de moins, de prendre elles-mêmes des décisions concernant leur santé » (p. 14).

Les résultats de l'étude mettent en lumière que les infirmières ont besoin, à l'instar des résidents et des familles, d'être soutenues afin d'être en mesure d'assumer au mieux leur mandat professionnel tout en demeurant en santé ou « dans la normalité » pour utiliser le langage de la psychodynamique du travail. Comme l'énonce Cadoré (2001), médecin, théologien et professeur d'éthique biomédicale : « Aux établissements de soins de savoir les préserver du désordre de l'expérience humaine de la souffrance, en étant eux-mêmes hospitaliers non seulement aux personnes malades mais aux soignants » (p. 22).

Les résultats invitent les gestionnaires à être très attentifs aux effets défavorables que peut avoir le fait d'amener des catégories de soignants différents à accomplir une vaste part semblable de tâches. Ce contexte risque de générer, comme observé dans l'étude, une intense ambiguïté de rôles et un sentiment profond de dévalorisation ainsi que de perte de spécificité professionnelle chez la catégorie de personnel la plus spécialisée, ici en l'occurrence les infirmières, ainsi que des rapports conflictuels entre personnels de soins. Il ne faut jamais perdre de vue que l'organisation des soins infirmiers a une incidence sur la santé des infirmières, laquelle rebondit inéluctablement sur les soins qu'elles dispensent, sur l'identité professionnelle et sur l'avenir de la profession.

Les résultats de l'étude permettent de mieux comprendre les éléments qui sous-tendent la perte de sens du travail infirmier, la souffrance des infirmières et le déploiement de stratégies défensives visant à atténuer la perception de la souffrance et « tenir le coup » psychologiquement. L'expérience de la non-reconnaissance ou du manque de reconnaissance a parfois raison de la lutte menée par les infirmières pour demeurer dans la normalité. S'exprime alors la souffrance, sous forme de desengagement, de retrait et d'absentéisme. D'autres strategies déployées par les infirmières rencontrées sont la rationalisation, la banalisation et le déni de la souffrance vécue ainsi que l'individualisme ou l'adaptation à la situation.

Des pistes de solution sont mises de l'avant par les participantes : celles-ci visent principalement des transformations de l'organisation du travail infirmier et de son environnement. Parmi ces pistes, on trouve la nécessaire création d'espaces de parole, une reconnaissance renforcée s'exprimant dans les faits par l'octroi d'autonomie et de pouvoir professionnels, la mise en place de véritables mécanismes de consultation et de participation aux prises de décision en lien avec la pratique, ainsi qu'une révision de l'organisation du travail en vigueur dans l'établissement.

L'approche de la psychodynamique du travail révèle les processus de sublimation et de transcendance en tant que moyens de transformation des tensions vécues au travail. En effet, l'enquête met en lumière que pour obtenir la nécessaire reconnaissance de leur contribution, les infirmières recourent à une rationalité sociale qui va bien au-delà de la seule communauté d'appartenance professionnelle puisqu'elle s'élargit à la société dans son ensemble (résidents et familles). Comme le mentionne Dejours (2000), c'est l'espoir de reconnaissance qui mobilise la volonté de travailler : « Et c'est lorsqu'on a totalement renoncé à attendre cette reconnaissance, lorsque l'espoir s'est effacé, que risque d'apparaître la dé-mobilisation subjective au travail » (p. 13). Ayant renoncé à attendre la reconnaissance de la part de la hiérarchie (jugement d'utilité), voire même de leurs collègues (jugement de beauté), les infirmières se tournent vers les résidents et les familles, trouvant auprès de ceux-ci une source de (re)mobilisation subjective, laquelle ouvre sur un certain plaisir et un certain sens au travail, ce qui les aide à tenir bon.

Les résultats obtenus au moyen de l'approche de la psychodynamique du travail offrent aux sciences infirmières des données intéressantes. En effet, les connaissances produites sont le fruit d'une démarche de compréhension des dynamiques qui se jouent dans les rapports sociaux de travail et qui sont sources de plaisir et de souffrance pour les infirmières œuvrant dans l'actuel contexte québécois en centres d'hébergement et de soins de longue durée. La démarche réalisée peut se comparer à l'ouverture et à l'exploration de la « boîte noire » (Dejours & Abdoucheli, 1990, p. 146) qu'il y a entre l'environnement de travail (stimulus) et le comportement des infirmières (réponse). Les résultats de l'enquête permettent une meilleure compréhension de l'origine organisationnelle des souffrances vécues par les infirmières rencontrées dans le cadre de l'étude.

Les enquêtes en psychodynamique du travail offrent aux infirmières l'opportunité d'analyser le travail et son organisation afin - si elles le souhaitent - de se mobiliser pour les transformer de manière à ce qu'ils rejoignent leurs aspirations, soient favorables à leur quête identitaire et soutiennent ainsi davantage leur santé mentale. De l'enquête réalisée ressort la nécessité, pour les infirmières, de comprendre collectivement que si elles sont, en partie, des « acteurs déterminés » au sein de l'organisation, elles sont également des « sujets libres » capables d'agir sur le travail et son organisation. En effet, si l'environnement de travail exerce indéniablement une influence significative sur la santé des infirmières, celles-ci sont en mesure de l'influencer à leur tour. Les infirmières ont à comprendre que l'organisation du travail et les pratiques managériales sont des constructions sociales sur lesquelles elles peuvent agir. Par ailleurs, elles ont à prendre conscience du fait qu'en se constituant en véritables collectifs de travail, elles se donnent d'une part, les moyens d'influencer et de transformer les situations de travail vécues, d'autre part, d'ouvrir plus grande la porte sur le plaisir au travail. Finalement, apparaît au travers des résultats de l'enquête la responsabilité qu'ont les infirmières de soigner les rapports qu'elles entretiennent entre elles afin de se donner, les unes aux autres, la valorisation ainsi que la reconnaissance nécessaires à leur plaisir, et d'entreprendre collectivement une transformation de l'organisation du travail en vue de la rendre plus structurante pour leur identité et dès lors, plus favorable à leur santé mentale. Catalano (1999) soutient que les changements qui sont actuellement en cours dans les systèmes de santé auront un impact considérable tant sur les milieux de soins que sur la pratique infirmière elle-même. Cette situation est pour ainsi dire mondiale dans la mesure où presque l'ensemble des gouvernements se voient contraints à réformer les systèmes de santé en raison de l'augmentation des dépenses liées au vieillissement de la population, aux besoins accrus des clientèles et aux progrès technologiques (Fawcett-Henesy, 2001). Dans semblable contexte, les infirmières ont à comprendre l'importance et l'urgence de se mobiliser collectivement, d'exercer leur potentiel de pouvoir et de s'impliquer activement dans les décisions relatives à l'orientation des services de santé sans quoi les politiciens et les administrateurs du réseau décideront seuls de leur avenir (Catalano, 1999).

Les avantages de l'approche

La dimension de recherche-action qui sous-tend la psychodynamique du travail (Dejours, 1987) facilite le transfert des connaissances de la recherche vers la pratique dans la mesure où la démarche vise justement l'appropriation des conclusions de l'enquête par les participants eux-mêmes (ici en l'occurrence les infirmières) et ce, dans une perspective d'action de transformation de leur situation de travail. Cette transformation a pour visée de rendre le travail et son contexte plus conformes aux désirs des travailleurs, plus propices au plaisir et dès lors plus favorables en regard de leur santé mentale, une visée qui, en soi, ne peut que profiter à la qualité et à l'efficacité des soins et services infirmiers. L'appropriation des résultats de l'enquête par les participants, ainsi qu'éventuellement par d'autres travailleurs du milieu (qui, bien que n'ayant pas participé à l'enquête, désireraient néanmoins s'impliquer dans le processus de transformation du travail et de son contexte), contribue à une dissémination des résultats de l'enquête. La remise d'un rapport d'enquête à chacun des participants ainsi qu'à la direction de l'établissement - procédure inhérente à la démarche d'enquête en psychodynamique du travail - facilite la diffusion des résultats, favorise le transfert des connaissances et permet la prise de décisions à partir de données probantes. Ayant fait l'objet d'une démarche de validation auprès des participants, ledit rapport constitue un produit compréhensible et facilement appropriable pour les praticiens, ce qui, en soi, constitue un facteur important dans le processus de transfert des connaissances.

Il est également intéressant de rappeler la dimension clinique de l'approche de la psychodynamique du travail, laquelle est un gage de pertinence et d'utilité clinique dans la mesure où, partant des situations de travail vécues au quotidien, elle apporte, par la voix des participants eux-mêmes, des éléments de réponse ou de solution à des préoccupations vécues sur le terrain.

Les limites de l'approche

L'approche de la psychodynamique du travail ne permet pas – mais ne vise pas non plus – la reproductibilité et la généralisabilité des résultats qu'elle obtient. Elle considère tout au plus l'éventuelle transférabilité des conclusions d'un contexte à l'autre, à la condition *sine qua non* que les travailleurs de cet autre contexte se retrouvent ou se reconnaissent dans l'étude et reprennent les conclusions à leur compte.

Un point à soulever et qui peut être assimilé à une limite de l'approche est le fait que la psychodynamique du travail n'amène pas toujours des changements organisationnels rapides (Carré, 1997 ; Trudel, 2000). En effet, les améliorations concrètes dans le milieu de travail s'échelonnent dans le temps en fonction des actions des travailleurs et de l'inclination de la direction à permettre à ces derniers d'harmoniser leurs désirs et projets avec le travail à accomplir (Vézina, 2000). L'auteur précise que les suites de l'investigation psychodynamique sont tributaires de la qualité du dialogue social au sein de l'institution et de la confiance que se font les divers acteurs concernés.

L'approche de la psychodynamique du travail a également pour limite qu'elle considère les rapports que les acteurs/sujets entretiennent avec leur travail tel qu'organisé à un moment donné et dans un contexte donné. Dans cet esprit, un changement de contexte ou de paramètres organisationnels peut impliquer de renouveler l'investigation.

Un commentaire qu'il a été donné d'entendre à propos de la psychodynamique du travail est la tendance qu'aurait cette approche de remettre l'entière responsabilité de la santé mentale des travailleurs sur les seules épaules de l'employeur, du gestionnaire ou de l'organisation. Semblable commentaire exprime cependant une compréhension partielle et imparfaite de l'approche dans la mesure où, s'il est vrai qu'elle investigue de manière privilégiée l'incidence organisationnelle des problèmes de santé mentale au travail, elle rappelle aux travailleurs, comme évoqué ci-avant, que s'ils sont en partie des acteurs déterminés par une organisation du travail, ils sont aussi des sujets libres capables d'agir sur l'organisation du travail de façon à rendre celle-ci la plus favorable possible à leurs désirs d'accomplissement et de réalisation.

Conclusion

Si le chapitre 9 a présenté l'approche de la psychodynamique du travail sous un angle plus théorique, le chapitre 10 visait à illustrer la contribution concrète que celle-ci peut offrir au renouvellement de la recherche dans le domaine de la santé mentale des infirmières. Les participantes ont exprimé combien la démarche collective réalisée dans le cadre de l'étude leur a permis de mieux comprendre ce qu'elles vivaient, percevaient et ressentaient au travail. Elles soulignent en outre le bien-être qu'elles ont éprouvé à parler, à écouter et à échanger avec leurs collègues à propos du travail. Le fait de sortir la souffrance vécue de sa sphère individuelle afin de la partager au groupe a permis à plusieurs infirmières de découvrir qu'elles n'étaient pas seules à vivre certaines souffrances. Ce fait a éveillé des sentiments d'empathie et de solidarité portant diverses participantes à exprimer qu'elles se soutiendraient dorénavant dans les expériences difficiles vécues au travail. L'expérience vécue dans le cadre de cette étude corrobore les dires de Trudel (2000) soulignant que les entretiens en psychodynamique du travail montrent sans équivoque combien les individus ont un grand besoin de parler de ce qu'ils vivent au travail.

Il est entendu que des suites peuvent découler de l'enquête en termes de changements organisationnels. Ces suites sont sous la responsabilité des infirmières, c'est-à-dire qu'il revient à celles-ci de décider d'agir ou de ne pas agir sur les sources de plaisir et de souffrance mises en évidence par l'enquête. Le rôle des chercheurs en psychodynamique du travail n'est pas de proposer des éléments de solution mais de révéler les perspectives de changement dégagées par les travailleurs dans le cadre des entrevues. Ainsi, il appartient aux infirmières de s'approprier les éléments d'analyse qui leur permettent de mieux comprendre les rapports qu'elles entretiennent avec leur travail et de statuer, ensuite, sur les attitudes et les actions qu'elles souhaitent privilégier afin de transformer le travail et son organisation : personne mieux que les infirmières ne peut se prévaloir de ce qui leur est nécessaire.

Nous ne pouvons qu'espérer que les sciences infirmières s'ouvrent à l'approche interdisciplinaire des problèmes de santé mentale au travail que propose la psychodynamique du travail. Il apparaît en effet que celle-ci est riche de promesses pour la recherche en sciences infirmières dans la mesure où, à partir du vécu subjectif des infirmières, elle donne accès au sens des situations de travail et ouvre sur une compréhension originale des mécanismes à l'origine des problèmes de santé mentale au travail. Ladite approche donne ou redonne aux infirmières la place qui leur revient, soit celle de sujets porteurs de sens. Ce principe libère du sens pour les infirmières qui participent aux enquêtes en psychodynamique du travail et renouvelle la portée de la recherche dans le champ de la santé mentale des infirmières (Carpentier-Roy, 2000). Comme l'indique Dejours (2000): « les méthodes objectives d'évaluation du travail [...] sont erronées ; il faut apprendre à écouter pour avoir une chance d'entendre le travail et de conjurer les malentendus » (p. 17).

Références

- Alderson M. *Analyse psychodynamique du travail infirmier en unité de soins de longue durée : entre plaisir et souffrance.* Thèse de doctorat non publiée. Faculté des sciences infirmières. Université de Montréal, 2001.

- Cadoré B. L'hospitalité comme philosophie du soin. Conférence présentée le 22 novembre 2000 à Montréal dans le cadre du 1er congrès international des infirmières et infirmiers de la francophonie. *L'infirmière du Québec* 2001 , 8 (4) : 21-22.

- Carpentier-Roy MC. La psychodynamique du travail et la recherche en santé mentale au Québec. In : Carpentier-Roy MC, Vézina M. (eds) *Le travail et ses malentendus. Enquêtes en psychodynamique du travail au Québec.* Québec : Octares, Les Presses de l'Université Laval, 2000 : 21-27.

- Carpentier-Roy MC. *Corps et âme : psychopathologie du travail infirmier.* Montréal : Liber, 1991.

■ Carré A. Psychodynamique du travail et prévention des risques de l'organisation du travail pour la santé psychique. *Archives des maladies professionnelles* 1997 ; 58 : 264-265.

■ Catalano JT. *Nursing now! Today's issues, tomorrow's trends* (2e éd.) Philadelphie (PA) : Davis, 1999.

■ Dejours C. Préface. In : MC. Carpentier-Roy, M. Vézina (eds). *Le travail et ses malentendus. Enquêtes en psychodynamique du travail au Québec.* Québec : Octares, Les Presses de l'Université Laval, 2000 : 9-18.

■ Dejours C. Travailler n'est pas déroger. *Travailler, Revue Internationale de Psychopathologie et de Psychodynamique du Travail* 1998 ; 1 (1) : 5-12.

■ Dejours C. La méthodologie en psychopathologie du travail. In : C. Desjours (ed), *Plaisir et souffrance dans le travail.* Tome 1. Paris : Éditions de l'AOCIP, 1987 : 99-113.

■ Dejours C, Abdoucheli E. Itinéraire théorique en psychopathologie du travail. *Prévenir* 1990 ; 20 : 127-149.

■ Fawcett-Henesy A. Les défis de la pratique soignante au XXIe siècle. Conférence livrée par Anne-Marie Lanctôt en remplacement d'Ainna Fawcett- Henesy, le 22 novembre 2000 à Montréal dans le cadre du 1er congrès international des infirmières et infirmiers de la francophonie. *L'infirmière du Québec* 2001 ; 8 (4) : 41-42.

■ Hagan L. Affirmer notre savoir-faire : les enjeux et les conditions de réussite. Conférence présentée le 22 novembre 2000 à Montréal dans le cadre du 1er congrès international des infirmières et infirmiers de la francophonie. *L'infirmière du Québec* 2001 ; 8 (4) : 11-20.

■ Kelly LY, Joël LA. *Dimensions of professional nursing.* 7e éd. New York : McGraw-Hill, 1995.

■ Moloney MM. *Professionalization of nursing.* (2nd ed.) Philadelphie : J.B. Lippincott, 1992.

■ Trudel L. S'engager dans une enquête en psychodynamique du travail : réflexions méthodologiques. In : MC. Carpentier-Roy, M. Vézina (ed), *Le travail et ses malentendus. Enquêtes en psychodynamique du travail au Québec.* Québec: Octares, Les Presses de l'Université Laval, 2000 : 43-52.

■ Vézina M. Les fondements théoriques de la psychodynamique du travail. In : MC. Carpentier-Roy, M. Vézina (ed), *Le travail et ses malentendus. Enquêtes en psychodynamique du travail au Québec.* Québec : Octares, Les Presses de l'Université Laval, 2000 : 29-41.

■ Vézina M, Carpentier-Roy MC. Discussion générale et conclusion. In : MC. Carpentier-Roy, M. Vézina (ed), *Le travail et ses malentendus. Enquêtes en psychodynamique du travail au Québec.* Québec: Octares, Les Presses de l'Université Laval, 2000 : 147-155.

IV

La santé au travail, une question de pouvoir

10

Le changement et la société du savoir : l'art de gérer dans la turbulence

Louise Hamelin Brabant et Lucie Grenier

Depuis plus de vingt ans, nos sociétés dépendent de plus en plus du développement technologique. On découvre, parfois avec étonnement, la multiplicité des applications de l'ordinateur et les progrès scientifiques. Et le mouvement se poursuit et s'accompagne d'une profonde transformation parfaitement perceptible au sein de l'organisation contemporaine du travail. Par conséquent, l'adaptation des acteurs en place est parfois soumise à rude épreuve. L'objectif de ce chapitre vise à fournir un éclairage sur les conditions de succès des processus de transformations organisationnelles au sein des établissements de santé. D'abord, nous ferons ressortir quelques traits caractérisant la société actuelle nommée société du savoir ou de l'information. Puis, nous identifierons les facteurs organisationnels influençant la capacité de changer. Enfin, nous présenterons les éléments importants à considérer pour la réussite des changements.

De l'ère industrielle à l'ère de l'information

Le réseau de la santé québécois se trouve, depuis quelques années, en pleine zone de turbulences : fusions, intégration des soins et des services en réseau axés sur la recherche de performance et d'efficience dans un contexte de rareté des ressources alors qu'il doit faire face à des défis importants tels une population vieillissante, une augmentation de la demande en soins, une pénurie importante de personnel de la santé, notamment chez les infirmières.

Cette zone de turbulences est également présente en France : Bayad *et al.* (2002) décrivent avec justesse la problématique soulevée par la transformation dans le domaine hospitalier en France :

« Le problème du changement organisationnel dans les hôpitaux a fortement évolué en l'espace de quelques années. Le changement est devenu à la fois le décor, le sujet et l'objet de la pièce qui se joue dans les organisations hospitalières. En effet, le problème de l'hôpital n'est plus de s'adapter à une évolution localisée dans le temps et dans l'espace, mais de suivre un mouvement continu de transformation de la société, qui exige des acteurs et de l'organisation une capacité à s'adapter à une demande sociale caractérisée moins par sa substance que par son mouvement » (Bayad et al., 2002, p. 102).

Cette situation n'est pas unique au réseau de la santé. L'environnement, de façon générale, est caractérisé par une incertitude et une complexité accrue. Les travaux de Manuel Castells (1998) montrent que plusieurs facteurs ont accéléré les transformations du travail : la technologie informatique, le développement en réseaux, Internet et leurs applications devenues plus performantes, la concurrence globale et la mondialisation provoquant ainsi une course technologique entre les entreprises du monde entier. Sous l'effet d'une révolution informatique considérable, plusieurs auteurs (Bell, 1976 ; Tofler, 1980 ; Castells, 1998) n'hésitent pas à dire que nous sommes passés de l'ère industrielle à l'ère de l'information. La nouvelle source de productivité repose désormais sur l'information et le savoir. Ces transformations dues à l'évolution technologique ont diverses conséquences.

D'abord, en transformant les processus de traitement, les nouvelles technologies de l'information agissent sur toutes les sphères d'activités humaines et permettent d'établir de nombreuses connexions entre différents domaines, ainsi qu'entre les éléments et les agents de ses activités. Apparaît ainsi une économie en réseau, profondément interdépendante, qui donne lieu à un foisonnement de nouvelles créations, de produits et de services. Par exemple, la transformation en profondeur de l'organisation des services de santé et des services sociaux, initiée au Québec, a amené de nouvelles façons de communiquer l'information en privilégiant l'approche des réseaux intégrés. L'organisation clinique des soins vise à inciter tous les intervenants d'un même territoire à se porter collectivement responsables de la santé et du bien-être d'une population à partir de divers modes de dispensation de services (promotion, prévention, traitement, réadaptation, soutien à l'intégration sociale, soutien en fin de vie). Selon Lise Lamothe (2002), les réseaux intégrés se sont imposés comme solution aux pressions économiques, technologiques et démographiques qui s'exercent sur les systèmes de santé. Cependant, la gestion de ces réseaux demeure une activité complexe qui vient bouleverser les dynamiques professionnelles présentes depuis de nombreuses années.

Puis, étroitement tributaire de la primauté de la connaissance scientifique, l'avènement de la société de l'information valorise le savoir technique. Dans cette foulée, les activités professionnelles et scientifiques sont soumises à une spécialisation accrue. Plus la technologie avancée s'accroît dans l'organisation, plus le travailleur doit être instruit et autonome pour l'accomplissement de ses tâches (Castells, 1998). En effet, le potentiel d'informatisation des technologies laisse une place plus grande à la réflexion et à la prise de décision grâce à l'accès plus facile à une information plus complète. Comme le fait remarquer avec justesse Rondeau :

> *« Cet accès rapproche notamment la décision de l'action, ce qui modifie profondément les fondements même de l'organisation traditionnelle du travail. En effet, l'organisation classique du travail distinguait clairement les fonctions de planification, d'exécution et de contrôle, l'employé étant chargé de l'exécution ne prenait pas part à la planification et au contrôle de son travail. Ces fonctions relevaient du responsable de l'encadrement, qui disposait de l'information nécessaire pour la prise de décision. Or, comme la technologie facilite l'accès à l'information, les nouvelles formes d'organisation du travail ont tendance, d'une part, à intégrer les trois dimensions de planification, d'exécution et de contrôle et, d'autre part, à remettre le pouvoir aux mains des responsables directs de l'action, les employés eux-mêmes. » (Rondeau, 2002 : 36).*

Ainsi, on voit de plus en plus émerger dans la société du savoir et de l'information, modelée par les technologies, des formes de travail organisées autour d'une plus grande autonomie des équipes de travail. À la verticalité des hiérarchies succède l'horizontalité de la communication ; à l'autorité verticale des pouvoirs de la direction, la légitimité de l'initiative, l'épanouissement et la volonté de réussite des équipes de travail. Les travailleurs les mieux informés veulent jouir d'une plus grande liberté pour réaliser leur potentiel de productivité. L'exemple du centre de santé et des services sociaux du futur est éloquent à cet égard. Ce projet vise l'introduction de nouvelles technologies de l'information (soit l'accès à un ordinateur portable) afin d'assurer, aux différents professionnels prodiguant souvent des soins à domicile, la disponibilité en temps réel de l'information sur sa clientèle et ce, peu importe l'endroit où il se trouve. Ce faisant, les infirmières jouissent d'une plus grande latitude décisionnelle améliorant ainsi leur satisfaction et leur productivité (Viens *et al.*, 2005).

Face aux bouleversements politiques, économiques et sociaux causés par cette révolution des communications, les organisations sont donc soumises à diverses pressions qui obligent les gestionnaires à remettre constamment en question la façon de concevoir et de faire fonctionner l'organisation. Par exemple, lorsqu'une nouvelle technologie émerge ou que de nouvelles connaissances issues de la recherche sont diffusées, ils ressentent une pression pour initier des changements pour s'adapter et ce, même s'ils n'en mesurent pas toujours tous les impacts réels (Jacob *et al.*, 2002). Examinons maintenant les facteurs favorisant la démarche stratégique du changement.

Facteurs organisationnels influençant la capacité de changer

Avant d'entreprendre une démarche de changement au sein de l'établissement de santé, il y a lieu de poser un diagnostic précis et de tenir compte des différents facteurs organisationnels tels le contexte, la structure, la culture, le style de leadership et la complexité du milieu qui viendront influencer le changement et dont il faudra tenir compte tout au cours de la démarche de transformation (Hafsi et Fabi, 1997).

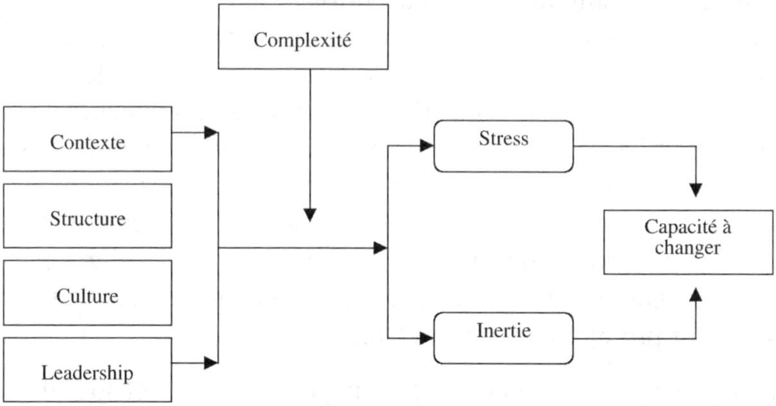

Figure 3 - Le modèle Hafsi-Fabi sur le changement stratégique.
Source : Hafsi, 1999, p. 145.

Le contexte fait référence au lien entre l'organisation et son environnement. Il réfère à trois variables : la disponibilité de ressources financières, la performance de l'organisation et les changements dans l'environnement. Par exemple, au Québec, la pénurie de personnel, l'augmentation de la charge de travail et des heures supplémentaires, les compressions budgétaires, l'absentéisme et la hausse de clientèle ont été les principaux motifs pour inciter plusieurs équipes de gestion à procéder à des changements organisationnels tout en mettant à contribution le personnel.

La structure organisationnelle influence la capacité de changer. Lors d'une transformation organisationnelle, il est souhaitable de privilégier une structure souple avec peu de niveaux hiérarchiques, facilitant la communication bidirectionnelle, l'accroissement de la participation aux décisions, afin de favoriser une prise de décision décentralisée, l'autonomie et la responsabilisation du personnel dans la réalisation des tâches et l'implication des partenaires (médecins, associations professionnelles, syndicats, etc.). Une structure mécanique, caractérisée par des mécanismes de coordination et de contrôle formalisés sera moins perméable à son environnement et, par conséquent, plus appropriée à un environnement stable. Une structure organique aura la souplesse et la mobilité nécessaires afin de s'adapter à un environnement turbulent.

La culture favorable au changement peut prendre plusieurs formes. La culture réfère aux habitudes, aux manières d'être, de penser et d'agir de l'organisation. En contexte de changement, une culture forte et participative est la mieux adaptée. Elle constitue un mécanisme efficace de référence pour prévoir et influencer le comportement du personnel. Un changement qui va à l'encontre de la culture sera plus difficile et se heurtera à plus de résistance. Il y a lieu de viser et de maintenir une cohérence entre la culture, la vision, les valeurs et les actions entreprises lors des transformations organisationnelles. Des actions telles que l'élaboration d'un plan de communication doivent être mises en place. Il faut préciser les buts et objectifs de la réorganisation et en informer les employés.

Le style de leadership qui s'avère le plus efficace dans le contexte des réorganisations est de type transformationnel, qui allie les styles démocratique et participatif (Stordeur *et al.*, 2001). Le gestionnaire doit soutenir, guider, encourager, accepter l'erreur et mobiliser le personnel. Il accompagne l'équipe de soins ou de service avant, pendant et après les changements et il a une facilité à communiquer, dialoguer et interagir pour générer des décisions porteuses de sens pour tous. Ce leader transformationnel qui suscite la confiance et le respect des membres de son personnel tente de rencontrer les sept objectifs suivants :

- ❑ donner l'orientation en développant une vision ;
- ❑ mobiliser les employés afin d'accroître l'engagement organisationnel ;
- ❑ motiver et accompagner les employés ;
- ❑ donner du sens à l'action ;
- ❑ faire confiance et être ouvert aux solutions apportées par les acteurs du changement ;
- ❑ composer avec la complexité ;
- ❑ reconnaître et s'adapter aux phases de changement.

La complexité du changement fait référence à l'interaction entre les quatre facteurs que sont le contexte, la structure, la culture et le leadership. Selon Jacob *et al.* (2002), la complexité du changement et son caractère continu sont reconnus par les écoles contemporaines de gestion qui parlent de théories évolutionnistes, de complexité, de chaos, d'apprentissage organisationnel.

L'ampleur et la nature même du changement, de même que le niveau de complexité de l'organisation, sont également des éléments à considérer. Ainsi, dans des organisations complexes, il sera plus difficile d'implanter un changement profond qui touchera des valeurs critiques. Par conséquent, cela influencera le niveau de complexité des stratégies à mettre en place (Hafsi, Séguin et Toulouse, 2000).

Éléments importants à considérer pour la réussite des changements

Une revue de littérature (Viens *et al.*, 2005) pour comprendre et réussir des transformations organisationnelles a permis d'identifier les éléments clés sous-tendant le succès d'une intervention organisationnelle :

- l'intégration des interventions dans le cadre du développement organisationnel et de la mission de l'établissement ;
- un diagnostic adéquat et une évaluation des risques qui décrivent l'état de l'organisation avant d'introduire une intervention ;
- une approche participative qui implique les employés et les cadres intermédiaires ;
- l'établissement de structures afin de faciliter la communication entre les participants ;
- l'élaboration et l'implantation de plans d'action qui impliquent l'ensemble de l'établissement ;
- un soutien et un engagement constants du supérieur hiérarchique ;
- un engagement formel des syndicats et autres professionnels ;

- ❑ la promotion de l'intervention comme un processus continu (autoportant) ;
- ❑ l'analyse des coûts/bénéfices ;
- ❑ l'identification et l'utilisation d'indicateurs/outils visant à évaluer les effets du changement sur les résultats patient/employé/organisation ;
- ❑ le transfert des expériences en cours vers l'ensemble de l'organisation.

Rondeau et Laliberté (1999) révèlent, quant à eux, cinq facteurs importants à considérer lors d'un changement :

- ❑ la légitimité de la transformation ;
- ❑ la disponibilité des ressources;
- ❑ les pressions de l'environnement ;
- ❑ le soutien des groupes intéressés;
- ❑ la complexité de la transformation.

La légitimité s'entend comme un « droit d'agir » concédé au détenteur du pouvoir par ceux qui le subissent. Cela suppose une confiance dans les moyens, la capacité et la volonté du dirigeant à conduire le changement à bon terme. Un supérieur qui est perçu comme légitime a davantage la capacité de mobiliser toute son équipe autour d'un projet de réorganisation. Le choix de la personne désignée pour conduire le changement est donc extrêmement important. La légitimité est beaucoup plus qu'un simple exercice de justification. Une transformation sera considérée légitime si elle contribue à optimiser et développer les processus qui sont perçus comme étant critiques pour le succès de l'organisation, si elle est jugée pertinente. L'établissement d'un lien clair, réel ou anticipé, avec la performance organisationnelle est indispensable pour introduire un changement majeur. Un changement aura plus de chances d'être accepté si les principaux acteurs sont insatisfaits du système en place ; du moins, leur résistance sera plus faible.

Par ailleurs, une vision sans moyens n'a pas de grandes chances de se réaliser. Moins une organisation est en mesure d'accéder à des ressources appropriées ou de réallouer ses ressources existantes pour appuyer sa transformation, plus le virage escompté sera difficile à réaliser (Rondeau et Laliberté, 1999).

Les pressions de l'environnement peuvent contribuer autant à inciter, en améliorant la participation des membres de l'organisation et en les entraînant sur la voie d'une transformation (force propulsive), qu'à restreindre le changement si elle est trop excessive. Les transformations ont plus de chances de se réaliser si elles se situent dans un équilibre qui n'excède pas la limite entre une trop grande pression et une pression trop faible. Selon Rondeau et Laliberté (1999), plus une organisation sera perméable à son environnement, n'hésitant pas à s'évaluer, se comparer, plus elle restera ouverte au changement et moins elle utilisera, de façon tactique, des pressions pour justifier des prises de position par ailleurs peu partagées.

Le soutien des groupes intéressés est aussi un aspect essentiel à examiner lors d'une transformation. Plus ces groupes soutiennent les efforts de changement de l'établissement et le considèrent comme légitime, plus la démarche de transformation est susceptible de donner de bons résultats. Par exemple, le gouvernement et une autre organisation confrontée à des changements similaires sont des acteurs qui peuvent soutenir les groupes intéressés. Visant à faire face à la pénurie de main-d'œuvre infirmière, le ministère de la Santé et des Services sociaux a soutenu financièrement plusieurs projets de réorganisation des soins et du travail au sein des établissements de santé au Québec. Dans cette foulée, il a encouragé la formation de cadres du réseau sur le « comment entreprendre et réussir des transformations ».

Certaines caractéristiques propres à chacune des organisations peuvent rendre leur transformation plus complexe. Il s'agit de composantes faciles à évaluer telles la taille, la variété des services offerts à la population, la diversité des clientèles desservies, les technologies utilisées dans ses opérations et les qualifications du personnel. En outre, Hafsi et Fabi (1997) signalent que la complexité et l'ampleur d'un processus de transformations organisationnelles font que le succès résulte d'une multitude de facteurs relatifs à l'environnement externe, aux caractéristiques organisationnelles ainsi qu'à celles des employés.

Formation, mobilisation et gestion des résistances

Plusieurs auteurs s'entendent pour dire que la formation et la mobilisation sont des éléments clés pour atteindre les résultats escomptés lors d'une transformation organisationnelle.

Fabi et Jacob (1994) soutiennent que la formation est un déterminant majeur du succès de toute forme de réorganisation du travail surtout si elle se fonde sur un enrichissement des tâches, la responsabilisation et l'augmentation de l'autonomie. Une telle réorganisation suppose l'apprentissage de nouveaux rôles, l'acquisition de nouvelles connaissances et le développement de nouvelles habiletés et attitudes. Ceci exige de l'organisation qu'elle favorise la formation professionnelle continue axée sur la formation technique (par exemple, nouvelles technologies), la formation psychosociale (par exemple, dynamique de groupe, conduite de réunions, communication, leadership, participation) et la formation en techniques d'analyse et de résolution de problèmes.

Dans des services à forte densité humaine comme la santé et les services sociaux, un projet de réorganisation doit impérativement viser le maintien du degré d'engagement du personnel.

De son côté, Lawler (1986) stipule que quatre conditions doivent être réunies pour accroître l'engagement organisationnel et la mobilisation de comportements discrétionnaires au travail, à savoir le partage de l'information, le partage du pouvoir, la gestion des compétences et la possibilité d'obtenir des récompenses monétaires ou non monétaires.

Par le partage de l'information, l'employé va mobiliser ses compétences et s'impliquer dans son travail s'il comprend bien les tâches qu'il doit effectuer. D'autre part, il sera d'autant plus mobilisé s'il a l'impression que l'organisation fait cas de ses préoccupations, de ses opinions, de ses recommandations et, conséquemment, s'efforce d'en tenir compte. Comme le relevait Lawler (1992) :

> *« Le partage d'information serait perçu par les individus comme une marque de confiance et un acte de transparence qui participeraient au développement d'un état psychologique favorisant l'identification et l'attachement à l'organisation » (cité dans Tremblay et al., 2000 p. 18).*

Le partage du pouvoir peut se traduire par l'implication des individus dans la planification et le contrôle des résultats (cercles de qualité, groupes d'amélioration de la qualité, etc.) (Tremblay *et al.*, 2000).

Le développement et l'utilisation des compétences permettent d'accroître non seulement la confiance et le désir d'établir des rapports durables entre les équipes de soins et l'organisation, mais aussi le sentiment de soutien organisationnel (Smith, 1995). Enfin, les récompenses monétaires et non monétaires constituent une dimension importante à considérer afin de réussir les transformations organisationnelles.

Quant à la résistance au changement, ce concept a beaucoup évolué. On reconnaît de plus en plus que cette résistance n'est pas simplement un sous-produit indésirable du changement, mais plutôt une manifestation intrinsèque liée au changement, une étape essentielle du processus dynamique de diffusion et d'appropriation du changement (Jacob *et al.*, 2002). Les auteurs précisent avec justesse que les employés vivant un changement passent par toute une gamme de réactions. Une attention spéciale à leurs différentes réactions (incertitude, ouverture au dialogue, doute) doit faire l'objet d'une surveillance particulière tout au long de la période de mise en œuvre du changement (Bareil et Savoie, 1999). Pour favoriser leur participation au processus de changement, il faut s'assurer de mettre en place des mécanismes de communication bidirectionnelle qui assureront une interaction constante entre la direction et les employés.

Et la santé des cadres dans ce mouvement de changement perpétuel ?

Les cadres sont souvent les individus les plus négligés dans les expériences de réorganisation du travail. Elles exigent de leur part des modifications dans leur mode de gestion ainsi que dans leur conception du rôle et des capacités du personnel. Il est impératif que les cadres hiérarchiques obtiennent la formation et le soutien technique suffisants pour assumer adéquatement leurs nouveaux rôles d'animateurs et d'agents de changement.

Conclusion

Pour conclure, nous dirions qu'une meilleure compréhension des diverses composantes du changement par les gestionnaires et les travailleurs en place favorise les processus transformationnels. Certes, la mécanique est complexe et les éléments proposés ne sont que des pistes d'action pour favoriser rigueur et transparence dans la conduite du changement. En outre, dans ce contexte de turbulence, qui caractérise les systèmes de santé des pays occidentaux, transformer les organisations peut créer des opportunités, de formidables occasions de progrès. En effet, les organisations qui adoptent des pratiques favorisant un environnement optimal (sain et visant, de surcroît, à donner plus d'autonomie et de pouvoir aux salariés) voient leur degré de mobilisation augmenter.

Le gestionnaire, leader de demain, est donc invité à devenir un architecte social du réseau et des services sociaux, celui qui dirige et oriente le changement pour le mieux-être de la clientèle et de tous les acteurs du réseau. Son défi est de planifier, de faire preuve d'innovation et de construire en co-création le pont entre la situation actuelle et les rives des changements souhaités.

Références

- Association des hôpitaux du Québec. *Guide des pratiques novatrices en organisation des soins et du travail.* Montréal : AHQ, 2005.

- Bareil C, Savoie A. Comprendre et mieux gérer les individus en situation de changement organisationnel. *Gestion* 1999 ; 24 (3) : 86-94.

- Bayad M, Delobel B., Ribeau N. Les projets qualité dans les hôpitaux publics en France : les perceptions des acteurs. *Gestion* 2002 ; 27 (3) : 100-11.

- Bell D. *Vers la société post-industrielle,* Paris : Laffont, 1976 : 446 p.

- Castells M. *La société en réseaux.* Oxford : Blackwell publishers, 1998 : 671 p.

- Fabi B, Jacob R. Se réorganiser pour mieux performer. *Gestion* 1994 ; 19 (3) : 48-58.

- Hafsi T, Fabi B. *Les fondements du changement stratégique.* Montréal : Les Éditions Transcontinental, 1997 : 401 p.

- Hafsi T. La capacité de changement stratégique : Vers un nouveau paradigme. *Gestion* 1999 ; 24 (3) : 140-146.

- Hafsi T, Séguin F, Toulouse JM. *La stratégie des organisations : une synthèse.* Montréal : Les Éditions Transcontinental, 2000 : 754 p.

- Jacob R, Rondeau A, Luc D. (dir.) *Transformer l'organisation. La gestion stratégique du changement.* Montréal : Ed. Gestion, 2002.

- Lamothe L. La recherche de réseaux de services intégrés : un appel à un renouveau de la gouverne. *Gestion* 2002 ; 27, 3 : 23-30.

- Lawler EE. *The Ultimate Advantage.* San Francisco : Jossey-Bass, 1992.

- Lawler EE. *High-Involvement Management: Participative Strategies for Improving Organizational Performance.* San Francisco : Jossey-Bass, 1986.

- Rondeau A. Transformer l'organisation. Comprendre les forces qui façonnent l'organisation et le travail. In : Jacob R, Rondeau A, Luc D. (dir.). *Transformer l'organisation. La gestion stratégique du changement.* Montréal : Gestion 2002 : 28-45.

- Rondeau A, Laliberté S. *Comprendre la transformation d'établissement du réseau de la santé et des services sociaux de Montréal-Centre.* Rapport présenté à la RRSSS de Montréal-Centre 99-15, Montréal, 1999, 69 p.

- Smith CA. *Human Resource Practices and Policies as Antecedents of Organizational Commitment.* Thèse de doctorat. Western University, 1995, 175 p.

- Stordeur S, D'Hoore W, Vandenberghe C. Leadership, organisational stress, and emotional exhaustion among hospital nursing staff. *Journal of Advanced Nursing* 2001 ; 35 (4) : 533-542.

- Tremblay M, Guay P, Simard G. L'engagement organisationnel et les comportements discrétionnaires : l'influence des pratiques de gestion des ressources humaines. Montréal : CIRANO, 2000, 24 p.

- Tofler T. *La 3e vague*. Paris : Mediations, 1980, 623 p.

- Viens C, Hamelin Brabant L, Lavoie-Tremblay M, Brabant F. *Organisation des soins et du travail : une revue de la littérature pour comprendre et réussir des transformations organisationnelles*, Québec : Presses Inter-universitaires, 2005, 107 p.

11

Dimensions politiques en soins infirmiers : du théorique à l'empirique

Daves Holmes et Amélie Perron

L'examen de la thématique du pouvoir dans les soins de santé, tout particulièrement en soins infirmiers, demeure une entreprise encore timide actuellement. Les points soulevés abordent davantage les questions liées aux rapports de pouvoir entre professionnels de la santé au cœur des équipes multidisciplinaires. Peu de chercheurs se sont toutefois intéressés à l'étude du pouvoir au sein de la profession infirmière et à ses effets sur la manière dont s'agencent les priorités en matière de santé et la réalité de la pratique infirmière dans divers contextes de soins. En ce sens, le présent chapitre s'emploiera à illustrer certaines formes que peut prendre le pouvoir au sein de la profession infirmière.

Afin de tirer profit d'une telle analyse, il est impératif, selon nous, de nous familiariser avec le concept du pouvoir, notamment en consultant divers auteurs ayant traité de cette question. Nous effectuerons donc un survol des conceptions principales du pouvoir ayant été avancées depuis les cents dernières années par des auteurs tels que Weber, Marx, Arendt, certains penseurs féministes et Foucault. Nous verrons ensuite comment les travaux de ce dernier peuvent guider l'analyse de l'exercice du pouvoir en soins infirmiers. À ce titre, l'imposition du temps supplémentaire obligatoire dans de nombreux établissements de santé servira d'exemple pour illustrer les écrits de Foucault.

En dépit du caractère controversé que certains peuvent attribuer à la présente analyse, il demeure qu'il y a nécessité, selon nous, de lever le voile sur certaines pratiques, courantes en soins infirmiers, qui ont pour effet de miner la qualité de vie au travail des infirmières et de mettre en péril leur sécurité de même que celle de leurs patients. Le but du présent chapitre demeure donc, d'abord et avant tout, un outil de prise de conscience en regard de l'importance d'acquérir une sensibilité théorique afin d'être en mesure de comprendre les retombées de certaines pratiques institutionnalisées, de saisir, essentiellement, les aspects politiques des sciences infirmières.

L'hôpital comme institution « totale »

Les établissements carcéraux et asilaires partagent certaines caractéristiques avec d'autres institutions sociales tels les hôpitaux généraux. Nous estimons donc qu'une analyse politique de l'hôpital, peu importe sa mission, ne peut faire l'économie d'une comparaison avec d'autres milieux fortement régulés. Ainsi l'hôpital général répond aux caractéristiques des institutions « totales ». Goffman (1998, p. 30) définit l'institution totale comme un « lieu de résidence et de travail où un grand nombre d'individus, placés dans la même situation, coupés du monde extérieur pour une période donnée, mènent ensemble une vie recluse dont les modalités sont explicitement et minutieusement réglées ». Cette définition englobe les patients qui sont hospitalisés ou qui consultent, de même que les personnes qui y travaillent, comme c'est le cas pour le personnel infirmier (Holmes, 2002 ; Perron, Holmes & Hamonet, 2004).

Selon Goffman (1998), il existe, dans nos sociétés actuelles, cinq formes d'établissements « totaux » : les organismes qui prennent en charge les individus inoffensifs incapables de répondre à leurs propres besoins (hôpitaux généraux et établissements de soins de longue durée), les établissements spécialisés dans la prise en charge d'individus incapables de s'occuper d'eux-mêmes mais qui manifestent une dangerosité ou une nocivité sociale (hôpitaux psychiatriques), les institutions destinées à punir et à protéger la société des délinquants, sans que le but visé ne soit dans l'intérêt de ces derniers (prisons), les établissements qui favorisent les conditions idéales pour la réalisation d'une tâche (camps de travail) et les établissements ayant pour but d'assurer une retraite du monde extérieur (couvents).

> *« Les buts déclarés des institutions totales sont peu nombreux : objectifs économiques, éducation, instruction, traitement médical ou psychiatrique, purification religieuse, défense de la société contre la corruption : neutralisation, sanction, prévention, guérison »* (Goffman, 1998, p. 131).

L'institution totale régente l'ensemble des activités des personnes qui se trouvent sous son toit. Les travaux de Michel Foucault (1995) au regard de diverses institutions sociales corroborent les recherches entreprises il y plus de cinquante ans par l'ethnologue Erving Goffman.

Si les travaux de Goffman (1998) et ceux de Foucault (1995) présentent une certaine similitude, Lagrange (1976) soutient que les deux perspectives pallient les lacunes de l'autre. En effet, dans ses travaux sur les asiles, Goffman (1998) étudie la structure interne et le fonctionnement d'une institution « totale » sans toutefois la situer dans une perspective plus globale (macro). La perspective microsociologique de Goffman (1998) permet donc de décrire minutieusement les rapports sociaux entre les différents acteurs des institutions hospitalières et, plus particulièrement, les rapports de pouvoir entre les personnels et les « patients », ou les « gouvernants et les gouvernés ». Il faut rappeler ici que la masse gouvernée inclut bien souvent les membres du personnel infirmier qui eux aussi font l'objet de contraintes politiques de la part, entres autres, des personnes bénéficiant d'une autorité hiérarchique formelle dans une organisation hospitalière. L'originalité des travaux de Foucault (1995) tient du fait qu'il subordonne « l'étude des processus internes (la structure) à l'analyse de ses buts ou fonctions externes, de manière à en réinscrire le fonctionnement dans une stratégie globale » (Lagrange, 1976, p. 704). Pour Foucault, l'institution hospitalière – qu'il définit d'ailleurs comme une *machine à guérir* – constitue une sorte d'institution comprise dans le grand dispositif des soins de santé et des services sociaux. Par conséquent, l'hôpital en tant que site saturé par des rapports de pouvoir s'inscrit dans une stratégie globale de « gouvernementalité », entendue ici comme mentalité de gouvernement des conduites individuelles et collectives. L'hôpital, quelles que soient sa forme et sa mission, se juxtapose à une série d'institutions (église, école, famille, etc.) impliquées dans le gouvernement des personnes.

Le pouvoir : considérations théoriques

Selon Mason et Mercer (1998), « le pouvoir est un élément central du rôle infirmier » (p. 1, traduction libre). Pour faire suite à cette affirmation, il nous apparaît opportun de présenter les apports de certaines perspectives théoriques concernant ce concept. Dans le cadre de ce chapitre, nous nous limiterons à présenter très brièvement les perspectives théoriques suivantes : Weber, Marx, Arendt, courants féministes et Foucault.

Weber

Weber définit ainsi le pouvoir : « la probabilité qu'une personne soit capable de réaliser ses objectifs même en présence d'une position marquée par des personnes ou des groupes de personnes avec qui il entretient des liens significatifs » (Giddens, 1971, p. 156, traduction libre). Il soutient que le pouvoir est perceptible lorsqu'un parti arrive à faire valoir sa perspective même si, au préalable, une forte opposition était manifeste. Le pouvoir se possède et ceux qui en sont pourvus l'utilisent pour atteindre leurs propres fins. La notion de « parti » est importante dans les travaux de Weber. Le parti est un groupe qui a un agenda spécifique dont le but ultime est d'accroître son pouvoir social. Plusieurs moyens sont déployés pour atteindre ce but, dont la violence et la représentation parlementaire. Pour Weber, la localisation du pouvoir n'est pas claire et les formes du pouvoir sont multiples (Weber, 1970).

Marx

La vision marxiste du pouvoir rejoint en partie les idées de Max Weber. En général, les marxistes adhèrent à l'idée que le pouvoir est détenu par une classe sociale dominante. L'exercice du pouvoir est essentiellement coercitif puisqu'il est au centre des conflits entre la classe bourgeoise dominante et celle des prolétaires. L'État est influencé par les avis de la classe bourgeoise et tend, par le biais de ses politiques, à favoriser cette classe au détriment de la classe pauvre (Wilkinson, 1999). Ce pouvoir étatique, influencé par la classe bourgeoise, arrive à faire accepter a la classe ouvrière, par l'intervention de différentes stratégies (publicité, etc), les bienfaits du capitalisme par exemple.

L'État est vu, ici, comme le détenteur ultime du pouvoir, une puissante superstructure où celui-ci est centralisé. Il s'agit d'une lutte entre deux classes qui se résoudra par la « révolution d'un grand soir » et le basculement des forces en faveur du prolétariat qui, du coup, abolira les classes. Pour Marx, la classe bourgeoise opprime les prolétaires. Par souci de clarté l'on comprendra, ici, qu'en milieu hospitalier, la classe bourgeoise renvoie aux personnes qui détiennent une autorité clinique sur les patients (infirmières) ou une autorité administrative sur des collègues (infirmières gestionnaires).

Arendt

Hannah Arendt (1995), philosophe et théoricienne du pouvoir, s'est quant à elle intéressée aux régimes totalitaires et à leur violence. Le pouvoir constitue une habileté particulière qui permet « d'agir avec » un groupe. Le pouvoir, selon Arendt, tout comme pour Marx, est la propriété d'une personne qui représente un ensemble de personnes (groupe) et qui se permet d'agir en fonction de ce groupe de personnes. Le pouvoir existe dans les relations et est indissociable d'un groupe. Pour Arendt, le pouvoir est l'essence de tout gouvernement. Ce pouvoir organisé et institutionnalisé est assorti d'un instrument indispensable : la violence (Arendt, 1995). Ainsi, le pouvoir est en quelque sorte l'essence d'un gouvernement, alors que la violence en est son arme ultime. Certains lecteurs trouveront exagéré l'utilisation de ce cadre théorique pour étudier ou comprendre certains fonctionnements hospitaliers. Or, certaines de nos observations, réalisées au Canada, en regard notamment de certaines règles administratives imposées aux infirmières par différentes instances hospitalières, nous permettent d'affirmer que cette perspective théorique est tout à fait appropriée pour critiquer certaines formes de violences institutionnelles et institutionnalisées. En ce sens, il est nécessaire de se défaire des conceptions traditionnelles de la violence. Celle-ci ne doit pas être comprise exclusivement comme un exercice manifeste et visible, mais comme une force subtile qui peut être appliquée de manière à ce que ses effets soient ressentis, sans toutefois laisser de traces.

Courants féministes

Les approches féministes proposent d'autres manières de concevoir le pouvoir. Il existe plusieurs courants féministes tels que le féminisme libéral, le féminisme marxiste, le féminisme radical, etc. (Wilkinson, 1999). Brosser un portrait du pouvoir à travers tous ces courants dépasserait les buts de la présente section. Bien qu'il existe des nuances propres à chacun de ces courants, tous partagent l'idée que le pouvoir masculin impose aux femmes sa vision du monde et sa représentation des rôles. La notion de pouvoir patriarcal occupe une place centrale dans l'argumentation féministe. On peut constater que cette conception du pouvoir binaire et antagonisante s'apparente à celles de Weber et Marx, dans lesquelles deux parties s'opposent (classes et genres) dont l'une, dominante, détient le pouvoir (bourgeoisie, hommes) et l'exerce au détriment de l'autre, dominée (classe ouvrière, femmes). Explorons maintenant une vision alternative qui, en représentant, comme nous le verrons, le pouvoir sous un angle agoniste, va au-delà de sa perception répressive et unilatérale.

Foucault

Si les figures et les conceptualisations du pouvoir sont multiples et ses effets souvent décrits comme répressifs, il n'en demeure pas moins que l'aspect productif de celui-ci mérite notre attention puisque la productivité du pouvoir constitue un aspect important de la pratique infirmière (Mason & Mercer, 1998). Foucault propose une conception du pouvoir qu'il n'assimile pas exclusivement à la répression. À partir de travaux historiques sur la psychiatrie, Foucault (1972, 1996) a dégagé un modèle d'analyse politique fondé, entre autres, sur le pouvoir de l'exclusion. Pour Foucault, le pouvoir a, pendant longtemps, été sous-problématisé (McHoul & Grace, 1993) puisque ses mécanismes n'avaient jamais été analysés comme tels (Foucault, 1980). La perspective de Foucault sur le pouvoir se distingue radicalement de ses prédécesseurs (Clegg, 1989). Selon Hindess (1996), le pouvoir est respectivement pour Hobbes, Lukes et Marx, la possession d'un souverain, d'un État ou d'une classe sociale dominante.

Selon Foucault, il faut se libérer des obsessions relatives à la souveraineté et à la légitimité si on veut s'offrir une toute nouvelle conception du pouvoir. Il étudiera donc le pouvoir hors du modèle du *Léviathan* (l'ouvrage de Hobbes, 1968), hors du champ délimité par la souveraineté juridique et l'institution qu'est l'État. Selon Foucault, « la figure du roi comme symbole du pouvoir doit être replacée par une image plus contemporaine » (Foucault, 1980, p. 121, traduction libre). Il faut s'affranchir de la figure du monarque et débusquer, tout autant que l'aspect répressif, les mécanismes subtils et les technologies politiques qui permettent à ce même pouvoir de produire des domaines d'objet et des rituels de vérité (Foucault, 1980). Foucault analysera plutôt le pouvoir en considérant d'abord ses stratégies et ses tactiques, d'où l'originalité de sa conception :

> *« Le pouvoir ce n'est pas une institution et ce n'est pas une structure, ce n'est pas une certaine puissance dont certains seraient dotés ; c'est le nom qu'on prête à une situation stratégique complexe dans une société donnée » (Foucault, 1994, p. 123).*

Le pouvoir, c'est la capacité qu'ont différentes actions de produire des effets sur soi-même ou sur d'autres personnes (Patton, 1998). Selon Foucault, le pouvoir ne se possède pas, il s'exerce (Gros, 1996) et, en ce sens, il ne peut se départir d'un contexte d'interactions sociales. L'ensemble des pouvoirs effectifs correspond à la multiplicité des rapports de force existant dans tout le corps social. Contrairement à ce que plusieurs exégètes lui ont reproché, Foucault n'a jamais nié l'existence d'un pouvoir étatique et répressif. Cependant, il remet en question l'existence exclusive de ce dernier et l'idée commune que le pouvoir s'exerce de haut en bas et est imposé par la contrainte. Le méta-pouvoir étatique n'opérerait que dans la mesure où il est soigneusement ancré et appuyé par une multitude de relations de pouvoir indéfinies (Foucault, 1980). Ainsi Foucault voit dans les luttes de classe sociale les formes visibles du pouvoir qui, lui, de manière générale, est plus diffus, polymorphe et insidieux, en un mot, capillaire (Weberman, 1995). Il s'agit de voir maintenant que :

> *« Les procédés de pouvoir ne fonctionnent pas au droit mais à la technique, non pas à la loi mais à la normalisation, non pas au châtiment mais au contrôle et [...] s'exercent à des niveaux et dans des formes diverses qui débordent l'État et ses appareils » (Foucault, 1994, p. 118).*

Ce qui oriente les travaux de Foucault, c'est bien évidemment la saisie et la compréhension du pouvoir à ses extrémités, dans ses derniers retranchements, là où il devient effectivement capillaire. Selon lui, il faut étudier les mécanismes du pouvoir là où il se manifeste, c'est-à-dire dans les institutions régionales et locales. Il faut appréhender le pouvoir dans les institutions (psychiatriques, carcérales, religieuses, hospitalières, etc.) où il prend réellement corps à travers des technologies précises alors qu'il se donne des instruments d'intervention parfois violents (Foucault, 1997). Foucault refuse d'étudier le pouvoir en cherchant obstinément qui le détient. Il étudiera le pouvoir là où il se trouve, en relation directe avec son sujet, sa cible, son champ d'application, là, finalement, où il produit des effets manifestes. Le pouvoir se manifestant à tout moment dans des relations tant verticales (de haut en bas et de bas en haut) que latérales, il accuse des formes et des effets sans cesse renouvelés, et, souvent, difficiles à circonscrire.

Loin d'être détenues dans un camp, les relations de pouvoir sont plutôt, par définition, instables et réversibles. Le pouvoir est fluide et consiste en une structure qui repose sur les actions d'individus libres ; le pouvoir n'est pas statique (McHoul & Grace, 1993). La liberté des sujets au centre des rapports de forces, et donc des relations de pouvoir, apparaît comme une condition nécessaire de l'existence même du pouvoir. L'exercice efficace du pouvoir ne requiert pas que l'on prive le sujet de sa liberté, puisque la liberté des sujets est essentielle aux relations de pouvoir (Foucault, 1997). Un pouvoir figé et polarisé, détenu par exemple par un tyran, renvoie plutôt à une forme particulière de pouvoir appelée la domination (Patton, 1998).

Ce type de pouvoir « dominant » se présente comme un mécanisme relativement stable qui bénéficie davantage à un sujet, au détriment d'un autre. La domination n'est pas *le* pouvoir mais bien une forme de pouvoir parmi d'autres. La domination implique des formes multiples d'assujettissements qui se manifestent et fonctionnent dans tout le corps social (Foucault, 1997).

Foucault insiste : « le pouvoir est partout ; ce n'est pas qu'il englobe tout, c'est qu'il vient de partout » (Foucault, 1994, p. 122). Le pouvoir est polymorphe, multiforme ; il transite par les personnes ; il ne s'applique pas à eux et ne loge pas en eux ; il traverse les corps (Foucault, 1997). Les individus sont des relais du pouvoir et non pas des points d'application, il les traverse de part en part sans même qu'ils n'en soient conscients (Foucault, 1980). La conscience n'est pas obligatoirement un relais de ce dernier (Weberman, 1995).

Le pouvoir s'exerce en recourant à des instruments, des techniques, des stratégies et des procédures (Hindess, 1996). Les rapports de force que l'on constate dans nos sociétés occidentales, et que l'on retrouve dans toutes les formes de guerre, se sont insidieusement investis dans l'ordre du pouvoir politique (Foucault, 1994).

Ce pouvoir s'exerce plutôt qu'il ne se possède, il n'est pas le privilège acquis ou conservé de la classe dominante, mais l'effet d'ensemble de ses positions stratégiques, effet que manifeste et parfois reconduit la position de ceux qui sont dominés. D'autre part ce pouvoir ne s'applique pas purement et simplement, comme une obligation ou une interdiction, à ceux qui ne « l'ont pas » : il les investit, passe par eux et à travers eux ; il prend appui sur eux, tout comme eux-mêmes, dans leur lutte contre lui, prennent appui à leur tour sur les prises qu'il exerce sur eux. Ce qui veut dire que ces relations descendent loin dans l'épaisseur de la société, qu'elles ne se localisent pas dans les relations de l'État aux citoyens ou à la frontière des classes et qu'elles ne se contentent pas de reproduire au niveau des individus, des corps, des gestes et des comportements la forme générale de la loi ou du gouvernement (Foucault, 1995, p. 35).

Il faut appréhender le pouvoir comme un rapport de force, donc comme un « rapport de guerre ». Pour l'analyser, les outils nécessaires relèvent de la stratégie et s'apparentent à l'art de la guerre (Foucault, 1994). Une étude avertie des travaux de Foucault nous permet d'affirmer que le pouvoir revêt trois formes précises, sans être mutuellement exclusives. Il s'agit des pouvoirs souverain, disciplinaire et pastoral (Holmes, 2002 ; Perron, Fluet & Holmes, 2005). Ces trois formes de pouvoirs s'articulent simultanément en milieu hospitalier.

Pouvoir souverain

La notion même de pouvoir souverain s'alimente à ce qu'il est convenu d'appeler « État de justice » alors qu'il prend racine au Moyen-Âge. Le pouvoir de l'époque s'articule autour de la personne du souverain. Pour le prince ou le roi, la souveraineté s'exerce en rapport avec un territoire et conséquemment sur les sujets qui l'habitent. Le souverain n'a pas de lien étroit avec la population. Il est d'abord occupé à conserver sa principauté avec laquelle il entretient un rapport de singularité, d'extériorité et de transcendance (Foucault, 1991). Les lois constituent les instruments fondamentaux du pouvoir souverain. De fait, elles sont la manifestation quasi exclusive du pouvoir royal ou princier. Aujourd'hui les manifestations du pouvoir souverain sont légion. On n'a qu'à penser aux divers décrets gouvernementaux canadiens, aux conditions de travail imposées (par loi spéciale) aux professionnels de la santé, aux politiques et procédures de soins et aux mécanismes de licenciement mis en place dans les cas d'insubordination, par exemple.

Pouvoir disciplinaire

Le pouvoir disciplinaire produit des domaines d'objet et des rituels de vérité tout comme il produit des corps dociles, entraînés et conditionnés à l'obéissance. Les disciplines sont des « méthodes qui permettent le contrôle minutieux des opérations du corps, qui assurent l'assujettissement constant de ces forces et leur imposent un rapport de docilité-utilité » (Foucault, 1995, p. 161). La discipline fabrique des individus (Foucault, 1995). En fait, elle façonne, à partir des corps qu'elle contrôle et selon des techniques qui lui sont propres, des types d'individualités. Elle est la technique spécifique d'un pouvoir qui se donne les individus comme objet et instrument de son exercice (Ewald, 1988).

L'exercice de la discipline « suppose un dispositif qui contraigne par le jeu du regard, un appareil où les techniques qui permettent de voir induisent les effets du pouvoir, et où, en retour, les moyens de coercitions rendent clairement visibles ceux sur qui ils s'appliquent » (Foucault, 1995, p. 201).

Aux différents mécanismes de répression en vigueur dans certains milieux de soins, se sont associées des techniques disciplinaires plus subtiles. Les disciplines s'en prennent au corps, s'attardent à son dressage, à la majoration de ses aptitudes, à l'extorsion de ses forces, à la croissance parallèle de son utilité et de sa docilité, ainsi qu'à son intégration à des systèmes efficaces de contrôle (Foucault, 1995).

À partir de ses travaux sur le monde pénitentiaire, Foucault montre comment s'est opérée l'extension progressive des disciplines à l'ensemble du corps social. Il nous a sensibilisés à cette nouvelle société dite disciplinaire (Ewald, 1988), le tout ayant débuté au XVIIe siècle (Foucault, 1994). L'avènement de la société disciplinaire signifie la prolifération des technologies disciplinaires à l'extérieur des murs de la prison. En même temps, c'est précisément au moment où ces technologies disciplinaires se localisent dans des institutions particulières que le « bio-pouvoir » peut prendre effet (Dreyfus & Rabinow, 1984). Par bio-pouvoir, Foucault entend la prise en charge désormais systématique des plus infimes aspects de la vie, de manière à régler, prédire et expliquer ses diverses manifestations biologiques : un processus de *pouvoir sur la vie*. Le bio-pouvoir traduit un souci du bien-être social comme prérogative et comme condition du bien-être de l'État et implique la mise en œuvre de conditions favorables à la croissance, le développement et le progrès des particuliers et de la population (Rose, 1999). À cette fin, de multiples technologies et processus menés par les agents désignés (tels que les infirmières) ont été élaborés, qui assurent ce lien permanent entre l'État et la gestion des pratiques individuelles et collectives.

Maintenant la discipline ne peut plus être identifiée à une institution précise ; elle est un type de pouvoir fait d'instruments, de techniques, de procédés, de niveaux d'application, de cibles et de techniciens aussi (Foucault, 1995). Elle pourra, néanmoins, continuer d'être prise en charge par des institutions spécialisées dans la punition et le redressement (prisons), par des institutions qui s'en servent comme instrument essentiel pour une fin déterminée (hôpitaux, universités, écoles, usines), par des instances préexistantes qui pourront maximiser leurs mécanismes de pouvoir (famille), par des appareils qui ont fait de la discipline leur principe de fonctionnement (bureaucraties) et, pour terminer, par les appareils étatiques ayant pour mandat de faire régner la discipline à l'échelle sociale (police) (Foucault, 1995). « Quoi d'étonnant si la prison ressemble aux usines, aux écoles, aux casernes, aux hôpitaux, qui tous ressemblent aux prisons » (Foucault, 1995, p. 264).

Pouvoir pastoral

Introduit en Occident avec le christianisme, le pouvoir pastoral est une forme de pouvoir individualisant. Il s'agit d'un pouvoir qui connaît dans le détail les sujets sur lesquels il applique son « soin de l'autre ». La confession et l'aveu qui en fait partie, éléments essentiels du pouvoir pastoral, entraînent une intensification des contrôles régulateurs sur les citoyens. La confession et les techniques qui y sont associées (entrevues, relations d'aide, techniques d'intériorisation, de prise de conscience, d'éveil de soi-même, etc.) font partie d'un pouvoir « qui fonctionne comme un mécanisme d'appel » : il attire, séduit et extrait des étrangetés sur lesquelles il veille (effet individualisant du pouvoir pastoral) (Foucault, 1994, p. 61). Il ne s'agit plus ici de gouverner des masses d'individus par le biais de dispositifs s'appliquant de manière équivalente à tout un chacun. Bien au contraire, le pouvoir pastoral exige plutôt la dislocation de ces masses en unités individuelles sur lesquelles le pouvoir s'exerce de manière particularisée (Foucault, 1994). Il s'agit ici d'une prise en charge bienfaisante de l'autre qui s'opère par la confiance, l'ouverture, le partage et la révélation de soi. Pour être efficace, le pouvoir pastoral, qu'on appelle communément le soin de l'autre, devra connaître l'intérieur de la pensée des hommes, explorer leurs âmes et extirper d'eux leurs plus profonds secrets (Foucault, 1994).

Nous sommes conscients du fait que les écrits théoriques brièvement présentés ici ne semblent pas refléter de prime abord le contexte sociopolitique des soins infirmiers actuels. Nous aurons donc recours à l'exemple du temps supplémentaire obligatoire afin d'illustrer l'institutionnalisation du pouvoir et ses finalités dans le système de santé actuel au Canada.

Du théorique à l'empirique : le cas du « temps supplémentaire obligatoire »

Les changements économiques des années 1990 ont entraîné au Canada la restructuration/reconfiguration du paysage des soins de santé et des services sociaux. En effet, dans la mouvance de cette réorganisation, on assiste à une série de fusions, de fermetures et de réductions de lits dans toutes les institutions de soins de santé et des services sociaux. Un remaniement sans précédent du personnel infirmier s'opère à la faveur de compressions financières successives, souvent entérinées par des collègues infirmières. La réduction du nombre de cadres intermédiaires, la précarisation des emplois dans le domaine de la santé par l'accroissement des postes à temps partiel ou occasionnels et, enfin, la déqualification du travail infirmier, par le biais de l'apparition de groupes de travailleurs non réglementés, affectent profondément l'exercice professionnel du personnel infirmier au sein des établissements de santé (Blythe, Baumann, O'Brien-Pallas & Butt, 2002).

Le personnel régulier dénonce la détérioration de la qualité de vie au travail, ce à quoi s'ajoute l'augmentation significative de la charge de travail et le temps supplémentaire obligatoire. Si ces conditions de travail détériorées et la pénurie de personnel infirmier découlent de choix politiques, certains chercheurs tentent de mesurer la régression de la qualité des soins depuis l'application desdites mesures. Or, durant les années 1990, on pouvait compter sur le ratio d'une infirmière pour 119 Canadiens. En 2001, ce coefficient n'est plus que de 1/133 (Comité consultatif canadien sur les soins infirmiers, 2002). La pénurie du personnel infirmier est une des conséquences d'une charge de travail accrue dans un système de santé où le ratio infirmière/patients stagne ou diminue (Brideau, Lebouthillier & Holmes, 2004).

De manière sporadique, les infirmières se joignent à d'autres professionnels de la santé pour limiter l'augmentation des heures de travail hebdomadaires. Malgré tous ces efforts, le personnel infirmier se voit encore aujourd'hui contraint d'effectuer des heures supplémentaires chaque semaine[16]. Ce régime de surtemps continu met en danger la sécurité et la santé des infirmières et des patients. Des institutions blâment les infirmières et les infirmiers qui refusent de faire du temps supplémentaire (Brideau, Lebouthillier & Holmes, 2004). Afin de combler les besoins en personnel infirmier, les organisations de soins de santé recourent systématiquement à l'imposition d'heures supplémentaires. Nous estimons que cette stratégie institutionnelle est inacceptable voire violente et renvoie directement sur le plan théorique aux pouvoirs souverain et disciplinaire, étant donné qu'un refus d'obtempérer est assorti d'une sanction.

La pénurie et la surcharge de travail ne constituent plus un état d'exception mais une gestion devenue courante des ressources humaines. Privées de leurs vacances annuelles et de leur temps libre, de nombreuses infirmières tentent de maintenir l'équilibre entre la vie et le travail en refusant les heures supplémentaires. Pour contrer cette stratégie de résistance à l'épuisement professionnel, les employeurs, dont font partie les infirmières-gestionnaires, invoquent l'autorité pour imposer les heures supplémentaires obligatoires. Une recherche récente établit d'ailleurs que l'obligation de travailler des heures supplémen-

16. Suppléer la pénurie d'infirmières par l'obligation d'effectuer des heures de travail qui dépassent les 40 heures légales par semaine.

taires constitue une pratique institutionnalisée de gestion des ressources humaines visant à compenser la pénurie d'infirmières (CII, 2004 ; Jacobsen, Holson, Farley, Charles & Suel, 2002).

Le temps supplémentaire obligatoire comporte des conséquences directes sur la vie en dehors du travail. La détresse qui en résulte diminue la qualité de vie au travail tout comme à l'extérieur du travail (Aiken, Clark, Sloan, Sochalski & Sibler, 2002 ; Blythe *et al.*, 2002 ; Erickson, Holmes & Chelminiak, 2004). L'*American Nurses Association* (2001) soutient que la suppression du surtemps obligatoire est essentielle afin d'améliorer les soins de santé et la qualité de vie au travail des infirmières. Tous s'entendent pour dire que la profession souffre d'une très grave pénurie (Sarmiento, Laschinger & Iwasiw, 2004). On sait qu'il faudra plusieurs années pour que la relève comble les besoins actuels et à venir.

L'utilisation du temps supplémentaire obligatoire comme solution à la pénurie met en péril le bien-être et la sécurité des patients et nuit au principe de l'offre et de la demande. En effet, l'un des effets les plus pervers de cette situation réside dans le fait que l'acceptation des infirmières à combler à répétitions les besoins des employeurs en faisant du temps supplémentaire contribue à atténuer l'urgence pour ces derniers de trouver d'autres solutions viables (Blythe *et al.*, 2002). À la lumière d'un tel constat, nous rappelons aux lecteurs qu'il convient de saisir l'importance (sur le plan théorique) d'un concept comme le pouvoir (peu importe la perspective utilisée) afin de mieux comprendre la mécanique de celui-ci. Selon O'Brien Pallas (cité dans Blythe *et al.*, 2002), il est peu probable que l'on puisse continuer à augmenter la charge de travail des infirmières sans compromettre, d'une part, la santé du personnel infirmier, d'autre part, la qualité des soins prodigués. Le manque de leadership infirmier, caractérisé par une obéissance quasi automatique de certaines infirmières-gestionnaires en regard de politiques « mortifiantes » à l'endroit du personnel infirmier, interpelle sans équivoque les travaux de Goffman sur les institutions totales et ceux de Foucault sur le pouvoir.

S'il est vrai que le *caring* constitue, pour plusieurs, un concept central et idéal de la pratique infirmière (Watson et Smith, 2002), il faut aujourd'hui se rendre à l'évidence que, sans balises claires et sans action concertée au plan politique, le personnel infirmier continuera de faire les frais de stratégies organisationnelles problématiques alors que le discours officiel de plusieurs hôpitaux prétend être soucieux des patients et de la qualité des soins qui leurs sont offerts.

Cet exemple illustre bien les aspects politiques du soin infirmier (incluant les aspects relatifs au sexe biologique et social, dimensions cruciales d'une analyse féministe par exemple) et l'importance d'être sensible théoriquement aux diverses définitions du pouvoir.

Conclusion

Nous croyons que l'environnement physique, administratif, socioprofessionnel et humain au sein duquel se dispensent les soins infirmiers en contexte hospitalier constitue une variable incontournable, bien que souvent contraignante, de l'exercice infirmier. Cet environnement de travail, dans lequel s'inscrit la culture organisationnelle, est en partie responsable de la qualité de vie au travail du personnel infirmier. Nous estimons par ailleurs que les contraintes actuelles imposées au système de santé menace la santé et le bien-être des infirmières et des infirmières-gestionnaires. Néanmoins nous nous permettons aussi d'ajouter que certaines tactiques et stratégies employées par ces dernières pour pallier, notamment, au manque d'effectifs s'inscrivent dans une logique de violence institutionnelle plus souvent qu'autrement tolérée, donc institutionnalisée.

Cette affirmation n'a certes pas pour objectif de « démoniser » un groupe au dépend d'un autre mais plutôt de soulever le fait que les infirmières-gestionnaires, en raison de leur position stratégique au sein des organisations hospitalières, reconduisent, bien souvent à contrecœur, des politiques institutionnelles « mortifiantes » à l'endroit du personnel infirmier travaillant au chevet des patients. Selon nous, une compréhension plus approfondie des dimensions théoriques liées au pouvoir permettra au personnel infirmier ainsi qu'aux infirmières-gestionnaires de mieux comprendre comment opère le pouvoir dans diverses institutions de soins de santé. Cette connaissance théorique, inculquée idéalement pendant la formation des étudiantes-infirmières ou étudiantes-gestionnaires, permettra aux infirmières et aux infirmières-gestionnaires de mieux comprendre les finalités politiques poursuivies par certaines personnes ou certains groupes aux seins d'organisations dites « soignantes ».

Références

■ Aiken L, Clark S, Sloan D, Sochalski J, Sibler J. Hospital Nurse Staffing and patient mortality, nurse burnout, and job dissatisfaction. *The Journal of the American Medical Association* 2002 ; 288 (16): 1987-93.

■ American Nurses Association. *Position Statement: Opposition to Mandatory Overtime.* Washinton, DC, 2001. http://www.nursingworld.org/readroom/position/workplac/revmot2.htm

■ Arendt H. *Les origines du totalitarisme : le système totalitaire.* Paris : Seuil, 1995.

■ Blythe J, Baumann A, O'Brien-Pallas L, Butt M. La qualité de vie au travail et la valeur du travail infirmier. In : C. Viens, M. Lavoie-Tremblay, M. Mayrand Leclerc. *Optimiser votre environnement de travail.* Cap-Rouge Qc : Presses Inter Universitaires, 2002 : 21-36.

■ Brideau N, Lebouthillier A, Holmes D. Pour en finir avec le silence : utilisation du travail supplémentaire obligatoire comme solution à la pénurie d'infirmières. *Infirmière canadienne* 2005 ; 6 (4) : 5-10.

■ Clegg S. *Frameworks of power.* London : Sage, 1989.

■ Comité consultatif canadien sur les soins infirmiers. *Notre santé, Notre avenir: un milieu de travail de qualité pour les infirmières canadiennes.* 2002.

■ Conseil international des infirmières. *Les infirmières et les heures supplémentaires.* 2004. http://www.icn.ch/matters_overtimef.htm

■ Dreyfus H, Rabinow P. *Michel Foucault : un parcours philosophique.* Paris : Éditions Gallimard, 1984.

■ Erickson J, Holmes L, Chelminiak L. Keeping the nursing shortage from becoming a nursing crisis. *Journal of Nursing Administration* 2004 ; 34 (2): 83-87.

■ Ewald F. Un pouvoir sans dehors. In : *Michel Foucault, philosophe : rencontre internationale, Paris 9, 10, 11 janvier.* Paris : Seuil, 1988.

■ Foucault M. *Il faut défendre la société*. Paris : Seuil/Gallimard, 1997.

■ Foucault M. *Histoire de la folie à l'âge classique.* Paris : Éditions Tel/Gallimard, 1996.

■ Foucault M. *Surveiller et punir.* St-Amand : Éditions Tel/Gallimard, 1995.

■ Foucault M. *Histoire de la sexualité : la volonté de savoir.* St-Amand : Éditions Tel/Gallimard, 1994.

■ Foucault M. Governmentality. In : G. Burchell, C. Gordon, P. Miller (eds). *The Foucault effect*. Chicago : The University of Chicago Press, 1991.

■ Foucault M. Truth and power. In : C. Gordon (ed). *Power/Knowledge and selected interviews and other writings 1972-1977 by Michel Foucault*. New York : Pantheon Books, 1980.

■ Giddens A. *Capitalism and Modern Social Theory.* Cambridge : Cambridge University Press, 1971.

■ Goffman E. *Asiles : études sur la condition sociale des malades mentaux*. Paris : Éditions de Minuit, 1998.

■ Gros F. *Michel Foucault*. Paris : Presses Universitaires de France, 1996.

■ Hobbes T. *Leviathan*. London : Penguin, 1968.

■ Hindess B. *Discourses of power: From Hobbes to Foucault.* Oxford : Blackwell Publishers, 1996.

■ Holmes D. Police and Pastoral Power: Governmentality and Correctional Forensic Psychiatric Nursing. *Nursing Inquiry* 2002 ; 9 (2): 84-92.

■ Jacobsen C, Holson D, Farley J, Charles J, Suel P. Surviving the perfect storm : Staff perceptions of mandatory overtime. *JONA'S healthcare, law, ethics and regulation* 2002 ; 4 (3) : 57-66.

■ Lagrange J. Foucault et les psy. *Psychanalyse et université* 1976 ; 4 : 704-7.

■ Mason T, Mercer D. *Critical Perspectives in Forensic Care: Inside Out*. London : Macmillan, 1998.

■ McHoul A, Grace W. *A Foucault primer. Discourse, power and the subject.* New York : New York University Press, 1993.

■ Patton P. Foucault's subject of power. In J. Moss (Ed). *The later Foucault*. Thousand Oaks : Sage, 1998.

■ Perron A, Fluet C, Holmes D. Agents of Care and Agents of the State: Bio-Power and Nursing Practice. *Journal of Advanced Nursing* 2005 ; 50 (5) : 536-544.

■ Perron A, Holmes D, Hamonet C. Capture, mortification, dépersonnalisation : la pratique infirmière en milieu correctionnel. *Journal de réadaptation médicale* 2004 ; 24 (4) : 124-131.

■ Rose N. *Powers of Freedom : Reframing Political Thought*. Cambridge : Cambridge University Press, 1999.

■ Sarmiento TT, Laschinger HK, Iwasiw C. Nurse Educators' workplace empowerement, burnout, and job satisfaction : Testing Kanter's theory. *Journal of Advanced Nursing* 2004 ; 46 (2) : 134-143.

■ Watson J, Smith MC. Caring science and the science of Unitary Human Beings: A Trans-theoretical discourse for nursing knowledge development. In : PG. Reed, NC. Shearer, LH. Nicoll (4e éd.), *Perspectives on nursing theory*. Philadelphie : Lippincott Williams & Wilkins, 2002.

■ Weber M. Class, status and party. In : H. Gerth, CW. Mills (eds). *From Max Weber: Essays in sociology.* London : Routledge & Paul Kegan, 1970.

■ Weberman D. Foucault's reconception of power. *The Philosophical Forum* 1995 ; 26 (3) : 189-217.

■ Wilkinson G. Theories of Power. In : G. Wilkinson, M. Miers (eds). *Power and Nursing Practice*. London : Macmillan, 1999.

12

La surveillante[17] : en chemin vers l'acquisition de nouvelles capacités de leadership ?

Sabine Stordeur

Dans le contexte hospitalier actuel, la professionnalisation croissante alliée au besoin d'autonomie des soignants lance un défi constant aux leaders infirmiers. Le leadership infirmier devient plus complexe, requérant connaissances et expertise, pensée critique et facultés relationnelles. Cette complexité des rôles détenus par les leaders en soins infirmiers rend plus difficile le choix de personnes qualifiées pour occuper les postes de leader, les surveillantes occupant une fonction charnière dans l'hôpital : leur dynamisme, leur leadership et leur compétence font souvent la différence au niveau du climat organisationnel. Plus précisément, la recherche infirmière reconnaît que les surveillantes usant efficacement un mode de leadership novateur et dynamique suscitent chez les infirmières le désir de fournir un effort supplémentaire à ce qui est normalement attendu de leur part et favorisent leur satisfaction au travail (Mark, 1994 ; Medley et Larochelle, 1995 ; Laschinger *et al.*, 1999 ; McNeese-Smith, 1999 ; Dunham-Taylor, 2000 ; Chiok Foong Loke, 2001). Un tel mode de leadership fait référence au concept de « leadership transformationnel ».

Le leadership transformationnel : vers la transformation des individus et de leurs valeurs

On reconnaît au leader transformationnel différentes qualités ou habiletés, telles que l'influence idéalisée (liée à la personnalité charismatique du leader), la considération individuelle et la stimulation intellectuelle (Bass, 1985). *Le leader charismatique* évoque clairement la

17. Le terme « surveillante » réfère à « cadre de santé ». Il correspond en Belgique à « infirmière-chef d'unité » et en Suisse à « infirmière-chef ».

mission de l'institution et dépeint de façon attrayante les résultats positifs qui pourraient découler de leurs efforts. Pour atteindre ce résultat, le leader charismatique n'hésite pas à exprimer sa confiance dans les capacités et les compétences de ses subordonnés en leur envoyant régulièrement des échos positifs. Les employés souhaitent fournir des efforts supplémentaires, non pas en vue d'obtenir une récompense, mais pour le bien de l'organisation : ils parviennent ainsi à transcender leurs intérêts personnels au profit de ceux de la collectivité. Cette influence idéalisée est particulièrement importante lorsque l'implication au travail est essentielle pour atteindre des objectifs de performance, lorsque le travail est difficile, peu valorisant, les progrès sont minimes ou lorsque l'unité est en compétition avec d'autres. Par *la considération individuelle*, le leader traite chacun de ses employés différemment mais de façon équitable. La considération individuelle peut prendre plusieurs formes : le leader peut exprimer son appréciation à l'égard du travail bien fait, pointer de façon constructive avec l'employé ses faiblesses, lui assigner des projets particuliers qui augmentent la confiance en soi ou qui utilisent ses talents personnels. Un leader qui témoigne de considération individuelle tient chaque employé constamment informé par entretiens directs plutôt que sous forme de mémento ou de note écrite, de telle sorte que la communication à deux voies puisse s'établir au lieu d'une simple transmission d'informations. Par la considération individuelle, le leader transformationnel témoigne du respect pour l'employé, respect qui deviendra réciproque. Bien qu'elle soit plus aisée à assurer au sein de petites entités, la considération individuelle conduit à la construction de l'esprit d'équipe et au maintien d'une atmosphère quasi familiale, au niveau même de l'institution. Par *la stimulation intellectuelle*, le leader encourage ses employés à remettre en question leur façon habituelle de travailler et les incite à développer une pensée critique. Ainsi, il voit se développer, dans son équipe, de nombreuses innovations en entretenant un climat inventif. La contribution intellectuelle du leader est particulièrement importante lorsque les équipes et les organisations font face à des problèmes non structurés tels qu'un équipement inadéquat, des procédures inadaptées ou des délais excessifs.

Plusieurs études reposant sur la théorie du leadership transformationnel ont été menées auprès de populations infirmières[18]. Leurs auteurs rapportent que les surveillantes qui adoptent plus fréquemment un style de leadership transformationnel parviennent à inciter les infirmières de leurs équipes à déployer plus d'efforts que ce qui est initialement attendu d'elles par l'organisation. La qualité du leadership est également reconnue comme la pierre angulaire du succès des *magnet hospitals* et résulte en de faibles taux de rotation du personnel infirmier, un niveau de satisfaction élevé lié à l'esprit de corps partagé par les équipes et un niveau de satisfaction élevé des patients (Kramer, 1990 ; Kramer et Schmalenberg, 2004a, 2004b).

Recherche sur l'adoption des comportements de leadership transformationnel dans les hôpitaux belges (Stordeur, 2001)

Au départ de cette problématique, nous avons conduit une recherche ayant pour objet l'analyse des comportements de leadership des surveillantes et leur impact sur l'équipe infirmière et les patients. L'étude a été menée dans huit institutions hospitalières belges auprès de 2 115 infirmières et 1 770 patients.

Parmi les principaux résultats obtenus, relevons les suivants.

Aucun service infirmier étudié ne témoigne d'un mode de leadership unique : l'adoption d'un style de leadership relève davantage du particularisme individuel de la surveillante et des spécificités de l'équipe infirmière qu'elle dirige que du climat organisationnel. En effet, une surveillante adopte un style de leadership en fonction des caractéristiques de sa personnalité, de la formation qu'elle a suivie et des expériences qu'elle a vécues (défis à relever, conflits à résoudre, groupes à gérer, missions à accomplir). De même, les caractéristiques de l'équipe avec laquelle elle travaille (ancienneté des infirmières, formations, résis-

18. *e.g.* Dunham et Klafehn, 1990 ; McDaniel et Wolf, 1992 ; Borman, 1993 ; Laschinger *et al.*, 1999 ; Dunham-Taylor, 2000 ; Chiok Foong Loke, 2001.

tance au changement, capacité à évoluer et à relever les défis proposés, sensibilités individuelles à la stimulation intellectuelle ou aux marques de reconnaissance) auront un impact sur son mode de leadership. Toutefois, la nature des services hospitaliers influence fortement les comportements des acteurs de soins. Le leadership transformationnel est moins fréquemment adopté dans les unités à orientation technique. Ces unités s'apparentent aux environnements organiques, où les buts et la structure sont assez flous, mais où la confiance, la créativité et le niveau de formation des employés sont censés être plus élevés. Bien que Bass (1985) s'attende à retrouver un leadership transformationnel prépondérant dans un tel environnement, il est probable que les infirmières considèrent aussi l'adoption d'un comportement transformationnel comme allant de soi et s'apparentant même au rôle dévolu par la fonction de surveillante dans une unité spécialisée. En conséquence, les infirmières ne détectent pas ces comportements, à moins qu'ils soient particulièrement intenses.

Quel est l'impact du leadership transformationnel sur l'équipe infirmière ?

Le leader transformationnel exerce un effet positif tant sur l'implication affective des infirmières à l'unité que sur leur perception de l'efficacité de l'unité de soins. Cette implication affective est d'autant plus forte que les infirmières estiment que la surveillante « prend soin » d'elles, que leurs idées sont valorisées et qu'elles ont l'opportunité d'améliorer leurs compétences. Les infirmières croient aux buts et valeurs de l'organisation et apprécient d'en être membres ; elles restent dans l'institution parce qu'elles le veulent. Les infirmières qui se sentent impliquées dans l'institution hospitalière éprouvent plus de satisfaction intrinsèque de leur activité professionnelle et sont plus enclines à déployer un effort considérable dans les périodes de surcharge de travail, faisant preuve d'un investissement plus important que la plupart de leurs collègues. L'implication affective des infirmières prédit la perception de l'efficacité de l'unité puisque les infirmières émotionnellement attachées à l'institution dirigent leur attention sur les aspects de la performance qui sont valorisés par l'organisation. Si la direction des soins infirmiers diffuse un message clair sur les objectifs à atteindre en termes de qualité des soins et de prise en charge des patients, elle permet aux infirmières de s'engager dans la direction souhaitée et de concentrer leurs efforts vers l'objectif attendu. Finalement, *les qualités interpersonnelles des infirmières* (disponibilité, réponse aux besoins, douceur dans les soins, écoute et empathie) et *leur compétence technique* sont des facteurs positivement associés à la satisfaction globale du patient, à son souhait de recourir aux mêmes services et de recommander l'institution à un proche. La satisfaction des patients à l'égard des soins reçus n'est pas directement liée au niveau de satisfaction des infirmières mais découleraient plutôt d'un prédicteur commun : *la cohésion de l'équipe infirmière*. Comme Schneider et Gunnarson (1991), nous pouvons affirmer qu'un climat organisationnel qui favorise le bien-être psychologique de ses employés facilite la dispensation d'un service de qualité car la manière dont une organisation traite ses employés se reflète directement dans la manière dont les employés traitent leurs clients.

L'acquisition de nouvelles compétences de leadership

La nomination des surveillantes gagnerait à être reconsidérée : la façon traditionnelle qui consiste à promouvoir l'infirmière sur base de son expertise clinique ou de son ancienneté ne semble pas la plus appropriée pour préparer adéquatement l'infirmière à un poste de management. La nomination à un poste de leader devrait davantage se focaliser sur la possession de qualités transformationnelles (connaissance de soi et confiance personnelle, éthique personnelle et sens des responsabilités, valeurs axées sur la collaboration et le sens du service au patient) et sur le suivi, par l'infirmière, d'une formation ciblée sur le management qui lui permettrait, entre autres, de développer une expertise essentielle à l'expression des facteurs transformationnels.

Cette expertise se base à la fois sur l'acquisition d'habiletés particulières (sens de la communication, exercice de l'influence d'un groupe, gestion de conflits, capacité de jugement et de résolution de problèmes) et de compétences plus stratégiques (capacité d'anticipation de l'avenir pour la réalisation d'actions de transformation, développement d'une vision globale et capacité de la faire partager aux collaborateurs).

Le charisme ou l'influence idéalisée

L'expression d'une vision est un ingrédient essentiel pour élaborer un projet collectif. Cette capacité à créer et projeter une vision, c'est-à-dire un idéal vers lequel tendre, est un élément phare du leadership. Transmettre une vision implique de sortir du microcosme institutionnel et de faire adhérer les professionnels à un projet de soins. Le suivi d'une formation plus poussée en gestion des soins infirmiers et l'adhésion aux associations professionnelles permettront aux leaders en soins infirmiers de s'informer sur l'évolution de la profession, des pratiques infirmières et de leur intégration dans les politiques de santé plus générales, et de développer l'expertise essentielle à la conception d'une vision.

Bien communiquer pour faire adhérer tout le monde aux objectifs supérieurs de l'organisation constitue un impératif pour le leader. Écrire et partager largement une vision réaliste, crédible et optimiste d'une organisation infirmière deviendra la forme tangible du projet collectif proposé par le service des soins infirmiers. Concrètement, la réalisation des objectifs peut se formaliser par l'établissement d'une charte de soins qui reflète la philosophie des soins partagée au sein du service des soins infirmiers (en interaction avec les autres services fonctionnels de l'institution et dans le respect du projet stratégique développé par l'institution). Par exemple, si la socialisation de l'équipe infirmière à la philosophie du *caring* est considérée comme essentielle au développement d'une culture de service, la charte de soins élaborée par le service des soins infirmiers devrait préciser les caractéristiques attendues d'une relation soignant/patient de qualité : se présenter auprès des patients que l'on soigne (nom et fonction) ; préciser le but du soin, son processus, la participation attendue du patient ; appeler le patient par son nom ; intégrer le patient dans son plan de soins (priorités, aide partielle ou de support) ; établir un climat de confiance en anticipant les demandes et en y répondant rapidement. L'unité de soins peut également s'approprier l'un des objectifs fixés et construire un projet d'amélioration de la qualité en regard de cet objectif (citons des exemples tels que l'amélioration de l'accueil du patient, l'intégration de l'éducation à la santé dans la dispensation des soins, l'évaluation de la satisfaction des patients et la gestion des plaintes).

La stimulation intellectuelle

Le leader qui pratique la stimulation intellectuelle ne se focalise pas sur des opérations à court terme mais élabore des pensées stratégiques, s'engageant avec son équipe dans des tâches d'analyse, de formation, de mise en œuvre, d'interprétation et d'évaluation. Les études de cas s'avèrent être un excellent moyen de développer et d'affiner la pensée critique des infirmières. La construction et la présentation d'études de cas, fondées sur des situations de soins réelles, offrent l'opportunité de réfléchir aux possibilités multiples de résolution de problèmes et d'effectuer des choix éclairés, tenant compte de l'incertitude des résultats et sachant qu'aucune solution proposée n'est en soi idéale ; les contingences de l'environnement, l'adhésion des autres membres de l'équipe, les questions éthiques soulevées, la prise en considération des demandes du patient et de sa famille, amèneront l'infirmière à se positionner et à adopter un comportement en adéquation avec la situation à laquelle elle est confrontée.

La surveillante peut organiser des réunions thématiques régulières en coordination avec les équipes médicale et paramédicale. Suite à une analyse de la littérature et une confrontation des résultats de recherche avec les pratiques de soins appliquées dans l'unité, les partenaires de soins pourraient, lors de cette table ronde, décider d'améliorer la prise en charge des patients ou de modifier un protocole de soins particulier. Cette volonté de mettre en place des pratiques validées par la recherche s'inscrit à la fois dans un processus d'amélioration continue de la qualité des soins et dans l'optique d'une meilleure efficience des soins par le renforcement de la cohésion de l'équipe et l'obtention d'un consensus dans la prise de décision.

La surveillante peut également inviter le cadre supérieur aux réunions de service de façon à permettre une transmission directe d'informations propres au service des soins infirmiers (l'idée sous-jacente est d'éviter de se confiner dans une situation d'attente d'initiatives de la hiérarchie en provoquant la rencontre avec les instances décisionnelles). Les discussions envisagées permettraient aux infirmières de mieux comprendre les contraintes institutionnelles (restrictions budgétaires, volonté de réduire la durée de séjour, normes légales de dotation d'équipe) et de proposer des solutions palliatives applicables dans leur unité. Ainsi, chacun est à même de comprendre la force et la faiblesse de l'organisation, ses avantages comparatifs ainsi que les menaces auxquelles elle doit faire face.

L'organisation de stages d'observation des infirmières dans des unités ou des hôpitaux qui ont adopté des modes d'organisation plus efficients permettrait d'envisager de nouvelles façons de travailler, en contournant les arguments naturels à toute résistance au changement. En particulier, dans les unités spécialisées, le développement des professionnels dans un domaine de compétences particulier les cantonne souvent dans leur unité de soins spécifique. Des rivalités ou concurrences inter-unités peuvent s'instaurer, résultant en un repli sur soi accentué par le conformisme aux normes de l'équipe. Chaque équipe adopte des procédures de travail qui lui sont propres et se différencie de plus en plus des autres, tant au niveau des objectifs que des moyens de les réaliser. Une trop grande spécialisation des professionnels, associée à une sectorisation importante des unités de soins, peut avoir des effets sclérosants sur la créativité et l'ouverture au changement des professionnels ; la routine risque de s'instaurer par la répétition des techniques et des prises en charge. *A contrario*, s'ouvrir à la connaissance de nouvelles pathologies, de nouvelles techniques de soins, de nouveaux modes d'organisation peut apporter aux infirmières une inspiration nouvelle, très bénéfique pour l'unité de soins.

La considération individuelle

Témoigner de considération individualisée peut s'ébaucher en examinant les forces et les faiblesses de chaque membre de l'équipe au cours d'un entretien direct et en envisageant avec l'infirmière les possibilités de développement de ses forces ; il sera également important de lui faire prendre conscience de ses points faibles et de leur impact sur son efficacité, et d'envisager ensemble les moyens d'y pallier. La surveillante pourra également déterminer quelle infirmière aura besoin de plus de supervision et quelle autre nécessitera plus d'autonomie. Par la considération individuelle, la surveillante peut agir comme un mentor en identifiant chez les membres de son équipe leurs besoins spécifiques, les développer et leur donner des occasions d'apprentissage dans un contexte de support bienveillant. La surveillante peut, lors d'une session de formation comportementale, s'entraîner à fournir, aux infirmières qu'elle coordonne, des feedback précis et proches du moment de l'action (comment félicite-t-on quelqu'un pour les résultats accomplis ? comment exprimer une critique négative ?).

Modelage du comportement et mentoring

Pour que les sessions de formation provoquent des modifications de comportement durables en milieu de travail et que le leader nouvellement formé soit capable de transférer l'apprentissage reçu du niveau des connaissances au niveau des habiletés concrètes, il est plus efficace de coupler la formation à la mise sur pied d'un « mentoring » (Ricard, 1992). En effet, les surveillantes qui réussissent avec succès à modifier réellement leur comportement sont celles qui travaillent avec une personne qui agit telle un mentor, un modèle, qui pratique déjà les comportements qu'elles souhaitent avoir elles-mêmes et qu'elles ont envie d'imiter. Afin de faciliter le renforcement des nouveaux comportements, il est souvent plus efficace de former dans un premier temps les superviseurs hiérarchiques et les cadres de l'institution, tout en veillant à ne pas se limiter à cette seule étape. Il est utile ici de préciser que ce souhait de modélisation du comportement ne vise pas à changer la personnalité des individus mais à les rendre plus efficaces dans des situations pratiques d'interactions bien précises.

Conclusion

Pour accomplir efficacement son rôle de leader, la surveillante doit reconnaître ses forces, ses potentialités mais aussi parvenir à identifier ses faiblesses, acquérir une connaissance théorique et pratique du leadership et du management et accepter la prise de responsabilités. Un manque de préparation ou de capacité à gérer la complexité du rôle peut la conduire à l'échec. Par une meilleure compréhension du processus de leadership, la surveillante assumera son rôle avec plus d'assurance dans un environnement mouvant et incertain. L'expérience professionnelle, alliée à une formation de gestion du changement, l'aidera à analyser ses pratiques, à les remettre en question et, considérant le risque comme source d'opportunités, à proposer de nouvelles façons de travailler.

Toutefois, sans l'implication de la direction des soins infirmiers, la surveillante seule aura moins d'impact sur son équipe si elle souhaite amorcer un changement stratégique. Le changement a du succès tant qu'il demeure la priorité de la direction. Si l'inspiration provenant de la hiérarchie fait défaut, il s'avérera périlleux pour la surveillante d'amorcer des transformations au sein de son équipe. Au titre de premier échelon du cadre infirmier, la surveillante apparaît comme l'élément devant concrétiser les objectifs définis en amont par la direction des soins infirmiers alors qu'en aval, elle assure l'organisation et la répartition du travail dans des équipes, composées de professionnels de qualifications différentes, fonctionnant en continu. Selon la définition de ce rôle, la tradition qui consiste à intégrer à part entière la surveillante dans le staff de l'unité et à compter sur elle pour dispenser des soins au même titre que les autres infirmières (au détriment de sa fonction de manageur de l'unité) semble à présent révolue. Si la tendance actuelle vise à réduire l'implication de la surveillante dans la dispensation de soins directs aux patients au profit de la gestion de l'unité, l'analyse de la pratique quotidienne démontre que la dotation des équipes considère toujours la surveillante comme soignante. Il est temps à présent de repenser les modes d'attribution du personnel de façon à permettre aux surveillantes de se concentrer sur le rôle dévolu par leur fonction.

Références

- Bass BM. *Leadership and performance beyond expectations*. New York : Free Press, 1985.

- Borman J. Women and nurse executives: Finally, some advantages. *Journal of Nursing Administration* 1993 ; 23 : 34-41.

- Chiok Foong Loke J. Leadership behaviours: effects on job satisfaction, productivity and organisational commitment. *Journal of Nursing Management* 2001 ; 9 : 191-204.

- Dunham J, Klafehn KA. Transformational leadership and the nurse executive. *Journal of Nursing Administration* 1990; 20 : 28-34.

- Dunham-Taylor J. Nurse executive transformational leadership found in participative organizations. *Journal of Nursing Administration* 2000 ; 30 : 241-50.

- Kramer M. The magnet hospitals: excellence revisited. *Journal of Nursing Administration* 1990 ; 20 : 35-44.

- Kramer M, Schmalenberg C. (2004a) Essentials of a magnetic work environment. Part 1. *Nursing* 2004 ; 34 : 50-54.

- Kramer M, Schmalenberg C. (2004b) Essentials of a magnetic work environment. Part 3. *Nursing* 2004 ; 34 : 44-47.

- Laschinger H, Wong C, McMahon L, Kaufmann C. Leader behavior impact on staff nurse empowerment, job tension, and work effectiveness. *Journal of Nursing Administration* 1999 ; 29 : 28-39.

- Mark BA. The emerging role of the nurse manager. *Journal of Nursing Administration* 1994 ; 24 : 48-55.

- McDaniel C, Wolf GA. Transformational leadership in nursing service - A test of theory. *Journal of Nursing Administration* 1992 ; 22 : 60-65.

■ McNeese-Smith D. The relationship between managerial motivation, leadership, nurse outcomes and patient satisfaction. *Journal of Organizational Behavior* 1999 ; 20 : 243-59.

■ Medley F, Larochelle D. Transformational leadership and job satisfaction. *Nursing Management* 1995 ; 26 : 64JJ-64NN.

■ Ricard D. Le modelage du comportement – Une approche efficace de la formation des gestionnaires. In : R. Tessier, Y. Tellier. *Changement planifié et développement des organisations*. Presses de l'université du Québec, 1992 : 459-92.

■ Schneider B, Gunnarson S. Organizational climate and culture: The psychology of the workplace. In : J.W. Jones, B.D. Steffy, D.W. Bray (eds.). *Applying Psychology in Business*. New York : Lexington Books, 1991 : 542-51.

■ Stordeur S. Leadership transformationnel des infirmières en chef et contexte de travail : impact sur l'équipe infirmière et la satisfaction des patients. Thèse présentée en vue de l'obtention du grade de Docteur en Santé publique, Université catholique de Louvain, 2001, 280 p.

■ Sullivan JE, Decker PJ. *Effective management in nursing*. California : Addison-Wesley, 1985.

13

Conclusion

Philippe Delmas et Martine Mayrand Leclerc

Le travail a connu de grandes transformations depuis ces dix dernières années. En effet, il s'oriente vers une productivité matérielle, laissant parfois de côté les répercussions psychosociales issues des fusions, restructurations et licenciements sur les salariés. Le travail soignant n'échappe pas à cette logique, même si les transformations sont plus lentes. Les concepts de compétitivité, de rentabilité, voire de marketing, entrent progressivement dans les processus de gestion et d'organisation, modifiant de façon importante le rôle du soignant. La notion du soin ne se définit plus seulement en termes de valeurs, de relations interpersonnelles, d'accompagnement, d'écoute mais intègre les notions de coût, d'efficacité, de performance, de temps alloué. On aboutit ainsi parfois à des mono-langages entre les acteurs du soin (infirmière/cadre, cadre/direction des soins, direction des soins/direction générale), créant ainsi des climats de travail peu propices à l'épanouissement du personnel soignant.

La grande question de ce livre tourne autour de la santé au travail des infirmières. Cette question peut surprendre, car comment des soignants qui sont censés être ouverts vers le monde et les autres, écouter les patients traversant des moments difficiles, accompagner des familles dans le deuil, faire face à la douleur, peuvent-ils ne pas être opérationnels et capables d'agir avec compassion envers leur prochain ? D'ailleurs à ce sujet, le premier chapitre nous montre qu'effectivement le travail soignant est un lieu pourvoyeur de nombreux stresseurs qui peuvent entraîner des adaptations inefficaces, voire des conséquences plus graves comme l'adoption de conduites addictives, la dépression ou le suicide. La santé au travail du personnel soignant (y compris sa hiérarchie) n'est donc pas un sujet à éluder. En effet, il apparaît que ce phénomène que l'on croyait épisodique a tendance à s'intensifier et à se complexifier. On peut se poser la question de savoir si nous aurons à l'avenir des infirmières et des cadres capables de prendre soin de nous.

L'accent de ce premier tome s'est porté sur l'individu au travail et les phénomènes qui pouvaient expliquer sa bonne forme physique et psychologique. Afin d'éviter de porter exclusivement son regard sur la personne comme responsable de sa santé au travail, nous avons ouvert un second tome plus axé sur l'environnement de travail. En effet, la complexité et les interactions multiples du travail des acteurs du soin nécessitent cette double approche. Enfin, d'autres cadres de référence et concepts ont été introduits afin d'élargir et d'enrichir notre compréhension du phénomène et des solutions que nous pouvons apporter. Il est à noter que les différents articles ont été écrits principalement par des infirmières et infirmiers, chercheurs dans le domaine de la santé au travail pouvant apporter une compréhension plus approfondie de cette problématique. Le but de ces deux tomes est de fournir un certain nombre d'éléments, d'approches théoriques, de concepts et d'exemples pratiques pour servir de base de réflexion, de compréhension du phénomène, d'ouverture vers des concepts novateurs et, bien sûr, de proposer des interventions d'amélioration de la santé du personnel soignant et des cadres notamment.

Il nous faut reconnaître que les infirmières sont des personnes vulnérables aux problèmes de santé mentale. Il semble aussi que les cadres gestionnaires de soins éprouvent aussi des difficultés d'adaptation dans le travail. Si les études documentent bien les répercussions d'une mauvaise santé mentale des soignants, il n'en est pas de même pour celle des cadres. En revanche, on peut supposer que les conséquences d'un cadre en mauvaise forme psychologique peuvent être tout aussi délétères pour les patients que pour les équipes de soin. De plus, son isolement par le fait de sa position hiérarchique diminue grandement son soutien social au travail, parfois réduit à son seul cadre supérieur. De la même façon, la santé au travail des directrices des soins n'est pratiquement pas abordée, alors qu'elles se trouvent aux interfaces de plusieurs logiques où elles ont à faire entendre la voix soignante.

Parler de santé au travail, c'est aussi parler de pouvoir et c'est un axe que nous avons voulu développer. En effet, une profession sous tutelle comme la profession infirmière ne peut être que sujette à des problèmes de santé mentale au travail. Les restructurations en pôle ne vont-elles pas accentuer cette perte de pouvoir soignant au détriment du pouvoir administratif et médical ? En France, il semble tabou de parler des concepts de pouvoir et d'engagement politique. Or, il ne faut pas oublier que le soin est aussi un acte politique. En effet, le soin est un contrat citoyen avec la population à laquelle nous proposons notre service qui est de prendre soin d'elle tout au long de la vie. Si les infirmières sont conscientes de leur engagement professionnel, elles demeurent très frileuses sur les implications politiques de ce contrat, contrairement à leurs collaborateurs médecins. Par conséquent, absentes des lieux du pouvoir, elles sont obligées de faire face à des décisions qui vont à l'encontre de leurs missions et parfois de leurs valeurs.

Enfin, comme disait Allen *et al.* (1980), la santé est la ressource la plus précieuse d'une nation. Par conséquent, il nous apparaît important de nous intéresser aussi à la santé mentale des professionnels de la santé. Prendre soin des autres ne devrait-il pas commencer par prendre soin de soi ?

Index

Mise en page : Euronumérique

Achevé d'imprimer en octobre 2006
sur les presses de l'imprimerie Euradius
Dépôt légal : octobre 2006

Imprimé aux Pays-Bas